Nuove letture

In copertina:
Giorgio Morandi, *Natura morta* (1960).
Collezione privata, © Giorgio Morandi, by S.I.A.E., Roma 1991

Grafica:
Gloriano Bosio

Redazione:
Martino Marazzi

© 1991 by **Einaudi Scuola**, Milano
Elemond Editori Associati

I edizione Nuove letture febbraio 1991

ISBN 88-286-0064-0
Edizioni:

              11 12   13 14   15 16
                     1999   2000

Stampato in Italia - Printed in Italy

Racconti italiani del Novecento

A cura di Vincenzo Viola

Einaudi scuola

La lettura, dice Calvino, è «il percorso delle parole attraverso la persona, il loro fluire o arrestarsi, gli slanci, gli indugi, le pause, l'attenzione che si concentra o si disperde, i ritorni indietro, quel percorso che sembra uniforme e invece è sempre mutevole e accidentato», e pertanto comporta un impegno forte e attivo, che non può essere affrontato senza una educazione specifica, specialmente quando si leggono pagine di un certo spessore letterario. Il genere del racconto offre, in questa direzione, un'ottima opportunità, perché costituisce una sorta di microcosmo del narrare, un «luogo» in cui possono agire i temi, gli affetti, i punti di vista, le forme, le tecniche, gli accorgimenti più vari.

Arpino, Benni, Bilenchi, Bontempelli, Buzzati, Calvino, Celati, Chiara, Fenoglio, Gadda, Ginzburg, Landolfi, P. Levi, Moravia, Olivieri, Pirandello, Sciascia, Scerbanenco, Soldati, Solinas Donghi, Svevo, Tabucchi, Tobino, Vergani sono gli autori dei ventisei racconti che compongono questa raccolta. Si tratta di narratori di scrittura e di interessi assai diversi, ma tutti maestri nel creare brevi storie, mai scontate e sempre vivificate dal gusto dell'ironia, dell'umorismo, della metafora o del surreale. I testi prescelti sono raggruppati in sezioni significative («Fantasia e realtà», «Protagonisti e antagonisti», «Punti di vista», «Vita e storia», «Thrilling») e sono tutti rappresentativi delle problematiche e dello stile dei rispettivi autori.

I testi (che esemplificano alcune linee importanti della letteratura italiana contemporanea) realizzano differenti e significative soluzioni narrative: hanno una certa complessità e non sono ovviamente riducibili a mero contenuto; proprio per questo consentono ai giovani lettori di capire (o almeno intuire) anche le libere scelte stilistiche degli autori, le angolazioni del loro discorso, il loro modo di organizzare i materiali della scrittura, le loro invenzioni e insieme la coerenza tra il loro linguaggio e gli obiettivi che si sono posti.

Le cinque sezioni in cui i racconti sono stati raggruppati non corrispondono a rigorose categorie narrative: ciò per evitare ogni riduzione artificiosa della polisemia del testo, ossia per evitare che il lettore sia indotto qua a prestare attenzione solo alla fabula e all'intreccio, là solo alle figure retoriche (o ad altre componenti).

Gli elementi della narratologia vengono però presi in considerazione nell'apparato didattico che conclude il volume, con un linguaggio semplice (ma speriamo non impreciso), perché i ragazzi possano impadronirsi di alcuni utili strumenti interpretativi e così cogliere meglio la ricchezza di queste pagine.

Il mio augurio è soprattutto quello che, leggendo i racconti qui raccolti, i ragazzi possano divertirsi e provino il desiderio di rileggerli: non è facile far comprendere a un giovane che quanto più si rilegge, tanto più si legge per la prima volta quello stesso testo; non è facile, eppure proprio qui sta il segreto per formarsi, per divenire un lettore vero, cioè uno che – secondo l'impressione di Proust – quando legge, legge se stesso.

Ed è questo l'augurio che vorrei fare a tutti i ragazzi, a partire da due giovani lettrici a me care, Erika ed
Anita, a cui dedico questo lavoro.

Racconti italiani
del Novecento

Fantasia e realtà

Come fa il mondo ad andare avanti

In un piccolo paese in provincia di Parma, non lontano dal Po, mi è stata raccontata la storia d'un vecchio tipografo che s'era ritirato dal lavoro perché voleva finalmente scrivere un memoriale[1] a cui pensava da tanto tempo. Il suo memoriale avrebbe dovuto trattare questo argomento: come fa il mondo ad andare avanti.

Essendo in pensione, il vecchio tipografo andava in giro tutto il giorno sul motorino, e andando in giro leggeva tutte le scritte che vedeva. Infatti gli era sempre piaciuto molto leggere e aveva sempre pensato che, per capire come fa il mondo ad andare avanti, bisogna leggere molto.

Col tempo però s'è accorto di non poter piú mettere gli occhi quasi da nessuna parte senza trovare delle parole stampate da leggere. Pubblicità, insegne, scritte nelle vetrine, muri tappezzati di manifesti facevano sí che lui, dopo una mezza giornata fuori casa, avesse già letto migliaia e migliaia di parole stampate. Cosí tornando a casa non aveva piú voglia di leggere libri, né di scrivere, aveva solo voglia di guardare delle partite di calcio alla televisione.

Ha incominciato a pensare che non sarebbe mai riuscito a scrivere il suo memoriale, perché c'era trop-

---

[1] *memoriale*: libro di ricordi.

pa roba da leggere. Ma siccome andando in giro sul motorino vedeva sempre piú parole stampate, sempre piú manifesti e scritte pubblicitarie dappertutto, un giorno gli è sorto il desiderio di sapere almeno cos'era successo: perché le parole da leggere in giro aumentavano sempre? Doveva essere successo qualcosa.

È andato a parlarne con un grande grossista di carni che importava carne dalla Russia e che, andando spesso in Russia, forse poteva sapere cos'era successo. Il grossista gli ha detto soltanto che la gente crede di star meglio a mangiare sempre piú carne, cosí lui doveva trovare tutta la carne che gli chiedevano e per quello doveva andare in Russia, dove però, che lui sapesse, non era successo niente.

Il tipografo è andato allora all'università di Parma. Qui trovava solo studenti che non ne sapevano niente, e professori che passavano la vita a parlare, e a forza di parlare secondo lui erano diventati tutti pazzi. Ha capito che neanche lí potevano aiutarlo.

Al pomeriggio spesso portava in giro la sua nipotina sul portapacchi del motorino, ed esponeva a lei il suo problema. La nipotina l'ha consigliato di andare a parlare con il suo professore di scienze, che abitava fuori dal paese ed era anche un giovane inventore.

Il giovane inventore era uno con capelli lunghi fino alla schiena, che portava sempre un grembiule da meccanico. Ha detto al tipografo che non ci aveva mai pensato prima a quel problema; e cosí i tre, il tipografo, la nipotina e l'inventore, hanno cominciato a pensarci.

Poiché secondo il tipografo bisognava sempre ripartire dal problema di come fa il mondo ad andare avanti, i tre sono ripartiti di lí. Ci pensano e discutono, giungendo a questa prima conclusione: che il mondo

6

va avanti perché la gente ci pensa, cioè ci pensa a mandarlo avanti.

Però, come fa la gente a pensarci? Cos'è pensare? Allora i tre (in particolare la bambina che aveva una gran passione per gli studi scientifici) si comprano delle dispense scientifiche nelle edicole; una enciclopedia a rate, dei libri, e cominciano a studiare. Imparano che gli impulsi esterni e interni sono una corrente elettrica che viaggia lungo i nervi fino agli assoni, o fili che spuntano dalle cellule cerebrali, passando per punti detti sinapsi[1] in cui debbono (gli impulsi) fare un piccolo salto, che sarebbe poi una depolarizzazione[2] come nelle batterie delle macchine, e cosí nel cervello non c'è altro che schemi elettrici sempre variabili.

Non so molto di questi loro studi, tranne le conclusioni fallimentari a cui sono arrivati, enunciate un giorno nel bar dal tipografo. Nel bar ha spiegato che nessuno può dire, e non c'è dispensa o enciclopedia che lo spieghi, in che modo uno riesce a ricordarsi d'un piatto di minestra che ha mangiato il mese prima, dato che non c'è piú traccia elettrica di quella minestra nel suo cervello.

I tre si dedicano allora ad esperimenti pratici con un encefalografo[3] comprato dall'inventore in un'asta giudiziaria. Studiano i diversi tipi di onde cerebrali, secondo se uno dorme, è sveglio, ha sonno o è arrabbiato. Poi passano a far esperimenti con una pianta in un vaso.

Attaccano alle foglie della pianta due elettrodi[4] col-

---

[1] *sinapsi*: termine medico che indica la congiunzione tra fibre e cellule nervose.

[2] *depolarizzazione*: fenomeno fisico che produce la separazione delle cariche elettriche.

[3] *encefalografo*: strumento che registra le onde elettriche del cervello.

[4] *elettrodi*: conduttori attraverso i quali una corrente elettrica penetra in un corpo e ne esce.

legati con l'encefalografo, e vedono che la pianta reagisce in modi diversi quando qualcuno le va davanti. Le onde che si possono leggere sullo schermo dell'encefalografo, cambiano il loro tracciato secondo quello che fa o pensa la persona che sta davanti alla pianta. Un giorno, ad esempio, il giovane inventore ha dato uno schiaffo alla bambina, e il tracciato delle onde sullo schermo è diventato tutto a picchi, come se la pianta si offendesse. Un'altra volta ha detto molte parole lusinghiere nell'orecchio del bidello della sua scuola, posto davanti alla pianta; e sullo schermo sono apparse onde distese, non seghettate, come le onde del cervello d'uno che dorme.

Questi risultati spingono i tre a cercar di capire cosa pensa la gente, per mezzo d'una pianta e dell'encefalografo. Cominciano col chiedersi: cosa pensano ad esempio i ricchi?

Si fanno prestare un furgoncino e di notte vanno ad appostarsi davanti alle ville dei ricchi nei dintorni del paese. Mentre la bambina e il tipografo sorvegliano la strada, il giovane inventore scavalca il muretto di cinta e va a piazzare gli elettrodi sui rami d'un albero particolarmente vicino a una finestra della villa. Poi trascrivono i tipi di onde che compaiono sullo schermo dell'encefalografo nel furgoncino.

In quelle villette ci sono sempre alberi davanti alle facciate, con rami che arrivano vicino a una finestra. Piazzando gli elettrodi su un ramo adatto, i tre sperano di capire, attraverso le reazioni dell'albero, cos'ha in testa la gente sempre chiusa nelle villette a guardar la televisione. È ancora viva, già morta, o solo addormentata? Pensa, non ci pensa, o solo sogna che qualcosa succede?

Continuano a fare queste spedizioni per gran parte di un'estate, accumulando moltissimi diagrammi. Li confrontano tra di loro, li confrontano con altri diagrammi riportati sui libri, e alla fine capiscono di non capir niente di quello che succede.

Allora hanno l'idea di scrivere una lettera al sindaco, per illustrare tutti i loro fallimenti. Il sindaco passa la lettera all'assessore alla cultura, il quale organizza una conferenza pubblica sull'argomento che appassiona i tre: come fa il mondo ad andare avanti?

Viene chiamato a parlare un conferenziere che va in giro a far conferenze su tutto, sempre facendo riferimento alla sua infanzia e ai suoi ricordi. Costui in meno di un'ora risolve il problema, risponde alle obiezioni del tipografo, della bambina e dell'inventore, e conclude la conferenza. Il pubblico applaude contentissimo di sentire che là fuori c'è un mondo cosí facile da spiegare che uno se la può cavare in mezz'ora.

Poi tutti, appena escono dalla sala e si ritrovano in strada, dimenticano immediatamente quello che hanno sentito, il conferenziere dimentica quello che ha detto, e l'indomani nessuno ricorda neanche piú il titolo della conferenza. Nel piccolo paese tutto continua ad andare avanti come prima, a parte il fatto che ci sono sempre piú parole sui muri, sempre piú insegne, sempre piú scritte pubblicitarie dovunque il tipografo giri gli occhi.

(da G. Celati, *Narratori delle pianure*, Feltrinelli, Milano)

GIOVANNI ARPINO
Gatto mammone

Se a tavola lo chiamano commendatore, strizza appena un occhio, agita elettricamente il baffo sinistro, poi si piega con esagerata prudenza sul piatto, coglie[1] un lembo di carne, si risolleva e mastica, adagio, guardando nel vuoto.

È enorme, castrato, non è mai uscito di casa, si muove tra il salotto e il corridoio col passo di un mandarino cinese[2]. Gli piace intensamente specchiarsi, oppure sostare immobile davanti a una composizione di farfalle schiacciate sotto un vetro. Ammicca alle farfalle, agita il baffo sinistro, muove con soavità la sua ricca coda di soriano. E cosí aspetta le cinque, quando finalmente gli aprono la televisione e lui, abbandonato nel divano, solo, guarda i movimenti bianchi e neri sullo schermo, pronto a fingere distacco appena i rumori superano un certo limite di tolleranza.

Non risponde ai richiami, ma sta bene attento a ogni trillo del telefono, a ogni colpo di citofono, a ogni scampanellata alla porta. Perché non desidera estranei, gente che può occupargli il divano, far smettere la televisione, rubargli il posto a tavola, dove siede alla destra della padrona e mai allunga un'unghia

[1] *coglie*: raccoglie; ma qui indica una maggior delicatezza.
[2] *col passo di un mandarino cinese*: si muove in maniera lenta e solenne, come i funzionari dell'antico Impero cinese.

verso il suo piatto se tutti non hanno cominciato a mangiare.

– Un giorno o l'altro ti ammazzo – dice l'uomo sottovoce all'altro capo del tavolo.

– E non dirgli queste cose, lo sai che si offende – cerca di metter pace la moglie.

– Un giorno o l'altro ti impicco. Sei mio fratello, però vedrai che ti impicco – ripete l'uomo.

Allora lui ritira la testa nel collo e brontola qualcosa, smettendo subito di mangiare. Lo sa benissimo che il padrone di casa scherza, ma lui non apprezza il tono e soprattutto la ripetizione di questi scherzi. Inoltre intuisce come vanno a finire, verso sera. E questo lo secca, perché non ha voglia di ripetersi e suscitare commenti.

– Hai visto? Adesso non mangia piú – lamenta dolcemente la donna.

– Grasso. Sei un grassone. Prima o poi ti faccio saltare con una bomba – ripiglia il marito.

Allora lui scende pigramente dalla sedia e si allontana, va a piazzarsi davanti alle farfalle sotto vetro in corridoio.

– Ecco – interviene brusca la cameriera: – Siamo alle solite. Poi lui se la piglia con me. Perché lo insulta sempre? Signora, lo dica lei, dica al signore di smetterla. Sempre di mezzo io, ci vado, ore ed ore.

Perché, abbandonate le farfalle, e irritato malgrado il passo cauto e il pelo folto ben disteso, lui va in cucina, siede davanti alla finestra e comincia a ringhiare.

È un brontolio sordo, con improvvise cupe cadute, con una vena di pianto che però è anche minaccia, disprezzo, nera ostilità ai gesti, alle parole, ai tentativi altrui.

Può restare cosí un intero pomeriggio. Oltre il vetro della finestra è un piccolo terrazzino, che termina con un muro giallo dove raramente trascorre[1] fulminea l'ombra di una rondine, di un colombo.

Ma niente, né richiami né ombre che volano, scuote la fissità di lui accucciato e nemico. Neppure i rumori che vengono dal bagno, dove la padrona si lava le mani prima di uscire e tornare in ufficio.

– Ciao – dice la moglie infilandosi il soprabito: – Ricordati di fare quella telefonata.

– Va bene, Ada, ciao, a piú tardi – risponde il marito scostandosi un attimo dal giornale.

Non l'avessero preso in giro con quelle minacce di ammazzamenti, lui si sarebbe avviato dietro la signora Ada, l'avrebbe accompagnata alla porta, avrebbe agitato il baffo con rassegnazione vedendola uscire.

Ma con tutto quanto è successo a tavola, non si muoverà dalla cucina fino a buio. Rinuncerà a televisione, divano, a passeggiate solenni davanti allo specchio.

– Ci risiamo – dice la cameriera versando il caffè all'uomo che legge il giornale: – È offeso a morte. Via, faccia qualcosa, altrimenti borbotterà tutto il giorno.

– Ah sí? – ride l'uomo con la tazza del caffè in mano: – Senti un poco, commendatore. Vieni qui. Subito. Altrimenti mi alzo e ti strozzo.

– Sa cos'è lei? Un testone e un attaccabrighe – s'inalbera la cameriera.

L'uomo continua a ridere girando lo zucchero nel caffè, ma lui in cucina ha sentito, e ora aumenta il ringhio, la coda passa dall'immobilità piú marmorea a scatti frementi e brevi, gli orecchi palpitano rabbiosi.

– Buono, su buono, non devi dar retta a quel testardo. Lo fa apposta. Non dargli soddisfazione – cerca di acquietarlo la cameriera in cucina.

[1] *trascorre*: passa velocemente.

Impresa impossibile, perché lui non cederà. Lo lasciassero solo in casa, rimarrebbe ugualmente immobile in cucina, ignorando farfalle divano televisione specchio, in attesa che la signora Ada, tornando, porti o inventi un minimo di pace.

– Illustre signorina, io esco – avvisa ridacchiando l'uomo dal corridoio: – Passatevi un buon pomeriggio. Stasera faremo i conti.

– Hai sentito? È andato via. Su smettila, fa il buono – dice la cameriera in cucina, appena s'è richiusa la porta.

Ma non oserebbe mai toccarlo. Forse è paura, forse è quella piú complicata diffidenza[1] che certe donne provano per i gatti, certo è che non lo piglierebbe mai in braccio per spostarlo dalla finestra. Può parlargli, questo sí, però anche lei sa che la sua voce e la sua opinione e le sue consolazioni contano quasi zero per quegli orecchi trepidi[2], quella schiena gonfia nel pelo ben nutrito.

E lui guarda, aspetta, cova il suo ringhio che pare arrivi come un'eco da bronzi lontani, ovattati.

– Al posto tuo – gli aveva detto una volta la cameriera, ma tanti anni prima: – Al posto tuo uscirei. Perché non scappi? Cosí lo fai stare in pena per due giorni. La signora Ada non se lo merita uno sgarbo del genere, ma il padrone sí. Perché non esci e ti guardi attorno sui tetti, come fanno i tuoi simili? Coraggio, va', la finestra è aperta...

Ma ora anche lei non direbbe piú cose tanto banali. Sebbene oscuramente[3], ha capito che lui non può uscire, affrontare le incognite di un mondo,

---

[1] *quella piú complicata diffidenza*: una sospettosità che ha ragioni piú complesse della semplice paura.
[2] *trepidi*: agitati, inquieti.
[3] *oscuramente*: in maniera un po' incerta e confusa.

forse imbecille forse carogna, comunque esterno e privo di interesse.

La signora Ada torna prima di sera, il suo ufficio chiude abbastanza presto. Con un sospiro, aggiustandosi davanti allo specchio, ridà alla casa una presenza logica e dolce, intorno alla quale tutto ruota con maggior convinzione.

È proprio questo che lui aspettava. E ora, severamente ma con una punta di languore, riappare in salotto. Non ha preteso scuse, o feste, o paroline di troppo. Gli è bastato risentire quell'aria, quei movimenti di pace.

– Ciao, Ada, buonasera a tutti – dice l'uomo rientrando, e con sicurezza di gesti trova il suo bicchiere, il suo ghiaccio, la sua poltrona.

Lui non lo guarda. Lo accetta, ed è già molto. Spera soltanto che l'uomo capisca e non prema piú su certi pedali[1].

Ci si può rimettere a tavola.

Ma: – Toh, vecchio castrone, chi si vede, sei qui? Passate le paturnie?[2] Allora a tavola, visto che non conosci le altre gioie della vita – fa l'uomo.

– Oh, no – si desola la signora Ada.

Lui è già fuggito, irto, dal divano. Ma non in cucina, stavolta, bensí nella camera da letto.

– Insopportabile. Ecco cosa sei. Ma perché non lo lasci in pace? Lo sai che si mortifica – sgrida con dolcezza, ma davvero addolorata, la signora Ada.

L'uomo ride, scrolla le spalle, versa ancora una goccia di whisky sul ghiaccio nel bicchiere, soltanto una goccia.

– Bell'impresa. Adesso non torna. Dio come la graffierei, fossi io al posto di quella povera creatura! – s'è arrabbiata anche la cameriera.

[1] *non prema piú su certi pedali*: non insista su certi argomenti.
[2] *paturnie*: malumore.

– Zitte, zitte, adesso ci divertiamo – si stropiccia le mani l'uomo sedendo a tavola: – Zitte. Stiamo a sentire,

– Spero proprio di no – si angoscia la cameriera portando una mano alla bocca: – Spero di no, mio Dio. Lo sa che mi spavento...

– Zitta – ingiunge l'uomo.

Rimangono immobili, attenti, con gli occhi che si incontrano, e subito fuggono via, puntando nel vuoto perché l'attenzione possa essere piú concentrata.

La signora Ada ha un sospiro, scuote la testa con un sorriso melanconico. Finché la voce, di là in camera da letto, comincia. È dapprima un rauco tossire soffocato, che cerca di esprimersi, tenta il tono[1], lo insegue, se lo lascia sfuggire, lo riprende, e diventa piú chiaro, articolato ora sulla prima sillaba, ancora lunga e quasi angosciosa, una «A» fonda, buia, che si dissotterra da chissà quali umidi e muschiosi anfratti. E poi la seconda sillaba, che non può piú sfuggire, «da», e precipita addosso alla prima, la schiaccia. «Ada», ha chiamato, dall'oltretomba sotto il letto di là, in un soffio bestiale ma intelligibile[2], indiscutibile.

– Ce l'ha fatta ancora, povero commendatore – sorride l'uomo beato.

– Dio mio. Paura. Che paura. Ma perché lo obbligate a questo? Credo bene che quel vostro amico cosí simpatico di Torino non venga piú a trovarvi, dopo che è successa la stessa cosa, sei mesi fa. E ogni volta fa piú spavento – s'ingarbuglia la cameriera.

– Adesso vado a prenderlo – sospira la signora Ada, ma staccandosi come a fatica dal tappeto del salotto.

---

[1] *tenta il tono*: cerca il tono giusto.
[2] *intelligibile*: comprensibile, decifrabile.

– Povero commendatore – sorride ancora l'uomo, vuotando l'ultima, proprio l'ultima goccia del suo whisky: – È un gran bel soggetto. Ehi, dico, si mangia o no, in questa casa?

(da G. Arpino, *Un gran mare di gente*, Rizzoli)

Il tacchino di Natale

Quando, il giorno di Natale, il commerciante Policarpi-Curcio si sentí dire per telefono dalla moglie che rincasasse puntualmente perché c'era il tacchino, si rallegrò molto giacché, con gli anni, all'infuori di quella della gola non gli era rimasta altra passione. Grande però fu la sua meraviglia allorché, giunto a casa verso il mezzogiorno, trovò il tacchino non già in cucina, infilato nello spiedo e in atto di girare lentamente sopra un fuoco di carbonella, bensí in salotto. Il tacchino, vestito con una eleganza un po' vecchiotta, di una giacca nera dai risvolti di seta, un paio di pantaloni a quadretti pepe e sale[1] e di un gilè di panno grigio coi bottoni di osso, conversava con la figlia del Curcio. Tanta fu la sorpresa del Curcio di trovarlo in un atteggiamento e in un luogo cosí insoliti, che dopo le presentazioni, cogliendo un momento di silenzio, non poté fare a meno di chinarsi in avanti e di proferire con cortesia ma anche con fermezza: – Scusate signore... non vorrei errare... ma... ma mi sembra che il vostro posto non dovrebbe essere qui... ripeto... non vorrei errare... ma il vostro posto dovrebbe essere... – Stava per aggiungere «nella pentola», quando la moglie che, come ella stessa si esprimeva, conosceva i suoi polli, gli camminò sopra il piede; e il Curcio, che

---

[1] *pepe e sale*: neri e bianchi.

sapeva per antica esperienza quel che significasse questo atto, tacque. La moglie poi gli fece cenno e, trascinatolo fuori del salotto, gli disse con voce bassa e concitata che, per carità, non rovinasse ogni cosa. Il tacchino era nobile, ricco e influente; un buon partito[1] insomma; e già mostrava un interesse particolare e visibilissimo per Rosetta; voleva forse egli, con le sue stupide osservazioni, mandare a monte il matrimonio che già pareva profilarsi?[2] Il Curcio si scusò con la moglie e giurò che non avrebbe piú aperto bocca. Quanto al tacchino, la domanda dell'incauto ospite non aveva sortito altro effetto che di fargli prendere il monocolo e squadrare ben bene il malcapitato. Poi era tornato subito a conversare con la figlia del Curcio.

«Si ha un bel dire,» pensava poco dopo il Curcio a tavola, mentre la moglie si prodigava in cortesie verso il tacchino, «ma ad un tipo di quel genere lí, piuttosto che augurarsi che sposi la figlia, si vorrebbe tirargli il collo.» Il Curcio era soprattutto irritato dall'aria di superiorità e di accondiscendenza[3] che assumeva il tacchino ogni volta che gli rivolgeva la parola. Il Curcio sapeva bene di venire, come si dice, dal nulla, e che i suoi modi non erano cosí levigati[4] come la moglie e la figlia avrebbero desiderato. Ma lui aveva lavorato tutta la vita e aveva guadagnato dei bei baiocchi[5], questo era il motivo per il quale non aveva potuto curare la propria educazione. Il tacchino invece, con tutto il suo sussiego, non avrebbe potuto dire lo stesso. Belle maniere, certo, aria da gran signore, ma in fin dei conti, il Curcio l'avrebbe giurato, poca sostanza. Altro fatto che dava ai nervi al Curcio era la maniera con la

---

[1] *buon partito*: buona occasione di matrimonio.
[2] *profilarsi*: apparire imminente o possibile.
[3] *accondiscendenza*: comprensione.
[4] *levigati*: raffinati.
[5] *baiocchi*: soldi, quattrini.

18

quale, dopo aver detto qualcosa di spiritoso o di profondo, il tacchino tirava indietro il capo, ficcando il becco e i bargigli[1] nella cravatta nera a plastron[2] e gonfiando il petto sotto il gilè. Infine il tacchino parlava alla moglie con la stessa scelta accurata di parole e la stessa modulata preziosità[3] di accento che se si fosse rivolto ad una duchessa. Ma il Curcio imbestialiva perché gli pareva di ravvisare non sapeva che ironia in questo rispetto eccessivo. «Alla pentola,» pensava, «alla pentola...»

Del resto questa antipatia del Curcio era più che compensata dalla infatuazione delle due donne, madre e figlia, per il tacchino. La moglie del Curcio e Rosetta pendevano addirittura dalle labbra, o meglio, dai bargigli del tacchino; il quale le affascinava con racconti mai uditi di feste, di svaghi, di viaggi, di successi mondani. La familiarità rispettosa di un tacchino come quello che era stato a tu per tu con il gran mondo, lusingava la madre. Quanto a Rosetta ella arrossiva, impallidiva, tremava e volgeva al tacchino sguardi, ora supplichevoli, ora infiammati, ora languidi, ora spauriti. Il fatto si era che fin dall'inizio del convito[4] il piede del tacchino, calzato di un antiquato ma elegante stivaletto di camoscio grigio coi bottoni di madreperla, non aveva cessato un sol minuto di tartassare la scarpetta della ragazza.

Partito il tacchino ci fu una discussione violentissima tra il Curcio e la moglie. Il Curcio diceva che era l'ora di finirla con questi elegantoni sofisticati e snobistici i quali poi, si sa, nascondono sotto la loro superbia una quantità di magagne. Lui aveva lavorato tutta

---

[1] *bargigli*: escrescenza di carne che si trova sotto il becco di alcuni gallinacei.
[2] *plastron*: cravatta larga annodata piatta e fermata da una spilla.
[3] *preziosità*: eleganza.
[4] *convito*: cena, banchetto.

la vita e non si sentiva affatto inferiore a tutti i tacchini di questo mondo. La moglie rispondeva che questo suo furore era inutile; il tacchino non aveva mai affermato di essergli superiore; quale tarantola[1] l'aveva morso? Quanto a Rosetta, andata a dormire come era solita ogni giorno dopo colazione, ella già sognava il tacchino. Lo vedeva inclinato su di lei che giaceva supina, i vanni[2] delle ali intorno ai suoi omeri, il becco sulle sue labbra semiaperte. Il tacchino la guarda accigliato, e si gonfia, si gonfia riempiendo la stanza delle sue penne grigie; ma con tutto che sia immenso, pare leggero, al petto di Rosetta. La quale sospira nel sonno e mormora « caro tacchino ».

I giorni seguenti, nonostante l'antipatia crescente e visibile del Curcio, il tacchino si insediò addirittura nella casa. Veniva a pranzo; e poi, andato in salotto con la figlia, vi rimaneva fino all'ora di cena. I due erano ormai, disse la moglie al Curcio, fidanzati. Sebbene, per motivi di famiglia, il tacchino si opponesse a che si facesse per ora l'annunzio ufficiale. – Bel genero, – brontolava il Curcio, – datemi un brav'uomo lavoratore, semplice, di buon cuore, ma un tacchino... – Il Curcio, rincasando, poteva vedere, attraverso i vetri dell'uscio del salotto, la vezzosa testa della figlia accanto a quella vana, feroce e stupida del tacchino. Egli pensava che forse quelle manine cosí bianche e piccole accarezzavano quei rossi e rugosi bargigli e la sua antipatia cresceva.

Intanto, però, pur continuando a corteggiare Rosetta, il tacchino non si decideva a chiederne la mano. Anche la madre cominciava ad essere inquieta. Se era un tacchino serio, ella disse alla fine alla figlia, doveva presentarsi ai genitori e chiederla in moglie. Rosetta a

[1] *tarantola*: ragno velenoso; si crede che il suo morso provochi fremiti e sussulti del corpo.
[2] *vanni*: termine poetico per « ali », qui usato come rafforzativo.

queste parole guardò spaventata la madre e non disse nulla. In realtà il tacchino era riuscito fin dai primi giorni a strappare gli estremi favori alla povera ragazza. La quale ora, non meno della madre, era ansiosa che il tacchino regolarizzasse, come si dice, la sua posizione.

Uno di quei giorni Rosetta accolse il tacchino nel salotto con un fiume di lagrime. Ella non poteva piú vivere in questo modo, balbettava tra i singhiozzi, mentendo a se stessa e ai genitori. Il tacchino misurava a grandi passi il salotto, le penne tutte arruffate fuori del colletto, il becco semiaperto e infuriato, gli occhi iniettati di sangue. Finalmente disse che ella poteva togliersi dalla testa che lui la sposasse. Piuttosto, se voleva, poteva fuggire con lui all'estero. Quella notte stessa, o mai piú. Rosetta, dopo molte esitazioni, finí per acconsentire.

Quella notte il Curcio, che soffriva, d'insonnia si levò per andare a prendere una boccata d'aria alla finestra. Era una notte d'estate, con la luna al colmo dello splendore. I Curcio abitavano in un villino. Affacciatosi alla finestra senza far rumore né accendere lumi per non destare la moglie, la prima cosa che il Curcio vide fu l'ombra gigantesca del tacchino, eretta la testa[1] dal collo gonfio, il becco bitorzoluto rivolto in alto, riflessa chiaramente sulla parete della villa inondata di bianca luce lunare. Egli abbassò gli occhi e fece appena in tempo a scorgere la figlia capitombolare da una finestra del primo piano tra le braccia del tacchino. Il quale, caricatala sulle spalle come un fagotto con una forza che nessuno avrebbe sospettato, rapidamente se la portava via verso il cancello. Il Curcio destò la moglie, corse a prendere un vecchio

---

[1] *eretta la testa*: con la testa che spunta fuori.

fucile da caccia. Ma, sceso che fu, non trovò piú alcuna traccia dei due fuggiaschi.

Il giorno dopo il Curcio andò a sporgere regolare denunzia per rapimento. Ma nei commissariati nessuno gli credette. Un tacchino, dicevano, come è possibile che un tacchino abbia rapito vostra figlia. I tacchini stanno nella stia. Del resto la figlia era maggiorenne e non c'era nulla da fare.

Ma saltarono fuori le magagne[1] del tacchino, egualmente. Si scoprí che era sposato e con prole. Si scoprí ancora che non era né nobile né ricco, bensí un ex cameriere scacciato da piú luoghi per furto. Il Curcio trionfava seppure pieno di bile. La moglie non faceva che piangere e invocava la figlia.

Andò a finire con il solito ricatto; e il Curcio dovette sborsare molti di quei suoi «bei baiocchi» cosí faticosamente guadagnati per riavere in casa la figlia disonorata. Questo avvenne in dicembre. Il giorno di Natale la moglie telefonò al Curcio che non ritardasse a rincasare perché c'era il tacchino; soggiungendo a scanso di equivoci che si trattava di persona molto seria che dimostrava una visibile inclinazione per Rosetta. Non era, insomma, un tacchino come quello dell'anno scorso, di questo ci si poteva fidare. «Ecco come sono le donne,» pensò il Curcio. Ma si ripromise questa volta di spalancare bene gli occhi. E di non lasciarsi abbagliare dalle false apparenze e dai vani discorsi di qualsiasi anche altolocato tacchino o gallinaccio.[2]

(da A. Moravia, *L'epidemia*, Bompiani, Milano)

[1] *magagne*: gravi difetti.
[2] *gallinaccio*: in romanesco significa sia tacchino sia uomo superficiale e presuntuoso.

Il marziano innamorato

> *Ma gli innamorati, i veri innamorati inventano*
> *con gli occhi la loro verità.*
>
> *(MOLIÈRE)*

Questa è la vera storia di Kraputnyk Armadillynk cosí come mi fu raccontata dalla sua viva voce.

Una mattina presto stavo pescando nel fiume di Sompazzo[1] quando sentii alle mie spalle un fragore impressionante. Vidi gli alberi tremare e gli uccelli fuggire. Poi uno scoppio e piú nulla. Attraversai l'argine e mi apparve una creatura singolare: un barilotto di metallo con un nasone da talpa e due braccini snodabili con catarifrangente. Stava prendendo a calci un disco volante e con voce irosa gridava piú o meno cosí:

– Zukunnuk dastrunavi baghazzaz minkemullu mekkanikuz!

Vedendomi si inchinò e disse:

– Signore, mi dispiace assai di averla disturbata, ma se sarà tanto gentile da ascoltarmi, penso che potrà capirmi e darmi l'aiuto necessario.

– Mi chiamo Kraputnyk Armadillynk e vengo dal pianeta Becoda. Il mio pianeta è a settecento anni luce dal vostro e la temperatura media è di cinquanta gradi

---

[1] *Sompazzo:* paese fantastico in cui sono ambientati molti racconti di Stefano Benni.

all'ombra. È un pianeta rosolato e desolato. Ci si possono coltivare solo due cose: il Trond e il Quazz. Il Trond è un tubero[1] tondo dal sapore insipido. Il Quazz è un tubero quadrato dello stesso sapore del Trond. Si potrebbe tranquillamente dire che sono la stessa cosa, ma per il morale di noi becodiani è meglio distinguerli. Cosí possiamo dire: «Cosa abbiamo stasera di buono per cena, Trond o Quazz?» e creare un po' di suspense.

– Esistono tre modi di mangiare il Trond: e precisamente seduti, in piedi e sdraiati. Parimenti esistono tre modi di cucinare il Quazz: con sugo di Trond, con sugo di Quazz o con ripieno di Trond.

– Avrà perciò capito che la vita sul nostro pianeta è assai dura. Non abbiamo altro che terra bruciata e campi di Trond e Quazz, rocce nere, montagne di lava e qualche Nerpero (vulcano) che sputa in aria lapilli[2] bollenti. Non esistono animali, ad eccezione di un verme che si chiama Krokuplas ed è immangiabile, ma costituisce un'ottima esca per i pesci. Sfortunatamente su Becoda non esistono né acqua né pesci. Beviamo però ottime spremute di Trondquazz.

– Sul nostro noioso pianeta l'unico divertimento è corteggiarsi. Gli abitanti di Becoda sono infatti incredibilmente belli. Almeno, cosí è scritto nel primo articolo della nostra Costituzione. Noi maschi, come vede, siamo formati da due piedi trond, un corpo quazz, e testa lievemente trondoide da cui sporge un tubo (che non è il naso!) Le femmine hanno piccoli piedi quazz, delizioso corpicino trondeggiante e testa alquanto bitrondica. La mia femmina si chiama Lukzenerper Graetzenerper Bikzunkenerper. Che vuole dire Lukz che nacque vicino al vulcano, figlia di

---

[1] *tubero*: porzione di fusto che cresce sotterranea e si ingrossa per accumulo di materiale di riserva; ne è un esempio la patata.

[2] *lapilli*: pietre infuocate espulse da un vulcano durante l'eruzione.

Graetz che vive sul vulcano e di Bikz che cadde nel vulcano. Lukzeccetera è molto giovane, ha diciotto anni becodiani, che corrispondono circa a due telenovele terrestri. Io l'amo, e passeggiare con lei grunka nella grunka per i sentieri del pianeta è la mia unica gioia.

– Ma avvenne che una notte, mentre eravamo soli nella mia quazzomobile e guardavamo le mille stelle dell'Universo, lei si strinse a me e cominciò a lazigàr. Che è la cosa piú terribile che ti possa capitare su Becoda. Lazigàr è come il vostro piangere, ma noi piangiamo olio, prezioso olio lubrificante, per cui se uno lazíga troppo resta arrugginito, grippa e muore. Cosí io la consolavo e cercavo di rimmetterle nel serbatoio tutto il lazigàto che potevo, ma lei continuava il suo lazighenzeinzein e io non sapevo piú cosa fare.

«Lukzettina – le dissi – ti prego, parla. Non lazigare piú, mi strazi! Cosa posso fare per te?

– Oh Kraputnyk – rispose lei – tu sei buono come un trond (non era poi un gran complimento. Noi diciamo anche: carogna come un trond, perché abbiamo cosí poche cose per fare paragoni)... ma io vorrei una cosa impossibile... vorrei... vorrei...

Nel vederla cosí disperata un lazigòne salí al mio ciglio.

– Parla cara, non esitare – dissi – farò qualsiasi cosa per te –.

– Oh Kraputnyk – disse lei – in vita mia non ho mai ricevuto un regalo. E morirò senza che nessuno mi abbia fatto un regalo!

– Ma come, pensai, se le avevo appena ragalato una collana di trond! Già, ma che regalo poteva essere un trond su quel pianeta maledetto dove non c'erano che trond e quazz e pietre a forma di trond e pezzi di quazz sempre tra i piedi! Un regalo è qualcosa che non ti aspetti. Cosa c'era su Becoda che potesse sorprendere una fanciulla? Fu in quel momento che guardai il cielo stellato e mi illuminai (dico davvero: quando noi abbiamo una grande idea si accende una luce rossa).

– L'universo era abitato da molti mondi trond e grandi strutture quazz. Diceva la televisione (quella l'abbiamo anche noi, è obbligatoria) che questi mondi sono assolutamente uguali al nostro. Su Giove ci sono dei trond piú grandi, su Venere ci sono dei quazz particolarmente belli, ma niente di piú.

– Ebbene, pensai, sarà cosí perché la televisione non mente quasi mai, ma voglio controllare di persona. Perché se esiste in qualche lontana parte dell'universo un vero regalo, qualcosa che non sia né trond né quazz da portare alla mia amante, ebbene io lo troverò. Ciò deciso, la sera stessa feci una provvista di filetti di trond in scatola e lanciai la mia astroquazzomobile nei corridoi stellari del Serpentone numero otto, quello che porta all'incrocio Zatopek e da lí al vostro sistema solare. Non so perché puntai subito sulla Terra. Forse per il colore, che mi sembrava bello, o per il modo in cui trondava nello spazio. Fatto sta che misi in azione il mio macrocanocchio e lo puntai su di voi.

– Ahimé, la prima cosa che vidi mi scoraggiò. C'era un grande spazio di pelo verde e tutto intorno migliaia di persone che urlavano. In mezzo alcuni esseri vestiti di due colori diversi si disputavano con i piedi un piccolo trond. Qua sono messi anche peggio di noi, pensai: noi abbiamo solo i quazz e i trond, loro scarseggiano anche di trond. Infatti intorno a questo trond si scatenavano risse gigantesche, ognuno lo voleva per sé e la gente urlava come impazzita. Puntai il macrocanocchio in un altro punto e vidi una città fatta di quazz uno sopra l'altro. Nessun segno di vita. Forse, pensai, gli aborigeni del luogo non mangiano i quazz, ma sono i quazz che mangiano gli aborigeni.

26

Infatti ne vedevo sparire a migliaia dentro a giganteschi quazz illuminati.

– Avvilito e deluso ero già intenzionato a ripartire quando, oh meraviglia! vidi finalmente una cosa che non era né quazz né trond né pietra né lapillo, una meravigliosa nuova cosa. Atterrai e mi avvicinai. Era uno scatolone metallico, simile a un becodiano obeso, ricolmo di oggetti misteriosi fatti con materie che poi seppi chiamarsi *carta plastica* e *latta*. Avevano diversi colori, e anche se in essi c'erano esempi di quazzismo e trondismo, la varietà era strabiliante. E che odori strani emettevano! Forti, penetranti, cosí diversi dall'odore becodiano, cenere e quazz lesso. Frugai un po' col mio braccetto e tirai su dallo scatolone un oggetto stupendo: un cilindro rosso rilucente. Era firmato con una scritta trondeggiante che attraverso il mio universibolario decifrai in coco-colo o colo-coco. Pensai che fosse opera di due artisti. Poi vidi un animale splendido, formato da un corpo tutto irsuto di pelo terminante in una lunga coda di legno, e delle stoffe preziose e candide con le scritte «supermercato Pam», e «Standa», e ancora oggetti oblunghi e trasparenti, meravigliosi sughi odorosi, bucce a spirale, carte fruscianti piene di geroglifici. Ero lí con il portello spalancato a guardare tutta quella ricchezza, quando vidi la prima creatura terrestre. Stava frugando beata tra gli oggetti meravigliosi dello scatolone. Subito presi il dizionario turistico interstellare e scandii bene questa frase:

– Sku-ssi, lei uommo di terrah, po-tzo io komprarre uno dei kuesti suoi ztu-pehndi ogetti? – La creatura spalancò i bellissimi occhi gialli, mosse la coda e rispose:

– No komp-rarre, tutti pozzono prendherre, ma ora skampare via, poi ke venire uommini di spahtzaturra –.

– Ed ecco la creatura che credevo un uommo balzare via spaventata all'arrivo di un essere rombante grande come venti becodiani, da cui discendono gli uommini, uno dei quali mi guarda e dice:

– Da quando in qua hanno messo questi nuovi bidoni? –

– Boh – dice l'altro, – comunque sembra vuoto. –. E mi prende per il naso (che non è il naso!) e mi scosta.

– Al lavoro – dice l'altro – buttiamo questa schifezza! – Prendono lo scatolone delle meraviglie e lo ribaltano nella bocca dell'essere grande. Poi ci saltano su e se ne vanno. Lí per lí ci resto male, poi penso: se buttano via questa splendida roba e la disprezzano, figuriamoci che altre cose meravigliose hanno, molto piú preziose di queste. Pensando rincuorato alla mia cara Lukzenerper, mi lancio dietro a loro a tutta velocità sui trondopattini, finché arrivo in città e quasi fondo per lo stupore. Che varietà di forme e di colori! Che regali portentosi ovunque, immobili o semoventi[1], piccoli o grandi! Questo è il paradiso, mi dico, ma devo restare calmo e scegliere bene, non lasciarmi stordire dall'abbondanza. Anzitutto non voglio un regalo qualsiasi. Voglio un regalo che anche le femmine terrestri ritengano pregiato e importante. Gli uommini li so già riconoscere, adesso devo trovare una femmina terrestre. Come sarà fatta? Entro prudentemente in un locale con la scritta «bar tabacchi». Vedo subito una cosa che potrebbe essere una femmina, una cosa con molti nasi e un uommo che li tira su e giú, il che da noi vuole dire *gibolàin*, accoppiarsi. Ma poi sento che l'uommo la chiama «macchina del caffè». Non è lei. Eccola là, la vedo, la femmina. E, bellissima, tutta addobbata di luci colorate, lancia urla e gridolini mentre un uommo la tiene per i fianchi e la scuote tutta. Se

[1] *semoventi*: che si muovono da soli.

non è gibolàin questo! Improvvisamente però le luci della femmina si spengono e l'uomo le dà un grande calcio e impreca. Come sono violenti dopo aver gibolainato! L'uomo mi passa davanti e lo sento dire:

– Quel flipper è un cesso, non si vince mai. E questo cos'è, un nuovo distributore automatico? – E mi tocca il naso (che non è il naso).

– Boh – fa l'uomo che maneggia la macchina del caffè – che ne so, l'avrà messo lí il padrone. Ehi, guarda lí fuori che femmina sta passando! –

– Ci siamo! Guardo dove guardano i due uomini. Stanno passando due cose: una è una cosa gialla con la scritta taxi. L'altra è un uomo con piú trond davanti, dei bei fili colorati in testa e gli occhi piú vivaci. Mi metto a seguirla discretamente finché non incontra una simile a lei. Le dice:

– Lo vedi quel coso dietro di noi? Le pensano tutte ormai per fare pubblicità alle lavatrici –. Che sia io il coso?

– Poi la prima femmina si ferma ed esclama:

Che auto! cosa darei per averne una cosí! –

Quella che chiama auto è una quazzomobile che fa molto piú fumo e rumore. Un po' ingombrante da regalare, ma se piace tanto... Le auto stanno tutte ferme in fila. Dentro uommini e femmine suonano una nota picchiando un tasto che sta al centro di un trond. Stanno ore e ore a suonare anche se sembrano stanchissimi. Ho capito: *l'auto* è uno strumento musicale!

– Dopo un po' la femmina arriva in un posto con la scritta «parcheggio» e trova la sua auto con un foglietto giallo sul vetro. Sarà lo spartito per suonare, penso, invece la femmina si arrabbia, straccia il foglietto e urla:

– Ingorghi, traffico e adesso anche la multa! Piut tosto che andare ancora in auto la butto in un burrone! Bisognerebbe bruciarle tutte, le auto! » E se ne va, senza neanche suonare.

– Ahi, ahi! Non è un gran regalo, allora.

– Mi metto a seguire un'altra femmina e la vedo che incontra un uommo. Entrano in un mangiaquazz. Mi infilo dentro anch'io: ho imparato che se sto immobile nessuno dice niente, tutt'al piú cercano di darmi da mangiare delle monete. Aguzzo bene le orkekkys e sento la femmina che dice:

– Caro, questo è il regalo piú bello che potevi farmi... è splendido, non ho parole – e lo bacia.

– Piano piano mi infilo sotto il loro tavolo. Guardo, e sapete che cosa ha in mano la femmina? Un astuccio nero con dentro una collana di quazz, quelle pietrine trasparenti che a Becoda troviamo a migliaia nella cenere. Bel regalo davvero!

– Deluso, decido di farmi ispirare dalla televisione, perché anche qui come a Becoda dovrebbe dire quasi la verità. Analizzo tre ore di telegiornali terrestri col mio computer analogico-galattico e il risultato è che il regalo che tutti vogliono, di cui tutti parlano e che tutti ritengono indispensabile e auspicabile è: «*fatti*».

Entro perciò in un negozietto con la scritta: «Abbiamo tutto» e senza esitare dico:

– Mi dia subito due fatti, uno per me e uno per la mia fidanzata. E mi raccomando: fatti, non parole –.

L'uommo mi guarda torvo e dice:

– Guardi, io non so se lei è un robot o un nano pagato da qualche partito politico, ma le dico che ne ho piene le palle di propaganda elettorale – .

– Un momento, ripeta – cerco di dire, ma altri uommini entrano nella discussione e alzano la voce, e poco dopo cominciano a litigare e a tirarsi dei quazz in testa. Mi allontano proprio stufo. Cammina cammina, esco dalla città e arrivo da queste parti.

– Penso di caricare sulla astromobile uno di quei

tappeti grigi che chiamate strade. Ma è pesante da ar-
rotolare. Oppure potrei prendere una fetta di pelo
verde. Ma non ho capito nulla della Terra e rischierei
di portar via un regalo da poco. Tutti riderebbero di
me e della mia Lukz. Che scoraggiamento! In quell'i-
stante sento alcuni piccoli di uommo che parlano tra
loro:

– Che sete – dice uno.

– Cosa darei per un chinotto – dice l'altro.

– Pensa – dice il terzo – che regalo se qualcuno ce lo
portasse qui... –

– Stavolta metto su addirittura la turboelica da spo-
stamento rapido e volo al primo negozio. Sono pronto
a usare anche il cannone fotonico. Al banco c'è una
donnina con due quazz di vetro davanti agli occhi.

– Femmina – dico – mi dia tutti i chinotti che ha –.

– Sei strano, bambino – dice, e anche lei mi tocca il
naso (che non è il naso). – Me ne sono rimasti quattro,
ti bastano? –

– Szyp – dico io.

– Duemilaquattrocento lire –.

Ahi, a questo non avevo pensato! Però ho un'idea:
le metto in mano due o tre di quei quazz brilluccicanti
che piacevano tanto all'altra femmina. La vedo sbian-
care e ammutolire. Fatto! Volo indietro e atterro davanti ai tre piccoli di uommo.

– Ehi, che buffo – dicono – che cosa sei? –

– Sono il robotto del concorso vinci il chinotto – dico – e voi ne avete vinti tre, uno per uno –.

– Uahu! – grida il primo.

– Grande! – ulula il secondo.

– Che felicità – dice il terzo, e si mettono subito a
romperli finché non esce l'olio e se lo bevono. Tutti
uguali i bambini.

– Ma insomma – chiedo – è un bel regalo o no? –

– È il piú bel regalo che potevo aspettarmi oggi – dice il primo.

– È un regalo meraviglioso – conferma il secondo.

– Adesso sto proprio bene – dice il terzo.

– Stavolta è fatta. Ci salutiamo: loro sventolano le mani e io sventolo il naso, quello vero, che ce l'ho a destra in basso. Torno alla mia quazzomobile a rimirare il chinotto che ho tenuto per Lukz. Che bello, che trasparenza, con l'olio scuro che si muove dentro, e che odore stupendo. In cima c'è anche un gioiello trondo merlettato[1] e la scritta «Chinotto» in lettere rosso fuoco. Che regalo da portare al collo o in testa, o nelle orkekkys, che regalo per il mio amore!

– Accidenti! Ho cosí fretta di tornare a casa che ingolfo il motore e la quazzomobile si blocca. Ora lei mi ha trovato, signore, e so bene cosa vuole: lei vuole il mio prezioso chinotto. Ma la prego, prenda qualsiasi altra cosa, tutti i miei quazz brillanti, la mia calotta cranica, il pezzo della quazzomobile che le piace di piú, il volante in similtrond o l'astrocane che fa sí sí con la testa, le do tutto quanto ma, la prego, mi lasci il chinotto! Lukzenerper mi aspetta.

– Signor Kraputnyk – gli rispondo io – non solo non voglio portarle via il chinotto, ma a nome del popolo terrestre le consegno in piú un mio regalo personale: è un optional[2] del chinotto. Se un giorno lei volesse far sentire l'odore del chinotto agli amici, faccia leva con questo e il contenitore si aprirà...

– Bellissimo oggetto. E come si chiama?

– Apribottiglie.

– A-pree-bok-thiglie – ripete il becodiano, commosso.

---

[1] *merlettato*: dal bordo seghettato e rialzato.

[2] *optional*: accessorio che non è compreso nella dotazione normale di un apparecchio, ma che viene fornito, solitamente a prezzo maggiorato, su richiesta del cliente.

– Grazie, è troppo per me. Chissà quanto costa!

– Via via – gli dico – non ci pensi e torni a casa che la aspettano –. Con la mia cinquecento gli do una bella spinta. La quazzomobile vibra un po' poi si mette in moto e, accidenti che motore! In dieci secondi è scomparsa tra le nuvole.

Mi sono rimesso a pescare e ho preso tre lucci di cinque chili l'uno.

(da S. Benni, *Il bar sotto il mare*, Feltrinelli, Milano)

ITALO CALVINO
Le figlie della Luna

*Priva com'è d'un involucro d'aria che le faccia da scu-
do, la Luna si trovò esposta fin dalle origini a un continuo bombardamento di meteoriti e all'azione erosiva
dei raggi solari. Secondo Tom Gold della Cornell Uni-
versity, le rocce della superficie lunare si sarebbero ri-
dotte in polvere per l'urto prolungato delle particelle
meteoriche. Secondo Gerard Kuiper dell'Università di
Chicago, la fuga dei gas dal magma lunare avrebbe dato
al satellite una consistenza porosa e leggera, come pietra pomice.*

La Luna è vecchia, – assentí Qfwfq[1], – bucherellata, consumata. Rotolando nuda per il cielo si logora
e si spolpa come un osso rosicchiato. Non è la prima
volta che questo accade; ricordo Lune ancor piú vecchie e rovinate di questa; ne ho viste tante, di Lune,
nascere e correre per il cielo e morire, l'una crivellata
dalla grandine di stelle cadenti, l'altra esplodendo da
tutti i suoi crateri, un'altra ancora coprendosi di gocce
d'un sudore color topazio[2] che evaporava subito, poi
di nuvole verdastre, e riducendosi a un guscio essicca-
to e spugnoso.

---

[1] *Qfwfq*: è un personaggio fantastico, fuori dal tempo, che narra in
prima persona tutte le vicende delle *Cosmicomiche*, libro da cui è tratto
questo racconto.
[2] *topazio*: cristallo di colore giallo o verdognolo.

Quel che accade sulla Terra quando una Luna muore, non è facile descriverlo; proverò a farlo, riferendomi all'ultimo caso che ricordo. In seguito a una lunga evoluzione la Terra già allora si poteva dire arrivata al punto in cui ora siamo; ossia era entrata in quella fase in cui si logorano piú in fretta le automobili che le suole delle scarpe; esseri pressapoco umani fabbricavano e vendevano e compravano; le città ricoprivano i continenti d'una pigmentazione[1] luminosa. Queste città crescevano pressapoco negli stessi posti d'adesso, per quanto la forma dei continenti fosse diversa. C'era pure una New York in qualche modo somigliante alla New York che è familiare a tutti voi, ma molto piú nuova, ossia piú traboccante di nuovi prodotti, di nuovi spazzolini da denti, una New York con una sua Manhattan che s'allunga fitta di grattacieli lucidi come setole di nylon d'uno spazzolino da denti nuovo nuovo.

In questo mondo in cui ogni oggetto, al minimo accenno di guasto o invecchiamento, alla prima ammaccatura o macchiolina, veniva immediatamente buttato via e sostituito con un altro nuovo e impeccabile, c'era solo una stonatura, solo un'ombra: la Luna. Vagava per il cielo, spoglia tarlata e grigia, sempre piú estranea al mondo di quaggiú, residuo d'un modo d'essere ormai incongruo[2].

Antiche espressioni come lunapiena mezzaluna ultimo quarto continuavano a essere usate ma erano soltanto modi di dire: come la si poteva chiamare «piena» quella forma tutta crepe e brecce che pareva sempre sul punto di franare in una pioggia di calcinacci sulle nostre teste? E non parliamo di quando era tempo di luna calante! Si riduceva a una specie di crosta di formaggio mordicchiata, e spariva sempre prima

[1] *pigmentazione*: colorazione.
[2] *incongruo*: non adeguato né utile.

del previsto. A lunanuova, ci domandavamo ogni volta se non sarebbe piú tornata a mostrarsi (speravamo che sparisse cosí?) e quando rispuntava, sempre piú somigliante a un pettine che sta perdendo i denti, distoglievamo gli occhi con un brivido.

Era una vista deprimente. Andavamo nella folla che con le braccia ingombre di pacchetti entrava e usciva dai grandi magazzini aperti giorno e notte, percorrevamo con lo sguardo le scritte luminose che rampando[1] sui grattacieli avvertivano momento per momento dei nuovi prodotti lanciati sul mercato, ed ecco la vedevamo venire avanti, pallida in mezzo a quelle luci abbaglianti, lenta, malata, e non potevamo scacciare il pensiero che ogni cosa nuova, ogni prodotto appena comprato poteva guastarsi sbiadire andare a male, e ci veniva meno l'entusiasmo a correre in giro per far compere e a sgobbare sul lavoro, e ciò non era senza conseguenze sul buon andamento dell'industria e del commercio.

Cosí ci si cominciò a porre il problema di cosa farne, di questo satellite controproducente: non serviva piú a nulla; era un rottame da cui non si poteva recuperare piú niente. Perdendo peso, andava inclinando la sua orbita verso la Terra: era un pericolo, oltretutto. E piú s'avvicinava piú rallentava il suo corso; non si poteva piú tenere il calcolo dei quarti; anche il calendario, il ritmo dei mesi era diventato una pura convenzione; la Luna andava avanti a scatti come stesse per crollare.

In queste notti di luna bassa le persone di temperamento piú instabile si davano a far stranezze. Non mancava mai il sonnambulo che camminava sui cornicioni d'un grattacielo con le braccia protese verso la

---

[1] *rampando*: arrampicandosi.

Luna, o il licantropo[1] che si metteva a ululare in mezzo a Times Square, o il piromane che appiccava incendi ai depositi dei docks. Erano fenomeni ormai usuali, questi, e non radunavano piú nemmeno il solito capannello di curiosi. Ma quando vidi una ragazza completamente nuda seduta su una panchina di Central Park non potei fare a meno di fermarmi.

Già prima di vederla avevo avuto il senso che qualcosa di indefinibile stava per accadere. Attraversando Central Park al volante d'una macchina scoperta, mi sentii inondato da una luce che vibrava come fanno i tubi luminescenti quando prima d'accendersi del tutto emettono una serie di bagliori lividi e ammiccanti. La vista intorno sembrava quella d'un giardino sprofondato in un cratere lunare. Vicino a una vasca che rifletteva una fetta di Luna era seduta la ragazza nuda. Frenai. M'era parso, lí per lí, di riconoscerla. Corsi fuori della macchina, verso di lei; ma mi fermai, come stordito. Non sapevo chi era; sentivo solo che dovevo urgentemente far qualcosa per lei.

Attorno alla panchina erano sparpagliati sull'erba i suoi vestiti, calze e scarpe una qua e una là, orecchini e collane e braccialetti, borsetta e borsa per la spesa e il loro contenuto rovesciato in un cerchio di largo raggio, e numerosi pacchetti e mercanzie, come se tornando da un dovizioso shopping[2] per i negozi della città, quella creatura si fosse sentita chiamare e istantaneamente avesse lasciato cadere tutto al suolo, avesse capito che doveva liberarsi d'ogni oggetto o segno che la teneva legata alla Terra, e ora stesse lí aspettando d'essere assunta nella sfera lunare.

– Cosa succede? – balbettai. – Posso aiutarla?

[1] *licantropo*: uomo affetto da una malattia nervosa, a causa della quale, specialmente nelle notti di luna piena, ulula come un lupo.
[2] *shopping*: piccole compere fatte girando qua e là per i negozi.

– Help? – chiese lei, con gli occhi sempre sgranati in alto. – Nobody can help. Nessuno può farci niente, ed era chiaro che non parlava per sé, ma per la Luna.

Ce l'avevamo sopra, convessa, che quasi ci schiacciava, come un tetto in rovina, bucherellata come una grattugia. In quel momento le bestie dello zoo presero a ruggire.

– È la fine? – domandai macchinalmente, e non sapevo neanch'io cosa intendessi.

Lei rispose: – Comincia, – o qualcosa di simile (parlava senza quasi schiudere le labbra).

– Che intende dire? Che comincia la fine o che comincia qualcos'altro?

S'alzò, avanzò per il prato. Aveva lunghi capelli color rame che le scendevano per le spalle. Era cosí indifesa che sentivo il bisogno di proteggerla in qualche modo, di farle da scudo, e muovevo verso di lei le braccia come per esser pronto a trattenerla da una caduta o ad allontanare da lei qualsiasi cosa che la potesse ferire. Ma le mie mani non osavano sfiorarla, si fermavano sempre a qualche centimetro dalla sua pelle. E seguendola cosí per le aiuole m'accorgevo che i movimenti di lei erano simili ai miei, che anche lei stava cercando di proteggere qualcosa di fragile, qualcosa che poteva cadere e andare in pezzi e perciò occorreva condurre verso luoghi dove si potesse posare delicatamente, qualcosa che comunque lei non poteva toccare ma solo accompagnare con i gesti: la Luna.

La Luna pareva smarrita; abbandonato il solco della sua orbita non sapeva piú dove andare; si lasciava trasportare come una foglia secca. Ora sembrava calare a picco verso la Terra, ora avvitarsi in una spirale, ora andare alla deriva. Perdeva quota, questo è certo: per un momento sembrò che andasse a sbattere contro l'Hotel Plaza, invece prese d'infilata il corridoio tra due grattacieli, sparí alla nostra vista verso lo Hudson. Riapparve poco dopo, dalla parte opposta, spuntando da dietro una nuvola, inondando d'una luce calcinosa Harlem e l'East River, e come per l'alzarsi d'un colpo di vento rotolava verso il Bronx.

– È là! – gridai. – Ecco, si ferma!

– Non può fermarsi! – esclamò la ragazza e corse nuda e scalza per i prati.

– Dove vai? Non puoi andare cosí! Fermati! Dico a te! Come ti chiami?

Gridò un nome come Daiana o Deanna, che poteva anche essere un'invocazione. E scomparve. Per inseguirla risalii in macchina e mi misi a perlustrare i viali di Central Park.

La luce dei fari illuminava siepi collinette obelischi, ma la ragazza Diana non si vedeva. Ormai m'ero allontanato troppo: doveva esser rimasta indietro; svoltai per rifare in senso inverso il mio cammino. Una voce dietro di me disse: – No, è là, va' avanti!

Seduta alle mie spalle sulla *capote* ribaltata della mia macchina c'era la ragazza nuda che indicava in direzione della Luna.

Avrei voluto dirle che si mettesse giú, che non potevo attraversare la città con lei cosí in vista in quello stato, ma non osavo distrarla, tutta intenta com'era a non perdere di vista la macchia luminosa che ora spariva ora riappariva al fondo della Avenue[1]. E poi, – quel che era piú strano – nessun passante sembrava notare questa apparizione femminile ritta su una macchina scoperta.

Passammo uno dei ponti che collegano Manhattan alla terra ferma. Ora correvamo per una strada a piú corsie, tra altre auto affiancate, e io tenevo lo sguardo fisso davanti a me, temendo le risate e i lazzi che certamente la nostra vista suscitava a bordo delle macchine

[1] *Avenue*: in francese viale.

intorno. Ma quando un'auto ci sorpassò, per poco non uscii di strada per la sorpresa: accoccolata sul tetto della berlina c'era una ragazza nuda coi capelli al vento. Per un secondo ebbi l'idea che la mia passeggera saltasse da un'auto in corsa all'altra, ma mi bastò torcere lo sguardo appena appena all'indietro per vedere che i ginocchi di Diana erano sempre lí all'altezza del mio naso. E non era solo la sua figura a biancheggiare al mio sguardo: protese nelle pose piú strane, aggrappate ai radiatori, agli sportelli, ai parafanghi delle auto in corsa vedevo da ogni parte ragazze cui solo l'ala dorata o scura dei capelli faceva contrasto col chiarore roseo o bruno della pelle nuda. Su ogni macchina era posata una di queste misteriose passeggere, tutte tese in avanti incitando i guidatori all'inseguimento della Luna.

Erano state chiamate dalla Luna in pericolo: era certo. In quante erano? Nuove macchine occupate dalle ragazze lunari affluivano a ogni crocicchio e a ogni bivio, da tutti i quartieri della città convergevano al luogo sopra al quale la Luna pareva essersi fermata. Al termine della città ci trovammo di fronte a un cimitero d'automobili.

La strada si perdeva in una zona montuosa con vallette e catene e colli e cime; ma a dare ai luoghi questa conformazione[1] accidentata non erano i rilievi del suolo bensí il sovrapporsi d'oggetti buttati via: in quei terreni vaghi[2] andava a finire tutto ciò che la città consumatrice espelleva una volta che se ne era velocemente servita, per poter subito ritrovare il piacere di maneggiare cose nuove.

Durante molti anni, intorno a uno sterminato cimitero d'automobili erano andate innalzandosi cataste

[1] *conformazione*: figura, forma.
[2] *vaghi*: amabili, graziosi.

di frigoriferi sfondati, di numeri di «Life»[1] ingialliti, di lampadine fulminate. Su questo territorio frastagliato e rugginoso si chinava ora la Luna, e le distese di lamiera ammaccata si gonfiavano come spinte dall'alta marea. S'assomigliavano, la Luna decrepita e quella crosta terrestre saldata in un conglomerato[2] di rottami; le montagne di ferraglia formavano una catena che si richiudeva su se stessa come un anfiteatro, la cui forma era proprio quella d'un cratere vulcanico o d'un mare lunare. La Luna pendeva lí sopra ed era come se il pianeta e il satellite facessero l'uno da specchio all'altro

I motori delle nostre auto s'erano tutti fermati: non c'è nulla che intimidisca le macchine quanto i propri cimiteri. Diana scese e tutte le altre Diane la imitarono. Ma il loro slancio adesso sembrava venir meno: muovevano passi incerti, come se a trovarsi tra quei ruderi di ferro stravolti e taglienti si sentissero prese all'improvviso dalla coscienza d'essere nude; molte incrociavano le braccia a coprirsi il seno come in un brivido di freddo. Intanto andavano sparpagliate scalando la montagna degli oggetti morti: superarono la cresta, calarono nell'anfiteatro, si trovarono a formare come un grande cerchio là in mezzo. Allora alzarono le braccia tutte insieme.

La Luna ebbe un sussulto come se quel gesto avesse agito su di lei, e parve per un istante riprendere forza e innalzarsi. Le fanciulle in cerchio stavano a braccia alte, i visi e i seni rivolti alla Luna. Era questo che la Luna aveva chiesto loro? Era di loro che essa aveva bisogno per sostenersi in cielo? Non feci in tempo a domandarmelo. In quel momento entrò in scena la gru.

La gru era stata fatta progettare e costruire dalle

---

[1] «Life»: rivista illustrata molto diffusa negli Usa.
[2] conglomerato: insieme di materiali differenti.

autorità, decise a nettare il cielo da quell'ingombro antiestetico[1]. Era un bulldozer dal quale si alzava una specie di pinza da granchio; venne avanti sui suoi cingoli, basso e tarchiato, proprio come un granchio; e quando si trovò nel punto predisposto per l'operazione sembrò diventare ancor piú piatto, per aderire al terreno con tutta la sua superficie. L'argano girò rapido; innalzò il braccio nel cielo; mai s'era pensato che si potesse costruire una gru dal braccio cosí lungo. La benna[2] s'aperse, dentata; ora, piú che a una pinza di granchio, somigliava alla bocca d'uno squalo. La Luna era proprio lí; ondeggiò come se volesse scappare, ma quella gru sembrava calamitata: si vide la Luna come aspirata finirle proprio in bocca. Le mandibole si richiusero con un secco: crac! Per un momento ci sembrò che fosse andata in briciole come una meringa, invece restò tra le valve della benna, mezza dentro mezza fuori. Era diventata di forma oblunga, una specie di grosso sigaro tenuto tra i denti. Venne giú una pioggia color cenere.

La gru ora si sforzava d'estirpare la Luna dalla sua orbita e di trascinarla giú. L'argano aveva preso a girare in senso inverso: con gran fatica, adesso. Diana e le compagne erano rimaste immobili a braccia alzate, come se sperassero di sconfiggere l'aggressione nemica opponendole la forza del loro cerchio. Quando le ceneri della disgregazione lunare piovvero sui loro visi e i loro petti, solo allora le vedemmo disperdersi. Diana lanciò un grido acuto di lamento.

In quel momento la Luna prigioniera perse quel poco di lucentezza che le restava: diventò una roccia nera e informe. Sarebbe precipitata sulla Terra di schianto se non fosse stata trattenuta dai denti della

---

[1] *antiestetico*: sgradevole, brutto.
[2] *benna*: grande tenaglia o recipiente, retto da una gru, che serve per il recupero, il trasporto e lo scarico di materiali.

benna. Giú quelli dell'impresa avevano preparato una rete d'acciaio fissandola al terreno con chiodi profondi, intorno al luogo dove la gru stava depositando lentamente il suo carico.

Una volta a terra la Luna era un macigno butterato e sabbioso, cosí opaco che pareva incredibile avesse un giorno illuminato il cielo col suo riflesso splendente. La gru aperse le valve della benna, indietreggiò sui cingoli, quasi si ribaltò alleggerita all'improvviso. Quelli dell'impresa erano pronti con la rete: avvilupparono la Luna stringendola tra la rete e il suolo. La Luna cercò di divincolarsi nella sua camicia di forza: una scossa come di terremoto fece franare valanghe di barattoli vuoti dalle montagne di rifiuti. Poi tornò la calma. Il cielo ormai sgombro veniva innaffiato dai getti di luce dei riflettori. Ma già il buio impallidiva.

L'alba trovò il cimitero delle automobili con un rottame in piú: quella Luna naufragata là in mezzo quasi non si distingueva dagli altri oggetti buttati via; aveva lo stesso colore, la stessa aria condannata, lo stesso aspetto di cosa che non si riesce a immaginare come potesse essere da nuova. Intorno, per il cratere dei detriti terrestri, echeggiò un mormorio: la luce dell'alba rivelava un brulicare di vita che s'andava risvegliando. Tra le carcasse sventrate dei camion, tra le ruote stravolte, le lamiere accartocciate, avanzavano degli esseri barbuti.

In mezzo alle cose buttate via dalla città viveva una popolazione di persone buttate via anch'esse, messe al margine, oppure persone che s'erano buttate via di loro volontà, o che s'erano stancate di correre per la città per vendere e comprare cose nuove destinate subito a invecchiare: persone che avevano deciso che solo le cose buttate via erano la vera ricchezza del mondo. Attorno alla Luna, lungo tutta la distesa dell'anfiteatro stavano ritte o sedute queste figure allampanate, dai visi incorniciati da barbe o dai capelli incolti. In mezzo a questa folla stracciona o vestita in fogge stravaganti, c'erano Diana nuda e tutte le ragazze della notte prima. Vennero avanti, presero a sciogliere i fili d'acciaio della rete dai chiodi piantati nel terreno.

Subito, come un aerostato[1] liberato dagli ormeggi, la Luna si librò sopra le teste delle fanciulle, sopra la tribuna degli straccioni e rimase sospesa, trattenuta dalla rete d'acciaio di cui Diana e le compagne manovravano i fili, ora tirandoli, ora lasciandoli andare, e quando esse presero tutte insieme la corsa reggendo i capi dei fili, la Luna le seguí.

Appena la Luna si mosse, dalle valli di rottami si levò come un'onda: le vecchie carrozzerie schiacciate come fisarmoniche si mettevano in marcia, si disponevano cigolando in corteo, e una corrente di barattoli sfondati rotolavano con rumore di tuono, non si capisce se trascinati o trascinando tutto il resto. Seguendo quella Luna salvata dall'esser buttata via, tutte le cose e tutti gli uomini ormai rassegnati a esser buttati in un canto riprendevano il cammino, e sciamavano[2] verso i quartieri della città piú opulenti.

Quel mattino la città celebrava il Giorno del Ringraziamento del Consumatore. Ogni anno, un giorno di novembre, ricorreva quella festa, istituita per dar modo ai clienti dei negozi di manifestare la propria gratitudine verso la Produzione che non si stancava di soddisfare ogni loro desiderio. Il piú grande magazzino della città organizzava ogni anno una parata: un enorme pallone, a forma di pupazzo dai colori sgargianti veniva fatto sfilare per la via principale, trattenuto da nastri che ragazze tutte lustrini tiravano marciando dietro una banda musicale. Cosí anche quel mattino il corteo veniva giú per la Fifth Avenue: la

[1] *aerostato*: mongolfiera, dirigibile.
[2] *sciamavano*: partivano, si allontanavano in massa.

«majorette» faceva piroettare la mazza, le grancasse rimbombavano, e il gigante fatto di palloni che rappresentava «Il Cliente Soddisfatto» volava tra i grattacieli condotto docilmente al guinzaglio dalle girls in chepí e alamari[1] e spalline con le frange, montate su motociclette scintillanti.

Nello stesso tempo un altro corteo stava attraversando Manhattan. La Luna scrostata ed ammuffita se ne veniva anch'essa navigando tra i grattacieli tirata dalle fanciulle nude, e dietro avanzava una fila di macchine massacrate, di scheletri di camion, in mezzo a una folla silenziosa che cresceva man mano. Al codazzo che dalle prime ore del mattino seguiva la Luna s'erano andate aggiungendo migliaia di persone d'ogni colore, famiglie intere con figli d'ogni età, specialmente ora che il corteo passava per i piú affollati quartieri negri e portoricani intorno a Harlem.

Il corteo lunare girò a zig zag per la Uptown, imboccò Broadway, venne giú svelto e zitto convergendo con l'altro che trascinava per la Fifth Avenue il suo gigante di palloni.

A Madison Square una sfilata incrociò l'altra: ossia ci fu un solo corteo. «Il Cliente Soddisfatto», forse per una collisione con la puntuta superficie della Luna, scomparve, si trasformò in un cencio di cauccíú. Sulle motociclette adesso c'erano le Diane che tiravano la Luna con i nastri multicolori; ossia, siccome il loro numero era per lo meno raddoppiato, è da credere che le motocicliste avessero buttato via le uniformi e i chepí. Una trasformazione simile avevano subíto anche le motociclette e le macchine del seguito: non si capiva piú quali fossero le vecchie e quali le nuove: le ruote storte, i parafanghi arrugginiti erano

[1] *chepí e alamari*: copricapo e decorazioni militari.

mescolati con le cromature lucide come specchi, con le verniciature di smalto.

E dietro al corteo le vetrine si ricoprivano di ragnatele e di muffa, gli ascensori dei grattacieli si mettevano a cigolare e a gemere, i cartelloni pubblicitari ingiallivano, i portauova dei frigoriferi si riempivano di pulcini come incubatrici, i televisori trasmettevano il turbinare di tempeste atmosferiche. La città aveva consumato se stessa di colpo: era una città da buttar via che seguiva la Luna nel suo ultimo viaggio.

Al suono della banda, che tambureggiava su bidoni di benzina vuoti, il corteo arrivò al ponte di Brooklyn. Diana alzò il bastone da «majorette»: le sue compagne fecero volteggiare i nastri nell'aria. La Luna prese un ultimo slancio, superò le ricurve griglie del ponte, si sbilanciò verso mare, batté sull'acqua come un mattone, s'inabissò sollevando alla superficie una miriade di bollicine.

Le ragazze, intanto, invece di lasciare i nastri, v'erano rimaste aggrappate, e la Luna le aveva sollevate facendole volare fuori dal ponte, al di là dei parapetti: descrissero per aria traiettorie da tuffatrici e disparvero tra le onde.

Noi restavamo affacciati al ponte di Brooklyn e sui moli delle rive, attoniti, divisi tra la spinta a tuffarci dietro di loro e la fiducia che le avremmo viste riapparire come le altre volte.

Non dovemmo aspettare molto. Il mare cominciò a vibrare d'onde che s'allargavano a cerchio. Al centro di questo cerchio apparve un'isola, crebbe come una montagna, come un emisfero, come un globo posato sull'acqua, anzi: sollevato sull'acqua, no: come una nuova Luna che sale in cielo. Dico una Luna sebbene non assomigliasse a una Luna piú di quella che avevamo visto sprofondare poco prima: però questa nuova Luna aveva un modo tutto diverso d'essere diversa.

Usciva dal mare sollevando uno strascico d'alghe verdi e scintillanti; zampilli d'acqua le sgorgavano da fontane incastonate[1] tra i prati che le davano una lucentezza di smeraldo; una vegetazione vaporosa la ricopriva, ma piú che di piante sembrava fatta di penne di pavone occhieggianti e cangianti.

Questo fu il paesaggio che riuscimmo appena a intravedere perché il disco che lo conteneva s'allontanava velocemente in cielo, e i particolari piú minuti si perdevano in una generale impressione di freschezza e di rigoglio. Era l'imbrunire: i contrasti dei colori s'andavano appiattendo in un vibrante chiaro-scuro; i prati e i boschi lunari ormai non erano che rilievi appena visibili nella tesa superficie del disco risplendente. Ma facemmo a tempo a vedere delle amache pendere dai rami, agitate dal vento, e là adagiate vidi le fanciulle che ci avevano condotto fin lí, riconobbi Diana, finalmente tranquilla, che si faceva vento con un flabello[2] di piume, e forse mi indirizzava un segno di saluto.

– Eccole! Eccola! – gridai; tutti gridammo, e la felicità d'averle ritrovate già vibrava dello strazio d'averle ormai perdute perché la Luna salendo nel cielo buio non ci rimandava che il riflesso del sole sui suoi laghi e sui suoi prati.

Una furia ci prese: ci mettemmo a galoppare per il continente, per le savane e le foreste che avevano ricoperto la Terra e seppellito città e strade, e cancellato ogni senso di ciò che era stato. E barrivamo, sollevando al cielo le nostre proboscidi, le nostre zanne lunghe e sottili, scuotendo il lungo pelo delle nostre groppe con l'angoscia violenta che prende tutti noi giovani

[1] *incastonate*: inserite, collocate in maniera perfetta e preziosa, come gioielli su un anello.
[2] *flabello*: grosso ventaglio di piume.

mammuth, quando comprendiamo che la vita è adesso che comincia, eppure è chiaro che quel che desideriamo non lo avremo.

(da I. Calvino, *Cosmicomiche vecchie e nuove*, A. Mondadori, Milano su licenza della Arnoldo Mondadori Editore S.p.A., Milano)

Protagonisti e antagonisti

Il ladro Luca

Al ladro Luca, nella notte annuvolata, bastò la luce d'un quarto di luna e di poche stelle per scendere in una casa dall'abbaino[1] e farvi un bottino di prim'ordine. Ora ne riusciva[2] con piena la sacca e l'animo contento. Alzò gli occhi un attimo al cielo che si stava sgombrando, poi guardò il tetto lentamente in giro. Tutto il mondo era in silenzio e vuoto, non c'era nel mondo altro che lui, Luca, su quel tetto vicino al cielo.

Sentiva stanche le reni e il cuore in pace. Non c'è piú da aver paura di niente. Fermata bene la sacca alle spalle, s'accomodò a sedere sopra le tegole, e appoggiato un braccio alla parete dell'abbaino si concesse cinque minuti di riposo.

Nessuno dei suoi compagni ha mai fatto un bottino tanto importante.

L'abbaino sorgeva al mezzo del vasto pendio di tegole che sale dall'orlo del tetto alla cresta[3]. Luca dall'abbaino volgendosi verso l'alto vedeva quella linea lunga del vertice tagliare il cielo; guardando avanti – intorno a sé, l'immensa distesa del pendio fino all'altro lato del palazzo, rotta solo da un comignolo, in basso quasi addosso al cornicione.

La vista delle tegole lo riposava. Lui sa camminare

---

[1] *abbaino*: finestra che si apre sul tetto per dar luce alla soffitta.
[2] *riusciva*: usciva di nuovo.
[3] *cresta*: sommità, cima del tetto.

sui tetti come un gatto. Pregustava la meraviglia dei suoi compagni (trine[1], seta, argenti) e forse un elogio del Capo.

Il ladro Luca senza bisogno d'orologio misurava il tempo a perfezione. Quando i cinque minuti furono passati, Luca staccò il braccio dalla parete, tentò[2] le cinghie della sacca, poggiò una mano a terra per darsi la spinta a mettersi in piedi. Ma girando frattanto lo sguardo verso la cresta del tetto, agghiacciò.

Da dietro quel vertice era spuntata una testa grossa e nera, due occhi lucidi traverso l'ombra lo saettarono, poi di colpo un uomo fu in piedi a sommo del tetto col braccio teso e la rivoltella puntata verso Luca, e nel silenzio sonò il suo comando: – Mani in alto! – Il ladro Luca alzò tremando le braccia. – E fermo! – aggiunse colui. Senza gridare, le sue parole ferivano l'aria e arrivavano taglienti all'orecchio di Luca che sentiva il cuore battere in petto come se si spezzasse: avrebbe voluto abbassare una mano per tenerselo fermo. Aveva riconosciuto l'uomo, era uno dei poliziotti piú abili e implacabili della città.

Si guardarono per forse dieci secondi. Lo sbirro fissava Luca negli occhi, Luca guardava l'altro alle ginocchia, e le braccia ogni tanto stavano per ricadergli giú ma lui con uno sforzo le rimetteva subito in alto.

In quei dieci secondi passò per la fantasia di Luca una ventata rapida di immagini: il contatto con le mani orride dello sbirro, il bottino nella sacca, le manette, poi lo sapranno i compagni e il Capo: tutte mescolate e scompigliate nel soffio della paura.

Lo sbirro s'ergeva[3] verso la parte estrema della cresta del tetto.

Ora avanzò di qualche passo; tramezzo alla paura il

---

[1] *trine*: pizzi.
[2] *tentò*: controllò la tenuta.
[3] *s'ergeva*: stava ritto in piedi.

ladro Luca ebbe modo d'accorgersi che il piede dell'altro non padroneggiava a fondo la tegola[1]. Forse per questo l'altro ora stava fermo; s'era piantato sui due piedi, con le corte gambe un po' aperte. E parlò a Luca, sempre con quella rivoltella spianata: – Attenzione a quello che dico: alzati, vieni qua, mani in alto; al primo moto che fai per abbassarle o per cambiare direzione, sparo. Forza, don Luca[2]!

Mentre quello parlava il ladro Luca aveva infatti rapidamente esaminato la possibilità di buttarsi a destra verso il cornicione, ma il colpo dell'arma lo avrebbe raggiunto. Scomparire nell'abbaino era mettersi in trappola. Non poteva che ubbidire.

Riuscí a levarsi in piedi senza servirsi delle braccia. Poi, ma lentamente (per non rivelare all'altro la propria agilità, per allontanare al possibile il momento in cui si sarebbe sentito addosso quelle mani, per un istinto professionale di finzione), passo passo cominciò a salire obliquamente il tetto in direzione di quella rivoltella. Le mani gli tremavano. – Piú svelto – disse lo sbirro con un sogghigno – pesa tanto quella sacca? piú svelto –. Il ladro Luca voleva rispondere ma non poté che mandar fuori qualche sillaba fioca: si rese conto che non aveva ancora detto una parola. Fece qualche altro passo incespicando ad arte[3] nelle commessure delle tegole.

– Avanti, don Luca, hai lavorato bene, è giusto che ti porti a dormire. Altrimenti... Cristo!

Il cuore di Luca balzò di sorpresa e di gioia, perché lo sbirro per un piccolo moto inconsulto del piede aveva barcollato un attimo ed era precipitato scivolando sulle tegole. Subito Luca vide il grosso corpo rotolare giú per la china del tetto, egli allora si mise a

[1] *non padroneggiava... la tegola*: non era molto sicuro sulle tegole.
[2] *don Luca*: signor Luca, detto per scherno.
[3] *ad arte*: per finta.

correre su verso la cima. L'altro s'era smarrito, s'afferrò con la sinistra a una tegola ma questa si staccò di netto e lui mandò un gemito sentendosi straziare le unghie alla radice, tentò invano afferrarsi con l'altra che lasciò andare la rivoltella, rotolò ancora, batté la testa contro il comignolo ma non si fermò; e il ladro Luca raggiunta la cima si voltò e vide lo sbirro arrivare all'orlo della discesa e il suo corpo scomparire nel vuoto.

L'investí e lo invase una folgorante felicità. Fissò allucinato il punto laggiú dove il corpo del nemico era scomparso.

E, cosí guardando, s'avvide che non era scomparso tutto: le due mani dello sbirro eran rimaste afferrate all'orlo del cornicione e furiosamente si sforzavano di tenervisi strette.

Luca sedette sulla cima del tetto a fissare quelle due mani grosse, sempre piú nere e convulse. Aspettava, prima d'andarsene, di vederle scomparire. Quella sua felicità che per un minuto aveva forse raggiunto il delirio, s'era calmata. Ora il ladro Luca era sicuro e tranquillo, stava seduto col busto e il capo un poco protesi in avanti, come si sta a teatro nei momenti piú ansiosi del dramma. E si figurava il corpo pendente là sotto, il corpo del nemico che tra poco precipiterà giú a sfracellarsi sul lastrico. Tese l'orecchio per essere pronto a sentire il tonfo.

Una di quelle due mani non resse piú allo sforzo e si staccò dal cornicione, subito tutta la forza e lo spasimo[1] dell'uomo si raccolsero per un momento nell'altra, poi la prima tornò ad afferrarsi e l'altra si staccò e s'agitava nell'aria.

D'improvviso qualche cosa d'ignoto brillò nell'animo del ladro Luca, ed era assai diverso dal delirio di

---

[1] *spasimo*: sofferenza, disperazione.

quella prima felicità. Chiuse e strinse gli occhi e subito li riaperse: di laggiú si sentí un rantolo, e pareva venisse da quelle mani. Il ladro Luca non capiva piú niente, ma senza capire, di colpo s'alzò, in un lampo sfilò dalle spalle la sacca e la posò sulle tegole; un'altra volta chiuse e riaperse per un attimo gli occhi, si passò una mano sulla fronte, e senza sapere perché, senza sentire quello che stava facendo, corse giú, diritto, fin là; arrivato là si gettò ventre a terra, s'apprese[1] con una delle sue mani di ferro allo spigolo del comignolo, si tese in avanti, porse l'altra gridando: – attàccati! – e abbrancò la mano alzata dell'uomo che si dibatteva. La sentí stringere, la tirò a sé con tutta la forza, come un pescatore tira la rete pesante: vide venir su la testa e le spalle, tirò ancora; l'uomo aiutava il suo sforzo, arrivò tutto. Luca gli dette un ultimo strattone, poi aiutò l'uomo a porsi a sedere sull'angolo del tetto.

Seguí un silenzio e la notte respirava intorno a loro. Lo sbirro fissava in giú verso l'abisso ma certo non vedeva niente, il ladro Luca gli guardava la schiena ma non sapeva di guardarla. E aveva voglia d'andarsene ormai, ma non si moveva, come se aspettasse qualche cosa, e non sapeva che cosa né perché.

Finalmente lo sbirro senza voltare la testa verso il compagno mormorò qualche parola, Luca non capí e domandò: – Come? – L'altro ripeté, sempre a capo chino: – Fa freddo – . Luca si sentiva a disagio. L'altro si prese la testa fra le mani e cominciò a singhiozzare piano.

Il ladro Luca si cercò in tasca un fiammifero e una sigaretta, la accese e la porse: – Prendi – . Lo sbirro si voltò, e Luca vide che aveva il volto rigato di lagrime. Ripeté: – Prendi – e chinandosi gli pose la sigaretta tra le labbra. La sigaretta tra le labbra dello sbir-

---

[1] *s'apprese*: si afferrò.

55

ro tremava. Dopo un poco lo sbirro balbettò: – Grazie – ; la sigaretta gli cadde di bocca, sull'orlo del cornicione. Il ladro Luca fu lesto a raccoglierla, scrollò le spalle, finí lui di fumarla. Fatto questo, come l'altro s'era di nuovo girato in là con la faccia tra le mani, Luca s'alzò in piedi, si voltò senza piú guardarlo, risalí, in cima, dove aveva lasciato la sacca. Se la accomodò sulle spalle, scese piano l'altro versante avviandosi verso un doccione[1] dell'acqua per cui scivolando si scende a terra. La luna era scomparsa e non c'era piú una nuvola in cielo. Il ladro Luca pensò con orgoglio alla maraviglia dei compagni, all'elogio che forse il Capo gli farà per il bottino. Prima di lasciare il tetto e abbracciarsi al doccione, guardò una volta ancora il cielo. Aveva cento volte lavorato di notte ma non s'era mai accorto che ci fossero tante stelle.

(da M. Bontempelli, *L'amante fedele*)

---

[1] *doccione*: tubo collegato con la grondaia, che scarica l'acqua piovana a terra.

56

Il corvo di Mízzaro

Pastori sfaccendati, arrampicandosi un giorno su per le balze di Mízzaro, sorpresero nel nido un grosso corvo, che se ne stava pacificamente a covar le uova.

– O babbaccio, e che fai? Ma guardate un po'! Le uova cova! Servizio di tua moglie, babbaccio!

Non è da credere che il corvo non gridasse le sue ragioni: le gridò, ma da corvo; e naturalmente non fu inteso. Quei pastori si spassarono a tormentarlo un'intera giornata; poi uno di loro se lo portò con sé al paese; ma il giorno dopo, non sapendo che farsene, gli legò per ricordo una campanellina di bronzo al collo e lo rimise in libertà:

– Godi!

Che impressione facesse al corvo quel ciondolo sonoro, lo avrà saputo lui che se lo portava al collo su per il cielo. A giudicare dalle ampie volate a cui s'abbandonava, pareva se ne beasse, dimentico ormai del nido e della moglie.

– *Din dindin din dindin...*

I contadini, che attendevano curvi a lavorare la terra, udendo quello scampanellío, si rizzavano sulla vita; guardavano di qua, di là, per i piani sterminati sotto la gran vampa del sole:

– Dove suonano?

Non spirava alito di vento; da qual mai chiesa lontana dunque poteva arrivar loro quello scampanío festivo?

Tutto potevano immaginarsi, tranne che un corvo sonasse cosí, per aria.

– Spiriti! – pensò Cichè, che lavorava solo solo in un podere a scavar conche attorno ad alcuni frutici[1] di mandorlo per riempirle di concime. E si fece il segno della croce. Perché ci credeva, lui, e come! agli Spiriti. Perfino chiamare s'era sentito qualche sera, ritornando tardi dalla campagna, lungo lo stradone, presso alle Fornaci spente, dove, a detta di tutti ci stavano di casa. Chiamare? E come? Chiamare: – *Cichè! Cichè!* – cosí. E i capelli gli s'erano rizzati sotto la berretta.

Ora quello scampanellío lo aveva udito prima da lontano, poi da lontano ancora; e tutt'intorno non c'era anima viva: campagna, alberi e piante, che non parlavano e non sentivano, che con la loro impassibilità gli avevano accresciuto lo sgomento. Poi, andato per la colazione, che la mattina s'era portata da casa, mezza pagnotta e una cipolla dentro al tascapane[2] lasciato insieme con la giacca un buon tratto piú là appeso a un ramo d'olivo, sissignori, la cipolla sí, dentro al tascapane, ma la mezza pagnotta non ce l'aveva piú trovata. E in pochi giorni, tre volte, cosí.

Non ne disse niente a nessuno, perché sapeva che quando gli Spiriti prendono a bersagliare uno, guaj a lamentarsene: ti ripigliano a comodo e te ne fanno di peggio.

– Non mi sento bene, – rispondeva Cichè, la sera ritornando dal lavoro, alla moglie che gli domandava perché avesse quell'aria da intronato.

– Mangi però! – gli faceva osservare, poco dopo, la

---

[1] *frutici*: arbusti o alberi giovani.
[2] *tascapane*: borsa a tracolla per portare il cibo, usata soprattutto da contadini e soldati.

58

moglie, vedendogli ingollare due e tre scodelle di minestra, una dopo l'altra.

– Mangio, già! – masticava Cichè, digiuno dalla mattina e con la rabbia di non potersi confidare.

Finché per le campagne non si sparse la notizia di quel corvo ladro che andava sonando la campanella per il cielo.

Cichè ebbe il torto di non saperne ridere come tutti gli altri contadini, che se n'erano messi in apprensione.

– Prometto e giuro, – disse, – che gliela farò pagare!

E che fece? Si portò nel tascapane, insieme con la mezza pagnotta e la cipolla, quattro fave secche e quattro gugliate di spago. Appena arrivato al podere, tolse all'asino la bardella[1] e lo avviò alla costa a mangiar le stoppie rimaste. Col suo asino Cichè parlava, come sogliono i contadini; e l'asino, rizzando ora questa ora quell'orecchia, di tanto in tanto sbruffava, come per rispondergli in qualche modo.

– Va', Ciccio, va', – gli disse, quel giorno, Cichè. – E sta' a vedere ché ci divertiremo!

Forò le fave; le legò alle quattro gugliate di spago attaccate alla bardella, e le dispose sul tascapane per terra. Poi si allontanò per mettersi a zappare.

Passò un'ora; ne passarono due. Di tratto in tratto Cichè interrompeva il lavoro credendo sempre di udire il suono della campanella per aria; ritto sulla vita, tendeva l'orecchio. Niente. E si rimetteva a zappare.

Si fece l'ora della colazione. Perplesso, se andare per il pane o attendere ancora un po', Cichè alla fine si mosse; ma poi, vedendo cosí ben disposta l'insidia sul tascapane, non volle guastarla: in quella, intese chiaramente un tintinnío lontano; levò il capo:

[1] *bardella*: sella larga, imbottita, solitamente di legno, usata soprattutto per gli asini.

59

«Eccolo!»

E, cheto e chianato, col cuore in gola, lasciò il posto e si nascose lontano.

Il corvo però, come se godesse del suono della sua campanella, s'aggirava in alto, in alto e non calava.

«Forse mi vede», pensò Cichè; e si alzò per nascondersi piú lontano.

Ma il corvo seguitò a volare in alto, senza dar segno di voler calare. Cichè aveva fame; ma pur non voleva dargliela vinta. Si rimise a zappare. Aspetta, aspetta; il corvo, sempre lassú, come se glielo facesse apposta. Affamato, col pane lí a due passi, signori miei, senza poterlo toccare! Si rodeva dentro, Cichè, ma resisteva, stizzito, ostinato.

– Calerai! calerai! Devi aver fame anche tu!

Il corvo, intanto, dal cielo, col suono della campanella, pareva gli rispondesse, dispettoso:

«*Né tu né io! Né tu né io!*»

Passò cosí la giornata. Cichè, esasperato, si sfogò con l'asino, rimettendogli la bardella, da cui pendevano, come un festello[1] di nuovo genere, le quattro fave. E, strada facendo, morsi da arrabbiato a quel pane, ch'era stato per tutto il giorno il suo supplizio. A ogni boccone, una mala parola all'indirizzo del corvo: – boja, ladro, traditore – perché non s'era lasciato prendere da lui.

Ma il giorno dopo, gli venne bene.

Preparata l'insidia delle fave, con la stessa cura, s'era messo da poco al lavoro, allorché intese uno scampanellío scomposto lí presso e un gracchiar disperato, tra un furioso sbattito d'ali. Accorse. Il corvo era lí, tenuto per lo spago che gli usciva dal becco e lo strozzava.

– Ah, ci sei caduto? – gli gridò, afferrandolo per le

[1] *festello*: nastro o piccolo ornamento lasciato pendere dall'oggetto a cui è attaccato.

60

alacce. – Buona, la fava? Ora a me, brutta bestiaccia! Sentirai.

Tagliò lo spago; e, tanto per cominciare, assestò al corvo due pugni in testa.

– Questo per la paura, e questo per i digiuni!

L'asino che se ne stava poco discosto a strappar le stoppie dalla costa, sentendo gracchiare il corvo, aveva preso intanto la fuga, spaventato. Cichè lo arrestò con la voce: poi da lontano gli mostrò la bestiaccia nera:

– Eccolo qua, Ciccio! Lo abbiamo! lo abbiamo!

Lo legò per i piedi; lo appese all'albero e tornò al lavoro. Zappando, si mise a pensare alla rivincita che doveva prendersi. Gli avrebbe spuntate[1] le ali, perché non potesse piú volare; poi lo avrebbe dato in mano ai figliuoli e agli altri ragazzi del vicinato, perché ne facessero scempio. E tra sé rideva.

Venuta la sera, aggiustò la bardella sul dorso dell'asino; tolse il corvo e lo appese per i piedi al posolino della groppiera[2]; cavalcò e via. La campanella, legata al collo del corvo, si mise allora a tintinnire. L'asino drizzò le orecchie e si impuntò.

– *Arrí!* – gli gridò Cichè, dando uno strattone alla cavezza.

E l'asino riprese ad andare, non ben persuaso però di quel suono insolito che accompagnava il suo lento zoccolare sulla polvere dello stradone.

Cichè, andando, pensava che da quel giorno per le campagne nessuno piú avrebbe udito scampanellare in cielo il corvo di Mízzaro. Lo aveva lí, e non dava piú segno di vita, ora, la mala bestia.

– Che fai? – gli domandò, voltandosi e dandogli in testa con la cavezza. – Ti sei addormentato?

---

[1] *spuntate*: tagliate in punta.

[2] *posolino della groppiera*: cinghia che dalla sella scende lungo la groppa e passa sotto la coda dell'animale.

Il corvo, alla botta:

– *Cràh!*

Di botto, a quella vociaccia inaspettata, l'asino si fermò, il collo ritto, le orecchie tese. Cichè scoppiò in una risata.

– *Arrí*, Ciccio! Che ti spaventi?

E picchiò con la corda l'asino sulle orecchie. Poco dopo, di nuovo, ripeté al corvo la domanda:

– Ti sei addormentato?

E un'altra botta, piú forte. Piú forte, allora, il corvo:

– *Cràh!*

Ma questa volta, l'asino spiccò un salto da montone e prese la fuga. Invano Cichè, con tutta la forza delle braccia e delle gambe, cercò di trattenerlo. Il corvo, sbattuto in quella corsa furiosa, si diede a gracchiare per disperato; ma piú gracchiava e piú correva l'asino spaventato.

– *Cràh! Cràh! Cràh!*

Cichè urlava a sua volta, tirava, tirava la cavezza; ma ormai le due bestie parevano impazzite dal terrore che si incutevano a vicenda, l'una berciando[1] e l'altra fuggendo. Sonò per un tratto nella notte la furia di quella corsa disperata; poi s'intese un gran tonfo, e piú nulla.

Il giorno dopo, Cichè fu trovato in fondo a un burrone, sfracellato, sotto l'asino anch'esso sfracellato: un carnajo che fumava sotto il sole tra un nugolo di mosche.

Il corvo di Mízzaro, nero nell'azzurro della bella mattinata, sonava di nuovo pei cieli la sua campanella, libero e beato.

(da L. Pirandello, *In silenzio*, Mondadori, Milano)

---

[1] *berciando*: gridando, con voce sgradevole e in modo sguaiato.

Mario

Fu cosí. Di mattina presto, mi alzai che Filomena ancora dormiva, presi la borsa dei ferri, uscii di soppiatto di casa e andai a Monte Parioli, in via Gramsci, dove c'era uno scaldabagno che buttava. Quanto tempo ci avrò messo per farc la riparazione? Certo un paio d'ore perché dovetti smontare e rimontare il tubo. Finito il lavoro, con l'autobus e con il tram tornai a via dei Coronari, dove ho casa e bottega. Notate il tempo: due ore a Monte Parioli, mezz'ora per andarci, mezz'ora per tornare: tre ore in tutto. Che sono tre ore? molto e poco, dico io, secondo i casi. Io ci avevo messo tre ore per rimettere a posto un tubo di piombo; qualcun altro, invece...

Ma andiamo per ordine. Alla imboccatura di via dei Coronari, mentre camminavo svelto lungo i muri, mi sentii chiamare per nome. Mi voltai: era Fede, la vecchia affittacamere che sta di casa di fronte a noi. Questa Fede, poveretta, ha due gambe cosí grosse, per via della podagra[1], che manco un elefante. Mi disse, tutta affannosa: – Che scirocco, oggi... vai in su? mi dai una mano per la sporta?

Risposi che l'avrei fatto volentieri. Mi passai la borsa dei ferri sull'altra spalla e afferrai la sporta. Lei pre-

---

[1] *podagra*: malattia che provoca un gonfiore delle gambe fino a renderle enormi e molto pesanti.

se a camminarmi accanto, trascinando quelle due colonne di gambe sotto la palandrana[1]. Dopo un poco, domandò: – E Filomena dov'è?

Risposi: – Dov'ha da essere? A casa.

– Già, a casa – disse lei a testa china – si capisce.

Domandai, tanto per parlare: – Perché si capisce?

E lei: – Si capisce... eh, povero figlio mio.

Insospettito, lasciai passare un momento e poi insistetti: – Perché povero figlio mio?

– Perché mi fai compassione – disse quella befana senza guardarmi.

– E cioè?

– E cioè non sono piú i tempi di una volta... le donne oggi non sono piú come al tempo mio.

– Perché?

– Al tempo mio, uno poteva lasciare la sposa a casa, tranquillo... come la lasciava, cosí la ritrovava... oggi invece...

– Invece?

– Oggi non è cosí... basta... ridammi la sporta: grazie tanto.

Ormai tutta la gioia di quella bella mattinata mi era andata in veleno. Dissi, tirando indietro la sporta: – Non ve la do se non vi spiegate... che c'entra Filomena in tutto questo?

– Io non so nulla, – disse lei, – ma, uomo avvisato mezzo salvato.

– Ma insomma – gridai – che ha fatto Filomena?

– Domandalo ad Adalgisa, – rispose lei; e questa volta acchiappò la sporta e si allontanò con un'agilità che non le conoscevo, quasi correndo nella sua palandrana lunga.

Pensai che non era piú il caso di andare a bottega, e feci dietro-front per cercare Adalgisa. Per fortuna sta-

---

[1] *palandrana*: veste lunga e larga, solitamente non molto in ordine.

va anche lei in via dei Coronari. Adalgisa ed io eravamo stati fidanzati prima che incontrassi Filomena. Era rimasta zitella e sospettavo che quella storia su Filomena l'avesse inventata proprio lei. Salii quattro piani, bussai forte col pugno, per poco non la presi in faccia poiché lei aprí la porta di botto. Aveva le maniche rimboccate, teneva in mano una scopa. Disse secca secca: – Gino, che vuoi?

Adalgisa è una ragazza non tanto grande, piacente, ma con la testa un po' grossa e il mento in fuori. Per via del mento, la chiamano scucchiona. Ma non bisogna dirglielo. Io, inviperito, invece glielo dissi: – Sei stata tu, scucchiona, a raccontare in giro che Filomena, mentre sto a bottega, fa non so che in casa?

Lei mi fissò con due occhi arrabbiati: – L'hai voluta, Filomena... mo' te la tieni.

Entrai e l'acchiappai per un braccio. Ma glielo lasciai subito perché lei mi guardò quasi con speranza. Dissi: – Dunque sei stata tu?

– Io non sono stata... come l'ho avuta, cosí l'ho data.

– E chi te l'ha data?

– Giannina.

Non dissi nulla e feci per uscire. Ma lei mi trattenne e soggiunse guardandomi, provocante: – E non chiamarmi piú scucchiona.

– E che, non ce l'hai la scucchia[1]? – risposi liberandomi e scendendo la scala a rompicollo.

– Meglio la scucchia che le corna, – gridò lei affacciandosi alla ringhiera.

Ora cominciavo a sentirmi male. Non mi pareva possibile che Filomena mi tradisse, visto che in tre anni che eravamo sposati lei non aveva fatto che ricoprirmi di tenerezze. Ma guarda che cos'è la gelosia.

---

[1] *succhia*: termine romanesco. Indica un mento molto sporgente.

Proprio queste tenerezze, alla luce dei discorsi di Fede e di Adalgisa, mi sembravano una prova di tradimento. Basta, Giannina era cassiera in un bar lí accanto, sempre in via dei Coronari. Giannina è una bionda linfatica[1], coi capelli lisci e gli occhi di porcellana azzurra. Calma, lenta, riflessiva. Andai alla cassa e le sussurrai: – Di' un po', sei stata tu a inventare che Filomena, quando non ci sono, riceve gente in casa?

Lei stava dando retta ad un cliente. Batté con le dita sui tasti della macchina contabile, staccò il biglietto, annunziò, senza alzare la voce: – Due espressi... – quindi domandò, tranquilla: – Che mi dici, Gino?

Ripetei la domanda. Lei porse il resto al cliente e poi rispose: – Per carità Gino, ti pare che inventi una cosa simile su Filomena... la mia migliore amica?

– Allora Adalgisa se l'è sognato.

– No – corresse lei – no... non se l'è sognato... ma io non l'ho inventato... l'ho ripetuto.

– Che buon'amica, – non potei fare a meno di esclamare.

– Ma ho anche detto che non ci credevo... questo, certo, Adalgisa non te l'ha detto.

– E a te, chi te l'aveva raccontato?

– Vincenzina... è venuta apposta dalla stireria per farmelo sapere.

Uscii senza salutarla e andai dirimpetto, alla stireria. Dalla strada potei subito vedere Vincenzina, ritta in piedi davanti al tavolo, che pesava con le due braccia sul ferro, stirando. Vincenzina è una ragazza minuscola, con un viso schiacciato, come di gatto, bruna bruna, vivace. Sapevo che aveva un debole per me e, infatti, a un cenno che le feci col dito, lasciò subito il ferro e venne fuori. Disse, speranzosa: – Gino, beato chi ti vede.

---

[1] *linfatica*: dal colorito molto pallido.

Risposi: – Strega, è vero che vai dicendo in giro che Filomena, mentre sto a bottega, riceve gli uomini in casa?

E lei, un po' delusa, dondolandosi, le mani nelle tasche del grembiale: – Ti dispiacerebbe?

– Rispondi – insistetti: – Sei stata tu a inventare quest'infamia?

– Uh, quanto sei geloso – disse lei alzando le spalle – che sarà? una donna ora non potrà fare quattro chiacchiere con un amico...

– Dunque sei stata tu.

– Senti, mi fai compassione – disse ad un tratto quella vipera; – che vuoi che me ne importi di tua moglie... io non ho inventato niente... me l'ha detto Agnese... lei sa anche il nome di lui.

– Come si chiama?

– Fattelo dire da lei.

Ormai ero sicuro che Filomena mi tradiva. Si sapeva anche il nome. Pensai involontariamente: – Per fortuna nella borsa non ho alcun ferro grosso, altrimenti potrei perder la testa e ammazzarla –. Non riuscivo a capacitarmi: Filomena, mia moglie, con un altro. Entrai nella tabaccheria dove Agnese vendeva le sigarette per conto del padre. Gettai il denaro sul banco, dicendo: – Due nazionali.

Agnese è una ragazzetta di diciassette anni, con una foresta di capelli crespi e secchi ritti sulla testa. La faccia l'ha gonfia, infarinata di cipria rosa, pallida, senza colori, con due occhi neri come due bacche di lauro. La conoscevo come la conoscono tutti, in via dei Coronari. E come lo sapevano tutti, cosí sapevo anch'io che era interessata, capace, per denaro, di vendersi l'anima. Mentre mi dava le sigarette, mi chinai e le domandai: – Di' un po' come si chiama?

– Ma chi? – rispose lei stupita.

– L'amico di mia moglie.

Mi guardò esterrefatta: dovevo avere una brutta faccia. Disse subito: – Io non so niente.

Cercai di sorridere: – Via, dimmelo... lo sanno tutti ormai, io soltanto non lo so.

Mi guardava fisso, scuotendo il capo; allora soggiunsi: – Guarda, se me lo dici ti do questo –. E cavai di tasca un foglio da mille che avevo avuto quel mattino per la riparazione.

Alla vista del denaro, lei si turbò, manco le avessi parlato d'amore. Il labbro le tremò, si guardò intorno e poi mise la mano sul foglio, dicendo piano: – Mario.

– E tu come l'hai saputo?

– Dalla tua portiera.

Dunque era proprio vero. Come nel gioco del freddo e del caldo, adesso eravamo già nel palazzo. Presto saremmo stati nel mio appartamento. Uscii dalla tabaccheria e corsi a casa mia, qualche portone piú in là. Intanto ripetevo: – Mario –, e a quel nome tutti i Marii che conoscevo mi sfilavano davanti gli occhi: Mario il lattaio, Mario l'ebanista, Mario il fruttivendolo, Mario che era stato soldato e ora era disoccupato, Mario il figlio del norcino, Mario, Mario, Mario... A Roma i Marii saranno un milione e a via dei Coronari ce ne saranno cento. Entrai nel portone di casa mia, andai difilato alla bussola[1] della portiera. Vecchia e baffuta come Fede, stava a gambe larghe, un braciere tra i piedi e un mucchio di cicoria da capare[2] in grembo. Domandai, affacciandomi. – Dite un po', l'avete inventato voi che Filomena, in mia assenza, riceve un certo Mario?

Irritata rispose subito: – Ma chi si inventa niente? è tua moglie che me l'ha detto.

– Filomena?

[1] *bussola*: locale della portineria da cui si può osservare il passaggio tra il portone d'ingresso e le scale.

[2] *capare*: mondare le verdure. Voce romanesca.

– Già... mi ha detto: deve venire un giovanotto cosí e cosí che si chiama Mario... Se Gino è in casa, digli che non salga... ma se Gino non c'è, fallo pure salire... ora è su.

– È su?

– E come... è salito che sarà quasi un'ora.

Dunque, non soltanto Mario esisteva, ma adesso stava con Filomena, in casa da un'ora. Mi gettai per le scale, salii di corsa tre piani, bussai. Filomena stessa venne ad aprirmi: e subito notai che lei, sempre cosí placida e serena, sembrava spaventata. Dissi: – Brava... quando non ci sono, ricevi Mario.

– Ma quando mai?... – incominciò lei.

– So tutto, – gridai; e feci per entrare. Allora lei mi sbarrò il passo dicendo: – Lascia perdere... che te ne importa? Torna piú tardi.

Questa volta non ci vidi piú. Le diedi uno schiaffo gridando: – Ah, è cosí, non deve importarmi? – e poi, con una spinta, la misi da parte e corsi in cucina.

Accidenti alle chiacchiere delle donne e accidenti alle donne. C'era, sí, Mario, seduto al tavolo, in atto di bere il caffellatte, ma non era Mario l'ebanista, né Mario il fruttivendolo, né Mario il figlio del norcino, né insomma alcuno dei tanti Marii a cui avevo pensato per strada. Era semplicemente Mario il fratello di Filomena che era stato in galera due anni per furto con scasso. Io, sapendo che un giorno sarebbe uscito, le avevo detto: – Guarda che in casa mia non ce lo voglio... non voglio neppure sentirne parlare. Ma lei, poveretta, che al fratello voleva bene con tutto che[1] fosse ladro, aveva voluto riceverlo lo stesso in mia assenza. Mario, vedendomi cosí fuori di me, si era alzato in piedi. Dissi, ansimante: – Addio, Mario.

– Me ne vado – disse lui, moscio. – Non aver pau-

[1] *con tutto che*: benché.

69

ra... me ne vado... eh che sarà?... manco fossi appestato.

Sentivo Filomena nel corridoio che singhiozzava e adesso mi vergognavo di quello che avevo fatto. Dissi, confuso: – No, rimani... per oggi rimani... rimani a colazione... non è vero Filomena – soggiunsi rivolto a lei che si era affacciata sulla soglia asciugandosi le lagrime – che Mario può rimanere a colazione?

Basta, rimediai alla meglio, e poi andai in camera da letto, ci chiamai Filomena, le diedi un bacio e facemmo pace. Restava, però, il fatto delle chiacchiere. Esitai e poi dissi a Mario: – Andiamo, Mario... vieni a bottega: può darsi che il padrone qualche cosa ti faccia fare –. Lui mi seguí; quando fummo per le scale soggiunsi: – Nessuno ti conosce qui... tu, in questi anni, sei stato a lavorare a Milano... intesi?

– Intesi.

Scendemmo la scala. Come fummo davanti la bussola della portiera, presi Mario per un braccio e lo presentai, dicendo: – Questo è Mario... mio cognato... viene da Milano... ora starà qui con noi.

– Piacere, piacere, piacere.

«Il piacere è tutto mio», pensai uscendo per la strada. Per le chiacchiere delle donne, ci avevo rimesso mille lire; e, adesso, per giunta, ci avevo anche il ladruncolo in casa.

(da A. Moravia, *Racconti romani*, Bompiani, Milano)

Zolfo

Lanza agganciò la bicicletta al telaio, bollò la cartolina[1], andò alla caldaia, mise in marcia l'agitatore e
diede il fuoco. Il getto di nafta polverizzata si accese
con un tonfo violento e una perfida fiammata all'indietro (ma Lanza, conoscendo quel focolare, si era
scansato a tempo); poi continuò a bruciare con un
buon fragore teso e pieno, come un tuono continuato,
che copriva il piccolo ronzio dei motori e delle trasmissioni. Lanza era ancora pieno di sonno, e del freddo dei risvegli improvvisi; rimase accovacciato di
fronte al focolare, la cui vampa rossa, in un succedersi
di rapidi bagliori, faceva ballare la sua ombra enorme
e stravolta sulla parete di dietro, come in un cinematografo primitivo.

Dopo una mezz'ora il termometro cominciò a
muoversi, come doveva: la lancetta d'acciaio brunito,
scivolando come una lumaca sul quadrante giallastro,
andò a fermarsi sui 95°. Anche questo andava bene,
perché il termometro era falso[2] di cinque gradi: Lanza
fu soddisfatto, e oscuramente in pace con la caldaia,
col termometro e insomma col mondo e con se stesso,
perché tutte le cose che dovevano accadere accadevano, e perché in fabbrica c'era lui solo a sapere che quel

[1] *cartolina*: il documento personale (detto anche cartellino) che gli
operai timbrano entrando in fabbrica.
[2] *era falso*: commetteva un errore.

termometro era falso: magari un altro avrebbe spento il fuoco, o si sarebbe messo lí a studiare chissà cosa per farlo salire fino a 100° come stava scritto sul buono di lavorazione[1].

Il termometro rimase dunque fermo a lungo sui 95°, e poi riprese a camminare. Lanza stava vicino al fuoco, e poiché, col tepore, il sonno ricominciava a premere, gli permise di invadere dolcemente qualcuna delle camere della sua coscienza. Non però quella che stava dietro gli occhi e sorvegliava il termometro: quella doveva restare sveglia.

Con un solfodiene[2] non si sa mai, ma per il momento tutto andava regolarmente. Lanza gustava il soave riposo, e si abbandonava alla danza di pensieri e d'immagini che prelude al sonno, pur evitando di lasciarsene sopraffare. Faceva caldo, e Lanza vedeva il suo paese: la moglie, il figlio, il suo campo, l'osteria. Il fiato caldo dell'osteria, il fiato pesante della stalla. Nella stalla filtrava acqua ad ogni temporale, acqua che veniva dal di sopra, dal fienile: forse da una crepa del muro, perché i tegoli (a Pasqua li aveva controllati lui stesso) erano tutti sani. Il posto per un'altra mucca ci sarebbe, ma (e qui tutto si offuscò in una nebbia di cifre e di calcoli abbozzati e non conclusi). Ogni minuto di lavoro, dieci lire che gli venivano in tasca: adesso gli pareva che il fuoco strepitasse per lui, e che l'agitatore girasse per lui, come una macchina per fare i quattrini.

In piedi, Lanza: siamo arrivati a 180°, bisogna sbullonare il boccaporto[3] e buttare dentro il B 41; che è poi proprio una gran buffonata dover continuare a

[1] *buono di lavorazione*: istruzioni relative alle diverse operazioni che compongono una lavorazione industriale.
[2] *solfodiene*: nome immaginario attribuito dall'autore a un prodotto chimico a base di zolfo.
[3] *boccaporto*: apertura presente nella parte anteriore delle caldaie a vapore per l'introduzione del combustibile.

72

chiamarlo B 41 quando tutta la fabbrica sa che è zolfo, e in tempo di guerra, quando tutto mancava, parecchi se lo portavano a casa e lo vendevano in borsa nera ai contadini che lo spargevano sulle viti. Ma insomma il dottore è dottore e bisogna accontentarlo.

Spense il fuoco, rallentò l'agitatore, sbullonò il boccaporto e mise la maschera di protezione, per il che si sentí un po' talpa e un po' cinghiale. Il B 41 era già pesato, in tre scatole di cartone: lo introdusse cautamente, e nonostante la maschera, che forse perdeva un poco, sentí subito l'odore sporco e triste che emanava dalla cottura, e pensò che magari poteva anche aver ragione il prete, quando diceva che nell'inferno c'è odore di zolfo: del resto, non piace neanche ai cani, tutti lo sanno. Quando ebbe finito, affrancò di nuovo il boccaporto e rimise tutto in moto.

Alle tre di notte, il termometro era a 200°: bisognava dare il vuoto. Alzò la manetta nera, e lo strepito alto ed aspro della pompa centrifuga si sovrappose al tuono profondo del bruciatore. L'ago del vuotometro, che stava verticale sullo zero, cominciò a declinare[1] strisciando verso sinistra. Venti gradi, quaranta gradi: buono. A questo punto ci si può accendere una sigaretta e stare tranquilli per piú di un'ora.

C'era chi aveva il destino di diventare milionario, e chi il destino di morire d'accidente. Lui, Lanza, il suo destino (e sbadigliò rumorosamente, per tenersi un poco compagnia) era di fare di notte giorno. Neanche se l'avessero saputo, in tempo di guerra l'avevano subito sbattuto a fare quel bel mestiere di starsene di notte in cima ai tetti[2] a tirare giú gli aeroplani dal cielo.

Di scatto fu in piedi, gli orecchi tesi e tutti i nervi in

---

[1] *declinare*: abbassarsi.
[2] *in cima ai tetti*: i soldati arruolati nell'antiaerea dovevano stare di notte sui tetti per spiare l'eventuale arrivo di aerei nemici.

allarme. Il fracasso della pompa si era fatto di colpo
piú lento e piú impastato, come sforzato: e infatti, l'a-
go del vuotometro, come un dito che minacci, risaliva
sullo zero, ed ecco, grado dopo grado, cominciava a
pendere sulla destra. Poco da fare, la caldaia stava andando in pressione.

«Spegni e scappa». «Spegni tutto e scappa». Ma
non scappò: acchiappò una chiave inglese, e menava
colpi sul tubo del vuoto, per tutta la sua lunghezza:
doveva essere ostruito, non c'era altra ragione possibile. Picchia e ripicchia: niente di fatto, la pompa continuava a macinare a vuoto, e la lancetta ballonzolava
intorno a un terzo di atmosfera.

Lanza si sentiva tutti i peli in piedi, come la coda di
un gatto in collera: ed in collera era, in una rabbia san-
guinaria e forsennata contro la caldaia, contro quella
bestiaccia restia seduta sul fuoco, che muggiva come
un toro: arroventata, come un enorme riccio a spine
dritte, che non sai da che parte toccarlo e prenderlo, e
verrebbe voglia di volargli addosso a calci. A pugni
stretti e a testa calda, Lanza andava farneticando di
scoperchiare il boccaporto per lasciare sfogare la
pressione; cominciò ad allentare i bulloni, ed ecco
schizzare friggendo dalla fenditura una bava giallastra
con soffi di fumo impestato: la caldaia doveva essere
piena di schiuma. Lanza richiuse precipitosamente,
con una tremenda voglia in corpo di attaccarsi al telefono e chiamare il dottore, chiamare i pompieri, chiamare lo spirito santo, che venissero fuori della notte a
dargli una mano o un consiglio.

La caldaia non era fatta per la pressione, e poteva
saltare da un momento all'altro: o almeno cosí pensava Lanza, e forse, se fosse stato giorno e non fosse stato solo, non l'avrebbe pensato. Ma la paura si era ri-
solta in collera, e quando la collera sbollí gli lasciò la
testa fredda e sgombra. E allora pensò alla cosa piú

ovvia: aprí la valvola della ventola d'aspirazione, mise questa in moto, chiuse il rompivuoto[1] e fermò la pompa. Con sollievo e con fierezza, perché l'aveva studiata giusta, vide l'ago risalire fino a zero, come una pecora smarrita che ritorni all'ovile, e inclinarsi di nuovo docilmente dalla parte del vuoto.

Si guardò intorno, con un gran bisogno di ridere e di raccontarla, e con un senso di leggerezza in tutte le membra. Vide per terra la sua sigaretta ridotta ad un lungo cilindretto di cenere: si era fumata da sola. Erano le cinque e venti, spuntava l'alba dietro la tettoia dei fusti vuoti, il termometro segnava 210°. Prelevò un campione dalla caldaia, lo lasciò raffreddare e lo saggiò col reattivo[2]: la provetta rimase limpida qualche secondo, e poi diventò bianca come il latte. Lanza spense il fuoco, fermò l'agitazione e la ventola, ed aperse il rompivuoto: si sentí un lungo fischio rabbioso, che piano piano si andò placando in un fruscio, in un mormorio, e poi tacque. Avvitò il tubo pescante, mise in moto il compressore, e gloriosamente, in mezzo a fumi bianchi ed all'aspro odore consueto, il getto denso della resina andò a placarsi nella bacinella di raccolta in un nero specchio lucente.

Lanza si avviò al cancello, ed incontrò Carmine che stava entrando. Gli disse che tutto andava bene, gli lasciò le consegne e si mise a gonfiare le gomme della bicicletta.

(da P. Levi, *Il sistema periodico*, Einaudi, Torino)

[1] *rompivuoto*: valvola della caldaia a vapore.
[2] *reattivo*: prodotto che nelle analisi chimiche serve per verificare la presenza di altri elementi.

Inizio della vita di un marinaio

Truppino avendo dodici anni fu imbarcato. Rimase senza giochi, senza libertà. A bordo c'è da fare, nessuno dà confidenza, lui non è pratico di corde, di vele, di navigazione, deve imparare tutto, e deve aiutare il cuoco. Il bastimento dove è stato imbarcato è un brigantino[1], da Genova va a Napoli, un viaggio corto. Per la prima volta, nei rari momenti di distrazione, ché tutti gli sembra siano sempre per chiamarlo, Truppino vede che da ogni parte c'è solo cielo e mare, però il mare ha un colore molto piú fondo che davanti alla spiaggia e dà un senso di mistero anche quando è calmo. Ma Truppino non può fare molte considerazioni, non ha nemmeno il tempo si sentirsi soddisfatto perché ora guadagna, o perché Martinelli gli ha detto che diverrà un marinaio.

Truppino, quando ha finito, che tutti hanno smesso di chiamarlo, di fargli portare questo e quest'altro, si butta sulla cuccetta e si addormenta neppure tutto svestito e non fa a tempo a pensare a sua madre, o al paese, o agli amici che ha lasciato improvvisamente, o a tutto quel nuovo che vede, o alle sue stesse mani che gli si sono spellate invece di venirgli i calli come li hanno i marinai che possono stringere sul palmo della mano quante corde vogliono senza sentire nulla.

---

[1] *brigantino*: veliero a due alberi.

Truppino si sdraia in cuccetta e dorme con un respiro sottile, sembra divenuto di cera, con la bocca semiaperta, con la camicia sbottonata sul petto, ancora poco marinaio, ancora ragazzo di bordo; però Martinelli gli ha detto che diverrà.

Ma un giorno il mare s'alza, che c'è la tempesta; i marinai diventano scuri, dicono che con la vela si naviga lenti, che se avessero avuto il motore sarebbero già arrivati a Napoli. Il bastimento che in darsena sembrava a Truppino così bello e grande non conta più nulla, le onde nere passano sotto, ma prima si precipitano contro; Martinelli gli ha detto di tenersi, di stare attento. Tutti sono preoccupati. La barca è piccola, carica: «Tiene poco il mare» hanno ripetuto. Lavorano tutti in silenzio, al timone, alle vele. Di lui non si curano. Non è ancora in grado di aiutare. Intanto viene la notte. Il vento fischia come streghe, si getta sopra, sopra coperta[1] le onde si riversano, aprendosi. Truppino ha ghiaccio intorno alle spalle. Si è messo in un angolo della cucinetta di bordo; ivi nascosto, guarda, vede attraverso la porta un pezzo di mare nero, sente gli schiaffi violenti delle onde quando si schiacciano sulle murate, sopra coperta. Tutto s'è fatto buio.

Poi il capitano lo cerca, lo trova, gli dice: – Vieni da basso –. Lo piglia per mano, gliela stringe, tra un'onda e l'altra attraversano il bastimento andando verso poppa, la barca si inclina, s'alza. Truppino non ha paura. Segue il capitano. Capisce che questa è la tempesta, che i marinai ne hanno viste tante, come suo padre, anche suo fratello quando le racconta il primo giorno che è a casa; ora tocca anche a lui. Questo è quel vento che ha sentito raccontare tante volte. Un vento nero che fischia tra le corde volendo strappare

[1] *sopra coperta*: sulla parte superiore ed esterna della nave.

le vele. Il capitano lo porta nella sua cabina che è quella piú bella, ha la cuccetta come le altre, però sopra e sotto non ve n'è nessuna, e invece c'è uno spazio per vestirsi, e una tavola infissa alla parete dove sopra ci sono due o tre libri scuri e una carta geografica stesa.

Il capitano dice: – Stai qui – e se ne va, e lo chiude a chiave.

Ora, chiuso a chiave, Truppino capisce che anche la cuccetta del capitano è piccola, e si domanda perché l'ha chiuso dentro, e dev'essere per via delle onde che portano via chi non è marinaio.

Ma non c'è lume, in piedi non si può stare ché si batte contro le pareti. Gli viene in mente che prima di imbarcarsi aveva paura di soffrire il mare e invece ora non sente proprio niente. Si sdraia lentamente sulla cuccetta del capitano, cosí vestito, con l'intenzione di non disordinarla, di non sporcare, ma dopo un poco sente freddo e si avvolge nella coperta che è soffice, e per un momento pensa a sua madre: che cosa dirà di lui ora che ha visto la tempesta, che c'è proprio stato? Poi, mentre già cade nel sonno, pensa che lo racconterà anche a suo fratello.

Ora è un bambino che dorme. Durante la notte sente un grande schianto che lo sveglia, ma si rigira pensando che è l'affare della tempesta, e ricontinua a dormire.

Infine si sveglia perché ormai dovrebbe essere mattina. C'è un gran silenzio, si vede che la tempesta è finita, anzi si sente uno sciacquio ogni tanto, come se si fosse sulla spiaggia quando è mare calmo e sulla battima[1] ci rotola, a periodi, una piccola onda; ma certamente sulla spiaggia non siamo perché si naviga, e lui è a bordo.

Truppino pensa di alzarsi perché si sente riposato,

[1] *battima*: linea della spiaggia toccata dalle onde, soprattutto quando il mare è calmo.

e ha dormito proprio bene in quella soffice coperta. Dall'oblò viene una luce chiara e dunque è giorno, è bene alzarsi perché se no il cuoco lo brontola; ma perché il capitano non è venuto a dormire nella sua cuccetta? Truppino pensa che a causa della tempesta è voluto stare su con gli altri, perché lui è il capitano. C'è proprio silenzio.

Sembra che il bastimento sia fermo. Truppino avvicina il naso al vetro dell'oblò e vede una distesa di mare celeste, illuminato dal sole.

Scende dalla cuccetta e fa per aprire la porta, ma la porta è sempre chiusa. Rimane incerto. Poi verrà il capitano ad aprirgli. Anche lui vorrà dormire ora che è passata la tempesta. E Truppino si risdraia sulla cuccetta, dove ci si sta cosí bene che sembra quasi di riessere[1] a letto, in casa sua.

«Ma, però, potrebbe anche venire qualcuno!»; e poi un po' di caffè lo prenderebbe volentieri. E se il cuoco lo brontolerà perché non s'è alzato, «dirò che la porta era chiusa, e, come facevo?»

Truppino si riavvicina ai vetri dell'oblò, sembra proprio che il mare sia fermo, che il bastimento non navighi, però si sente ogni tanto una piccola onda che sciacqua, breve, le murate.

«Forse non c'è vento», sorride felice di aver trovato la spiegazione, come un marinaio. E si rimette sdraiato sulla cuccetta.

Però sopra coperta non si sente nessun passo; e poi – ed è meravigliato della scoperta – la cuccetta del capitano è un po' storta, se il corpo lo si abbandona a se stesso tende ad andare verso la parete, come la cuccetta fosse inclinata, pendesse verso quella parte. E questa inclinazione non cambia mai. Truppino si

---

[1] *riessere*: essere di nuovo.

domanda il perché. Ma innanzitutto si stupisce del silenzio e perché non vengono giú ad aprirgli.

Si mette in piedi sulla cuccetta e apre l'oblò, sporge la testa fuori, l'aria è fresca, respira, il mare è disteso. Truppino sporge di piú la testa e chiama: – Martinelli! Martinelli! – ma non gli risponde nessuno né si sente alcun passo. Allora chiama: – Capitano! – e dopo un po': – Capitano! – ma lo stesso da per tutto rimane il silenzio.

Allora scende e si riaccorge che la cuccetta è proprio inclinata, come se la barca fosse poggiata su un fianco. Truppino rimonta sulla cuccetta, e si riaffaccia all'oblò e richiama e poi guarda il mare e tutto il mare che vede si perde fino laggiú, tutto uguale, col sole che vi batte. Ma anzi deve già essere tardi perché il sole è alto, e non è per nulla fresco anche dentro la cabina del capitano. «Che sia vicino mezzogiorno? Ma dove sono andati tutti?»

Truppino si accorge che ha fame. Ma non è la fame, è il silenzio che gli dà noia. Va di nuovo alla porta e ritenta la maniglia, la porta è chiusa, cerca di tirarla a sé, ma non ciondola neppure un poco.

Rivà all'oblò, si affaccia e chiama: – Zio Pietro! zio Pietro! – ma il cuoco non sembra che ci sia.

«Dove sono andati tutti?»

«Ma perché la barca sta ferma; ed è inclinata?»

«Ma se sta ferma vuol dire che tocca terra appunto perché inclinata; ma dall'oblò non si vede altro che mare!»

Truppino richiama: – Capitano! capitano!

Ridiscende, si avvicina alla porta, cerca di stiracchiarla. Batte con la mano aperta sulla porta, ma subito sente male perché ha le mani pelate per le corde che ha maneggiato in questi giorni senza avere prima i calli.

Rimane fermo davanti alla porta. Pensa un attimo a

sua madre. Ha voglia di piangere, ma subito se ne vergogna; ribatte due o tre colpi con il pugno chiuso sulla porta.

Deve essere proprio mezzogiorno, o è già passato, perché un filo di sole sta infilandosi per l'oblò.

Ogni tanto si sente una piccola onda che fruscia rompendosi leggermente sulla pancia del bastimento.

Truppino riflette a cosa deve fare. Uno sgomento, benché vago, lo sta invadendo[1]. Poi pensando quando lo racconterà a sua madre si rinfranca, e gli viene quasi da sorriderci.

« Se provassi a rompere la porta? » Sul tavolo ci sono dei libri, li scosta, non c'è altro, non un martello, qualche cosa che serva. La cabina del capitano è molto piccola, una cuccetta, un tavolo, due chiodi per attaccapanni, due fotografie attaccate, piccole, un lume di ottone in un angolo, di quelli che ci sono a bordo, che appena arrivato gli hanno detto di lucidare.

« Ci vorrebbe un martello ».

« Ma perché il bastimento sta fermo? »

« Eppure non si muove ».

Truppino riguarda dall'oblò e gli sembra proprio che il mare che vede sia sempre quello, e poi non c'è nessuna ondulazione, non si sente parlare, nessuno si muove.

Truppino pensa improvvisamente che sia successo il « naufragio », questa parola che ha sempre sentito dire con paura, ed era seguita da silenzio, e per un momento ne è spaventato, ma subito si ricorda che nel naufragio il bastimento va a fondo.

Si riaffaccia all'oblò e richiama: – Capitano! capitano! – con una voce che ha un pianto di bambino dentro.

Ridiscende. Quasi meccanicamente prende il lume

[1] *lo sta invadendo*: lo sta prendendo.

81

che c'è in un angolo e picchia con quello sulla porta. Il lume, di ottone, è assai pesante; battendo cosí, senza quasi sapere il perché, gli viene l'idea se con quello, battendo nello stesso punto, non riuscirà a rompere la porta. E batte qualche colpo con tutta la sua forza e il vetro del lume si frantuma, uno di quei lumi era marinaro, che hanno il vetro sotto le larghe maglie di filo di ferro; però non si taglia. Leva via dal lume i vetri che sono rimasti infissi negli incastri, e riprende a battere; ma com'è difficile tenere il lume dentro le mani! e le palme bruciano, pelate, e gli sembra che gliele disinfettino con l'alcool denaturato. La porta non è molto robusta, però dopo diversi colpi ha solo una leggera ammaccatura.

Truppino si prende un momento di riposo e considera che gli ci vorrà molta fatica; intanto questo lavoro lo ha un po' tranquillizzato.

E infine qualcuno arriverà.

Mentre contempla, seduto sulla cuccetta, il palmo delle mani, gli viene una illuminazione che lo fa contento e sicuro, quasi batterebbe le mani, se non si ricordasse che gli fanno male: «Se la barca fosse vicino alla terra, alla battima, e lui dall'oblò non vedesse altro che il mare perché la barca è rivolta, da quella parte dove è lui, tutta verso il mare; mentre se ci fosse un'altra finestra alle sue spalle vedrebbe invece tutta la terra, lí, a quattro passi?»

Si riaffaccia subito all'oblò, tira fuori piú che può la testa, e gli pare infatti che laggiú in fondo, lontanissimo, tirando lo sguardo[1] proprio lungo il fianco del bastimento, a destra, laggiú si veda qualche cosa di verde come la terra.

«Ma allora i marinai sono scesi a terra! Di me si sono dimenticati!»

---

[1] *tirando lo sguardo*: sforzandosi di guardare.

82

E guarda il lume che è rimasto vicino alla porta e pensa di rimetterlo al suo posto e aspettare, che presto qualcuno ritornerà a bordo.

Si risdraia sulla cuccetta, ma, stando fermo, in quel gran silenzio che c'è, di nuovo gli viene una malinconia che è il pianto – perché l'hanno lasciato solo, lui che non è ancora marinaio? – e si ricorda di aver sentito ripetere che con i ragazzi di bordo fanno sempre cosí nci primi viaggi, per abituarli.

Ma, nonostante quel silenzio che lo circonda lo impaurisce, si alza, riprende il lume e ricomincia, invece di chiamare, a battere sulla porta. Dopo i primi colpi però dati alla disperata, batte con piú regolarità. Gli viene anche in mente che cosa dirà il capitano se trova la porta della sua cabina rotta, ma continua a battere lo stesso.

La porta, come suole, è fatta di una leggera tavola, ma si è contusa un po' di piú, soltanto.

Truppino si riposa di nuovo. Poi riprende il lavoro, e il palmo delle mani sembra persino che scotti di meno. Ogni tanto si riposa. A un certo punto si accorge, guardando verso l'oblò, che il sole vi entra ormai completamente dentro. «È dopopranzo!»

Rimane con il lume in mano, sgomento. «Se viene notte senza che vengano?»

Si volta alla porta e grida, battendo con una mano, con l'altra, il lume gettato a terra: – Capitano! capitano! capitano! aprite, apritemi, non mi lasciate qui dentro – e batte con la mano piccola, in fretta, mentre i singhiozzi, le lacrime, le parole, la disperazione si mescolano «non mi lasciate qui!», e si siede in terra, e piange ora liberamente con caldi lacrimoni, come alla fine dicesse la verità.

Ma poi si calma. E ancora non c'è nessuno. C'è solo il silenzio. Ogni tanto gli sembra di sentire il rumore di passi, di voci, ma poi sta in ascolto e non sente piú niente.

La porta a furia di battere ha ora una incrinatura, il legno è, specie in un punto, slabbrato.

Truppino riprende il lume e ribatte, ora, ritmicamente; è quasi sfinito, batte.

Cosa dirà sua madre quando saprà che l'hanno lasciato solo? Ma in quel momento che cosí pensa gli viene improvvisamente in mente che gli altri siano morti.

Si ferma. Le mani non gli fanno piú nessun male. Rimane con gli occhi fissi, sbalordito di quello che gli è venuto di pensare, rivede tutto l'equipaggio, lo schianto che ha sentito durante la notte mentre dormiva, ha davanti le facce dei marinai che lo guardano. Ma non gli pare possibile, «perché loro sono marinai», e rimane immobile, fisso, a pensare che loro potrebbero essere sotto il mare, con le braccia morte, e una voce che viene dal mare dice:

– Chi c'è qui dentro?

Truppino: – Sono io – urla, automaticamente, terrorizzato: – Sono io – e qualche cosa batte nel fianco del bastimento, dalla sua parte; – io, sono – urla – chi è? – e si ripiega nell'angolo piú nascosto della cabina.

– Come mai non esci fuori? – dice la voce rauca, lenta.

Allora Truppino apre gli occhi, ha tanta fame, tanta sete, corre all'oblò dicendo: – Mi hanno chiuso dentro. Apritemi – e si affaccia all'oblò.

Proprio sotto di lui, su una zattera, c'è un essere umano che si rivolge a lui, un vecchio con i capelli lunghi, vestito di velluto color oliva, consunto, che dice:

– ... sei un ragazzo... Sei solo? Come mai ti hanno rinchiuso? Ora guardo se mi riesce montare a bordo.

E Truppino segue la zattera con sopra il vecchio che fa il giro del bastimento. Poi non lo vede piú perché forse il vecchio è dall'altra parte. Si rifà silenzio. Truppino aspetta. Sospetta che il vecchio sia andato via, sia scomparso, che non sia vero nulla, che il vecchio non sia mai venuto, che il vecchio non esisteva. Poi si sentono dei passi, lenti, sopra coperta, passi che scendono per la scaletta di poppa, si avvicinano.

– Dove sei? – dice la voce.

– Sono qui – grida Truppino, battendo con i piedi sulla porta perché ora le mani gli fanno malissimo come ci avesse sopra il fuoco.

– Ah! c'è la chiave sopra! – dice la voce. E la porta è aperta, e Truppino ha davanti un alto uomo, vecchio, con gli stivali infangati, e Truppino, guardandolo, comincia a piangere come avesse davanti sua madre, e si stringe alle sue ginocchia e in tal modo piange, stringendosi, che non gli riesce spiegare nulla.

Poi montano su. Sopra coperta manca l'albero maestro, troncato alla base, quello di trinchetto [1] sporge, spezzato, da una murata, con le vele semiaperte che per una punta pescano in mare.

Ma tutto sembra al ragazzo come le palline di vetro colorato, girano felicemente, con Martinelli, il capitano, il bastimento, la tempesta, il cuoco.

L'aria è tiepida di sole e Truppino dice ora che il capitano l'ha rinchiuso nella sua cabina perché era venuta la tempesta, e le parole si sperdono nel cielo come quelle di un racconto non vero. E Truppino riguarda senza vederlo il bastimento che quand'era in darsena era bello e dondolante.

Il vecchio pastore dice che verso mezzogiorno, passando con le pecore, ha visto il bastimento e gli è parso di sentire battere.

– Ah! è vicina la terra! – esclama Truppino, rapito,

---

[1] *trinchetto*: albero posto nella parte anteriore della nave.

e guardando fuori del bastimento la vede là, a trenta metri.

Il vecchio continua dicendo che non è potuto venire subito perché non aveva la barca, che hanno fatto quella zattera insieme a suo nipote con dei legni e delle canne che hanno trovato sulla spiaggia, che il nipote è rimasto a terra a guardare le pecore, e che devono scendere.

Quando sono sulla zattera il vecchio domanda al bambino di dov'è.

Truppino risponde: – Sono di Viareggio – e le sue parole ancora sono quelle di un sogno, e tutto quello che vede e tocca ancora fa parte di uno spettacolo.

– Qui – dice il vecchio – siamo sulle spiagge romane.

(da M. Tobino, *L'angelo del Liponard*, A. Mondadori, Milano su licenza della Arnoldo Mondadori Editore S.p.A., Milano)

Punti di vista

ITALO SVEVO
La madre

In una valle chiusa da colline boschive, sorridente nei colori della primavera, s'ergevano una accanto all'altra due grandi case disadorne, pietra e calce. Parevano fatte dalla stessa mano, e anche i giardini chiusi da siepi, posti dinanzi a ciascuna di esse, erano della stessa dimensione e forma. Chi vi abitava non aveva però lo stesso destino.

In uno dei giardini, mentre il cane dormiva alla catena e il contadino si dava da fare intorno al frutteto, in un cantuccio, appartati, alcuni pulcini parlavano di loro grandi esperienze. Ce n'erano altri di piú anziani nel giardino, ma i piccini il cui corpo conservava tuttavia[1] la forma dell'uovo da cui erano usciti, amavano di esaminare fra di loro la vita in cui erano piombati, perché non vi erano ancora tanto abituati da non vederla. Avevano già sofferto e goduto perché la vita di pochi giorni è piú lunga di quanto possa sembrare a chi la subí per anni, e sapevano molto, visto che una parte della grande esperienza l'avevano portata con sé dall'uovo. Infatti appena arrivati alla luce, avevano saputo che le cose bisognava esaminarle bene prima con un occhio eppoi con l'altro per vedere se si dovevano mangiare o guardarsene.

E parlarono del mondo e della sua vastità, con que-

[1] *tuttavia*: ancora.

gli alberi e quelle siepi che lo chiudevano, e quella casa tanto vasta ed alta. Tutte cose che si vedevano già, ma si vedevano meglio parlandone.

Però uno di loro, dalla lanuggine gialla, satollo[1] – perciò disoccupato – non s'accontentò di parlare delle cose che si vedevano, ma trasse dal tepore del sole un ricordo che subito disse: – Certamente noi stiamo bene perché c'è il sole, ma ho saputo che a questo mondo si può stare anche meglio, ciò che molto mi dispiace, e ve ne le dico perché dispiaccia anche a voi. La figliuola del contadino disse che noi siamo tapini[2] perché ci manca la madre. Lo disse con un accento di sí forte compassione ch'io dovetti piangere.

Un altro piú bianco e di qualche ora piú giovane del primo, per cui ricordava ancora con gratitudine l'atmosfera dolce da cui era nato, protestò: – Noi una madre l'abbiamo avuta. È quell'armadietto sempre caldo, anche quando fa il freddo più intenso, da cui escono i pulcini belli e fatti.

Il giallo che da tempo portava incise nell'animo le parole della contadina, e aveva perciò avuto il tempo di gonfiarle sognando di quella madre fino a figurarsela grande come tutto il giardino e buona come il becchime, esclamò, con un disprezzo destinato tanto al suo interlocutore quanto alla madre di cui costui parlava: – Se si trattasse di una madre morta, tutti l'avrebbero. Ma la madre è viva e corre molto piú veloce di noi. Forse ha le ruote come il carro del contadino. Perciò ti può venire appresso senza che tu abbia il bisogno di chiamarla, per scaldarti quando sei in procinto di essere abbattuto dal freddo di questo mondo. Come dev'essere bello di avere accanto, di notte, una madre simile.

Interloquí un terzo pulcino, fratello degli altri per-

---

[1] *satollo*: sazio.
[2] *tapini*: sfortunati.

ché uscito dalla stessa macchina che però l'aveva foggiato[1] un po' altrimenti, il becco piú largo e le gambucce piú brevi. Lo dicevano il pulcino maleducato perché quando mangiava si sentiva battere il suo beccuccio, mentre in realtà era un anitroccolo che al suo paese sarebbe passato per compitissimo[2]. Anche in sua presenza la contadina aveva parlato della madre. Ciò era avvenuto quella volta ch'era morto un pulcino crollato esausto dal freddo nell'erba, circondato dagli altri pulcini che non l'avevano soccorso perché essi non sentono il freddo che tocca agli altri. E l'anitroccolo con l'aria ingenua che aveva la sua faccina invasa dalla base larga del beccuccio, asserí addirittura che quando c'era la madre i pulcini non potevano morire.

Il desiderio della madre presto infettò[3] tutto il pollaio e si fece piú vivo, piú inquietante nella mente dei pulcini piú anziani. Tante volte le malattie infantili attaccano gli adulti e si fanno per loro piú pericolose, e le idee anche, talvolta. L'immagine della madre quale s'era formata in quelle testine scaldate dalla primavera, si sviluppò smisuratamente, e tutto il bene si chiamò madre, il bel tempo e l'abbondanza, e quando soffrivano pulcini, anitroccoli e tacchinucci divenivano veri fratelli perché sospiravano la stessa madre.

Uno dei piú anziani un giorno giurò ch'egli la madre l'avrebbe trovata non volendo piú restarne privo. Era il solo che nel pollaio fosse battezzato e si chiamava Curra, perché quando la contadina col becchime nel grembiale chiamava *curra, curra*, egli era il primo ad accorrere. Era già vigoroso, un galletto nel cui animo generoso albeggiava la combattività. Sottile e lungo come una lama, esigeva la madre prima di tutto perché lo ammirasse: la madre di cui si diceva che sa-

[1] *foggiato*: formato.
[2] *compitissimo*: educatissimo.
[3] *infettò*: colpì come una malattia.

pesse procurare ogni dolcezza e perciò anche la soddisfazione dell'ambizione e della vanità.

Un giorno, risoluto, Curra con un balzò sgusciò fuori dalla siepe che, fitta, contornava il giardino natío. All'aperto subito sostò intontito. Dove trovare la madre nell'immensità di quella valle su cui un cielo azzurro sovrastava ancora piú esteso? A lui, tanto piccolo, non era possibile di frugare in quell'immensità. Perciò non s'allontanò di troppo dal giardino natío, il mondo che conosceva e, pensieroso, ne fece il giro. Cosí capitò dinanzi alla siepe dell'altro giardino.

«Se la madre fosse qui dentro» pensò «la troverei subito». Sottrattosi all'imbarazzo dell'infinito spazio, non ebbe altre esitazioni. Con un balzo attraversò anche quella siepe, e si trovò in un giardino molto simile a quello donde veniva.

Anche qui v'era uno sciame di pulcini giovanissimi che si dibattevano nell'erba folta. Ma qui v'era anche un animale che nell'altro giardino mancava. Un pulcino enorme forse dieci volte piú grosso di Curra, troneggiava in mezzo agli animalucci coperti di sola peluria, i quali – lo si vedeva subito – consideravano il grosso, poderoso animale quale loro capo e protettore. Ed esso badava a tutti. Mandava un ammonimento a chi troppo s'allontanava, con dei suoni molto simili a quelli che la contadina nell'altro giardino usava coi propri pulcini. Però faceva anche dell'altro. Ad ogni tratto si piegava sui piú deboli coprendoli con tutto il suo corpo, certo per comunicar loro il proprio calore.

«Questa è la madre» pensò Curra con gioia. «L'ho trovata e ora non la lascio piú. Come m'amerà! Io sono piú forte e piú bello di tutti costoro. Eppoi mi sarà facile di essere obbediente perché già l'amo. Come è bella e maestosa. Io già l'amo e a lei voglio sottomettermi. L'aiuterò anche a proteggere tutti cotesti insensati».

Senza guardarlo la madre chiamò. Curra s'avvicinò credendo di essere chiamato proprio lui. La vide occupata a smovere la terra con dei colpi rapidi degli artigli poderosi, e sostò curioso di quell'opera cui egli assisteva per la prima volta. Quand'essa si fermò, un piccolo vermicello si torceva dinanzi a lei sul terreno denudato dall'erba. Ora essa chiocciava mentre i piccini a lei d'intorno non comprendevano e la guardavano estatici[1].

«Sciocchi! – pensò Curra. – Non intendono neppure che essa vuole che mangino quel vermicello». E, sempre spinto dal suo entusiasmo d'obbedienza, rapido si precipitò sulla preda e l'ingoiò.

E allora – povero Curra – la madre si lanciò su lui furibonda. Non subito egli comprese, perché ebbe anche il dubbio ch'essa, che l'aveva appena trovato, volesse accarezzarlo con grande furia. Egli avrebbe accettato riconoscente tutte le carezze di cui egli non sapeva nulla, e che perciò ammetteva potessero far male. Ma i colpi del duro becco, che piovvero su lui, certo non erano baci e gli tolsero ogni dubbio. Volle fuggire, ma il grosso uccello lo urtò e, ribaltandolo, gli saltò addosso immergendogli gli artigli nel ventre.

Con uno sforzo immane, Curra si rizzò e corse alla siepe. Nella sua pazza corsa ribaltò dei pulcini che stettero lí con le gambucce all'aria pigolando disperatamente. Perciò egli poté salvarsi perché la sua nemica sostò per un istante presso i caduti. Arrivato alla siepe, Curra, con un balzo, ad onta di tanti rami e sterpi, portò il suo piccolo ed agile corpo all'aperto.

La madre, invece, fu arrestata da un intreccio fitto di fronde. E là essa rimase maestosa guardando come da una finestra l'intruso che, esausto, s'era fermato anche lui. Lo guardava coi terribili occhi rotondi, ros-

[1] *estatici*: a bocca aperta.

si d'ira. – Chi sei tu che ti appropriasti il cibo ch'io con tanta fatica avevo scavato dal suolo?

– Io sono Curra – disse umilmente il pulcino. – Ma tu chi sei e perché mi facesti tanto male?

Alle due domande essa non diede che una sola risposta: – Io sono la madre – e sdegnosamente gli volse il dorso.

Qualche tempo appresso, Curra oramai un magnifico gallo di razza, si trovava in tutt'altro pollaio. E un giorno sentí parlare da tutti i suoi nuovi compagni con affetto e rimpianto della madre loro.

Ammirando il proprio, atroce destino, egli disse con tristezza: – La madre mia, invece, fu una bestiaccia orrenda, e sarebbe stato meglio per me ch'io non l'avessi mai conosciuta.

(da I. Svevo, I racconti, Garzanti, Milano)

BEATRICE SOLINAS DONGHI
Una parente d'acquisto

Quando la conobbi, prima che diventassimo parenti, era una donna di mezza età, dai capelli ancora tutti neri, ma radi (mi spiegò che aveva avuto la spagnola[1], a suo tempo, cioè nei remoti dintorni della prima guerra mondiale); grassa, ma rapida nei movimenti. Fu anzi questa in lei la prima cosa che mi colpí, la rapidità dei gesti e degli spostamenti e l'effetto di irruenza che ne derivava, data la mole del volume spostato.

Anche i suoi giudizi erano veloci; qui l'effetto piú che di irruenza era di un'arroganza bonaria, o per lo meno di una grandissima sicurezza di sé. La avvantaggiava il fatto di decidere ogni cosa da un punto di vista assai limitato, il proprio, ignorando in perfetta buonafede l'immensa gamma di quelli altrui. In questo modo si risparmiava dubbi e ripensamenti anche sui problemi piú complessi e difficili.

La religione, per esempio: aveva deciso che c'era senz'altro «un Superiore» per premiare e punire (lei diceva «c'è, perché deve esserci per forza», un buon esempio della sua logica); ma tutto il resto, angeli, santi, miracoli, preti e suore, la trovava allegramente incredula.

---

[1] *spagnola*: epidemia influenzale particolarmente violenta che tra il 1918 e il 1919 provocò milioni di vittime.

– Ma ti puoi figurare se è vero! – diceva, ridendo proprio di cuore, come per una barzelletta. Mi sembra ancora di vederla, seduta nella sua cucina a gambe larghe su una sedia di paglia, con quella risata spampanata[1] che le faceva ballonzolare il sottogola.

Ogni tanto però usciva fuori, in modo saltuario e inaspettato, un suo lato credulo e remissivo che la lasciava momentaneamente inerme davanti a un'affermazione altrui, magari pochissimo fondata. Allora diceva «m'hanno detto...» col tono arcano di chi cita un oracolo; oppure, malsicura per una volta, si rivolgeva a me (in quanto «persona istruita»): – Tu cosa dici, sarà vero?

Aveva, parlando cosí, un'espressione combattuta e persino timida, quasi che il dubbio, su qualsiasi materia, la disturbasse di per sé. Abituata alla sua sicurezza, soffriva quando le veniva a mancare.

Me ne accorsi molto bene il giorno che parlammo della luna. Erano gli anni dei primi approcci astronautici al nostro satellite, tentativi su cui lei non esitava a rovesciare cateratte di derisione. – Per che cosa vogliono andare a far solletico lassú, che poi il tempo si rovina! Già non ci sono piú stagioni! E lo scopo? lo scopo? A che cosa serve che arrivino sulla luna, anche se ci arriveranno?

– Mah, – dissi io, nel vago – vorranno vedere quali minerali ci sono: i tipi di rocce, le sabbie...

Esplose, quasi aggredendomi: – E ti puoi immaginare se nella luna ci sono sabbia e rocce!

A questo punto persi la pazienza: – Perché, secondo te di che cosa è fatta, invece? di formaggio verde?

Il formaggio verde doveva essermi venuto in mente per via di un modo di dire inglese; ma lei a quel discorso si sgomentò come se lo credesse detto sul serio.

[1] *spampanata*: larga e sonora.

96

– Non saprei, – disse, con una vocetta intimidita – non te lo saprei proprio dire –; e le vidi negli occhi lo smarrimento di quel problema (di che cosa è fatta, che cos'è la luna?) che si trovava davanti per la prima volta in vita sua. Capii che non ci aveva mai piú pensato dopo quel giorno della sua terza o quarta elementare quando aveva dovuto studiare la lezione sulle fasi lunari; le nozioni imparate allora erano subito scivolate via, se non dalla sua memoria, dalla sua immagine della realtà, che era molto concreta e semplice. La luna? Ma lo sappiamo com'è, basta alzare gli occhi a guardarla: è quella che fa il chiar di luna.

Delle persone e dei fatti (quelli altrui, s'intende) amava cercare i retroscena; si piccava anzi di scoprirli a fiuto, arricciando il naso e riducendo gli occhi a due fessure diffidenti tra le pieghe del grasso: – Perché devi sapere che c'è un certo intreccio... – Le cose invece le accettava senza discussione come parevano essere.

E cosí le parole. Aveva certe frasi tipiche che ripeteva tali e quali, come proverbi, con immutata convinzione: frasi, sovente, di argomento mangereccio, perché al mangiare teneva molto. – Che buoni, che freschi, ne sanno di pinoli – diceva di certi pesciolini da frittura di cui qualche volta provava un primo assaggio colto bell'e crudo dal banco del pescivendolo.

Dei datteri, a Natale, diceva con compunzione religiosa: – Ne sanno di Nazzareno.

Era perfettamente inutile chiederle di delucidare[1] il concetto: – Di pinoli, perché? a me non sembra –, oppure: – Di Nazzareno? e che vuol dire? – In questi casi ripiegava sulla ripetizione pura e semplice: – Sí, ti dico, ne sanno proprio di pinoli –, oppure se ne lavava le mani: – Io non so; dicevano cosí, che i datteri ne sanno di Nazzareno.

[1] *delucidare*: spiegare meglio.

97

Soggetto sottinteso, i suoi vecchi, a Voltri quando era bambina. Lei i soggetti li sottintendeva sempre, al massimo li gettava nel discorso senza degnarli di un nome proprio, per cui bisognava cercare di recuperarli in una ridda di lui, lei, quell'altro, la vecchia, la giovane, quel tale e quella là.

I nomi, quando li diceva, qualche volta li storpiava, e cosí certe parole che continuava a sbagliare pervicacemente, incurante delle correzioni. Un lapsus[1] per lei aveva il valore di un precedente, dal quale non si sarebbe ritrattata per niente al mondo. Per esempio diceva «le spiagge oggigiorno sono tutte piene di nitriti», uno strafalcione bellissimo, che evoca una marina alla De Chirico[2], nuvole e onde e cavalli scalpitanti con la criniera al vento.

Fuori da questi suoi errori prediletti era a volte piú incerta; allora abburattava[3] le parole, tenendo le labbra molli con gli angoli piegati sprezzantemente all'ingiú, nella convinzione evidente che dirle bene non importava, bastava farsi capire.

Quelle che sentiva sue non erano le parole-concetto, le parole-ragionamento, ma le altre che per lei nascevano automaticamente dalle cose. La prima volta che la portammo in gita in campagna, su per la salita del Turchino[4], tra luoghi dove aveva sovente villeggiato in gioventú, quasi ogni curva provocò insieme al ricordo le parole per esprimerlo: nette e senza intoppi, queste, instancabili come un rintocco di campana.

– Di qui, mi ricordo, si andava in passeggiata a una casa che si chiamava la Canellona. Ci facevano la ricotta. Come era buona!

– In quella casa lí ci stavano le quattro sorelle Chie-

---

[1] *lapsus*: errore nell'uso delle parole.
[2] *De Chirico*: pittore italiano (1888-1978).
[3] *abburattava*: strapazzava.
[4] *Turchino*: passo dell'Appennino ligure, vicino a Genova.

sa. Erano mie amiche, specialmente Enrichetta e Adele, tanto buone, poverine. Il papà era l'ingegner Chiesa, che poi è fallito; ma quando loro erano giovani stavano bene. Però per maritarsi avevano troppe pretese, a quelli che si presentavano gli facevano il carnevale, e cosí sono rimaste tutte zitelle.

– Lí ci stava il signor Rossi. Era un uomo allegro; gli piaceva mangiar bene. È morto a tavola, con una gallina in mano.

– Su da queste parti una volta io e mia cugina Gina siamo capitate in un prato dietro una casa, che era tutto un pieno di funghi. Che cosa non ce n'era! e belli. Era proprio una funghiera; si vede che quelli della casa ci innaffiavano. Ne abbiamo fatto una grembialata ciascuna; poi dalla casa è uscita una vecchia che gridava, pareva matta. Noi siamo scappate saltando come le capre; ma i funghi non li abbiamo lasciati, ve'!

La sera al ritorno la rievocazione riprese in senso inverso, quasi parola per parola.

– Andando su di qua una volta io e mia cugina Gina siamo capitate in un prato – eccetera eccetera.

– Qui ci stava il signor Rossi. Era un uomo allegro: è morto con una gallina in mano.

Disse suo figlio, aggrondato[1] sul volante: – Era la stessa gallina di stamattina?

Allora tacque, per un po'.

Un'altra volta che la portammo con noi in campagna per un periodo di vacanza, il figlio all'inizio della salita le chiese come un favore di fare a meno di raccontarci di nuovo quei fatti che ormai conoscevamo tutti a memoria. Non obbiettò niente; ma a ogni curva io, che sedevo dietro, la vedevo gonfiare, premuta dentro dall'urgere dei ricordi e delle parole che facevano tutt'uno con essi. Al livello della casa del com-

[1] *aggrondato*: accigliato.

pianto signor Rossi emise con compostezza monumentale la battuta rimasta famosa: – Parlerei, ma non posso.

In campagna mi esonerava da gran parte degli impegni di cucina, almeno per il pasto di mezzogiorno. Per quello della sera era meno zelante; finché durava la luce le piaceva attardarsi sul prato in un crocchio di sedie di tela, parlando di pietanze. Era questa la sua vacanza. A volte mentre sedevo in disparte con i miei cartafacci la sua voce bronzea di campana mi raggiungeva sul filo di una corrente d'aria: – Signora, ci insegno io come deve fare: prende una cipolla, la taglia finafinafinafina...

Effettivamente era bravissima: anche gli zucchini a funghetto, che sono una pietanzina proprio elementare, quando li faceva lei erano un'altra cosa.

– Sanno proprio di fungo – dicevamo, senza accorgerci di parlare quasi come lei; e le bambine, incuriosite: – Di' la verità, nonna, ci hai messo i funghi?

Lei faceva un sorrisino misterioso: – E chi me li ha dati, i funghi! – Infatti da quelle parti non se ne erano ancora trovati.

Con noi in campagna stava volentieri, credo; però i campi e la solitudine dei boschi, a lei tutta cittadina (su un fondo paesano e rivierasco), facevano un effetto non troppo rassicurante. La turbavano, perfino; come il discorso della luna, la rimettevano di fronte senza preparazione a verità dimenticate e inquietanti: al fatto, per dirne una, che il tempo passa. Una sera, guardando dalla finestra il prato buio, fece in tono pregnante questa profonda osservazione: – Però, se ci si pensa! Tre ore fa eravamo là seduti al sole, e adesso è tutto scuro!

Capace anche di dire, di un cielo coperto e carico, – se si spacca, esce il sole –, dando quella illogica forma di frase condizionale alla sua speranza o al suo desiderio.

Io le chiamavo, le sue, constatazioni dell'ovvio, e ne ridevo; lei, senza offendersi (era di buon carattere), si stupiva: – Ridi? Eppure è proprio cosí.

Come spiegarle che ridevo appunto perché era, lapalissianamente[1], proprio cosí?

Dietro a simili osservazioni piú che ovvie c'era però un non so che di fresco e di ingenuo: pareva quasi che in quella donna massiccia e per tanti versi disincantata sopravvivesse, nonostante tutto, una specie di eterna fanciullina. Per questo mi piaceva farla parlare della sua infanzia, di quando stava a Voltri, che allora non faceva parte della città ma era ancora «il suo paese», in una casa con le finestre sulla spiaggia dalla quale «ci si buttava in mare col panetto della merenda in mano»: parole sue.

Dopo era stata anche in collegio, insieme a due o tre delle numerose sorelle; dalle suore, specificava, con antipatia. Non aveva dimenticato, infatti, come nel refettorio il tavolo delle suore insegnanti fosse nascosto da un paravento agli occhi delle allieve intente ai loro squallidi pasti comuni; e come, una volta che un urtone casuale rovesciò quel paravento, il tavolo privilegiato diventasse tutto un armeggiare, un nascondere arance e fette di panettone, un arruffare scuse magre: – Oh, bambine, avevamo dimenticato di darvi il dolce! Caterina, qua, portate il dolce alle bambine!

Mi sembrava che quel suo fondo quasi infantile, ingenuo e perfino timido uscisse fuori anche dalla storia del suo fidanzamento, avvenuto in certo senso contro la sua volontà, benché nessuno l'avesse costretta. Colta di sorpresa sí, però.

[1] *lapalissianamente*: in modo del tutto ovvio.

Aveva ventisei anni, età a quel tempo e nel suo ambiente piú che matura per sposarsi; i fratelli maggiori le raccomandavano molto caldamente un pretendente ineccepibile, lei in segreto *guardava* (parola dell'epoca, se usata in questo senso) un altro, ma non osava dir niente, non essendo certa d'essere ricambiata. Fosse stata debolezza, incertezza, riserbo, dal canto suo quando me ne parlava usava una definizione piú spiccia: – Ero cosí stupida io, quando ero giovane!

Andò a finire che il pretendente ineccepibile venne in visita con l'anello nel taschino e colse il destro di infilarglielo al dito a tradimento; lei scappò in un'altra stanza a piangere, però lo accettò come un fatto compiuto dal quale non era dato tornare indietro. Cosí accadeva che ci si sposasse, una volta.

In compenso, se il fidanzamento fu triste, le nozze dovettero poi risultare abbastanza felici, perché mi raccontò che della sua luna di miele, trascorsa in un grande albergo della Riviera, l'unico cattivo ricordo che le rimanesse era quello dei pasti. – Facevano la cucina francese – (cucina da Grand Hotel, interpretai io, anonima e pretenziosa); – in quindici giorni che siamo stati là non ho mai avuto una volta la soddisfazione di vedere la forma di quello che mangiavo! Anche la pasta la facevano tutta tagliata, gratinata, pasticciata, a un modo insomma che non ho mai potuto vedere se fossero maccheroni o mostaccioli!

Anche questo me lo raccontò molte volte, negli anni della nostra conoscenza; quando avesse cominciato il discorso era inutile interrompere «sí, lo so già», perché tanto lo portava avanti ugualmente fino alla fine, usando quasi senza variazioni le parole della volta precedente. Finii per trovare il mio divertimento, ormai che le sapevo a memoria, nel controllare che fossero proprio le stesse.

Ho ancora due frasi sue da registrare. Queste, per

la circostanza in cui furono pronunciate, non mi divertono, però direi che mi rassicurano. Sono talmente uguali, persino così all'ultimo, a ciò che lei era.

Si era sentita male al ritorno dal mercato, dove aveva comperato mezzo chilo di seppie che non arrivò a cucinare. Il medico, chiamato, la trovò a letto con gli occhi chiusi, in procinto di scivolare in un sonno già simile a un coma. Per riscuoterla chiese: – Signora, come va?

– Siamo qui, – fece lei: la risposta convenzionale della persona in buona salute, che però non vuole portarsi male dichiarandola troppo sfacciatamente.

Un paio di giorni più tardi lo stesso medico notò un momentaneo corrugamento di fastidio su quella faccia già svuotata di ogni espressione, e domandò: – Sente male? Ha bisogno di qualche cosa?

Rispose, e credo che siano state le sue ultime parole coscienti: – Son giusta così.

Non le manca, ora che non c'è più, il modesto supplemento di vita fornito dal ricordo. Le sue frasi ci sono entrate nell'orecchio e adesso siamo noi a citarle come fossero proverbi. Cercando di rifare il suo tono monumentale si dice, in famiglia, «parlerei, ma non posso»; davanti a un piatto di pesci fritti, prima ancora di assaggiarli, si dice «ne sanno di pinoli», e tagliando un zucchino o affettando un salame, «lo taglia finofinofinofino...»

Lei lo diceva meglio, con più convinzione; d'altra parte penso che le farebbe piacere, se ci sentisse.

(Questo racconto è apparso per la prima volta, con il titolo *Luna, rocce e formaggio verde*, sulla rivista «La Buona Tavola», maggio 1975)

Tommasino degli schiaffi

L'*Albergo del Rinoceronte*, che apriva la sua unica porta a metà di una stretta via in discesa, si animava soltanto nei giorni di mercato, una volta la settimana, quando negozianti e contadini convenivano[1] nel borgo di Cividale dai paesi sparsi per la valle del Natisone e lungo il corso del Tagliamento[2].

In quei giorni, fin dal mattino, fumavano le pentole sul focolare, che secondo l'uso friulano si elevava nel mezzo del locale, sovrastato da una corona di ferro ritorto e da una cappa a imbuto. Sul piano del focolare, alto mezzo metro da terra, bruciavano fascine e carbonella sotto pentole d'ogni dimensione, mentre da un lato girava lo spiedo. Ed era un ragazzetto annoiato a regolarne l'andamento, col capo sempre voltato a guardare la gente che entrava, indifferente agli schiaffi che le figlie del proprietario, passando, gli tiravano per richiamarlo al suo lavoro. Si chiamava Tommasino e risultava figlio di una povera vedova che abitava dietro l'albergo.

Gli schiaffi che Tommasino aveva cominciato a prendere senza batter ciglio, gli procurarono presto altri schiaffi da vari clienti, attirati dalla sua faccia ton-

---

[1] *convenivano*: si radunavano.
[2] *Natisone e... Tagliamento*: fiumi del Friuli.

da e morbida, dove la mano si stendeva piacevolmente, suscitando uno schiocco allegro come un applauso.

Chi lo mandava a prendere una posata o un tovagliolo, gli dava uno schiaffo per avviarlo. Altri che lo spedivano a comperare un pacchetto di tabacco o gli chiedevano un tizzo[1] per accendere la pipa, lo compensavano sempre con uno schiaffo. Il nobile Peregalli, proprietario di case e di terreni, si può dire che andasse al *Rinoceronte* solo per dare in faccia a Tommasino. Perfino il canonico Floreani, che abitava nella via ed entrava a bere un *taglio* di vino tornando dalla messa, gli dava il suo schiaffo per ricordargli di non mancare alla dottrina. Capitò che dei forestieri di passaggio, solo vedendo il bel faccione di Tommasino, gli dessero anche loro per scherzo o per sollazzo delle guanciate.

Il ragazzo che anch'io gratificavo ogni tanto d'un buffetto[2], si era come persuaso dell'ineluttabilità[3] di quel complimento e non se ne lagnava, anzi spesso sorrideva ai colpi piú sonori, quasi contento di aver collaborato alla buona riuscita dello schiaffo.

Era tutta gente, quella che schiaffeggiava Tommasino, abituata a far strada nel mondo, la poca strada che aveva fatta, a costo di gravi umiliazioni o pagando pedaggi dolorosi. Contadini, artigiani, mediatori, commercianti e forse anche il canonico, avevano avuto nella vita duri inizi. Nessuno, a quei tempi, perveniva[4] ad una certa indipendenza prima dei trent'anni, tanto era lungo il tirocinio: e solo dopo aver penato sotto padri severi, duri padroni o crudeli pedagoghi[5],

[1] *tizzo*: pezzo di legno o di carbone che sta bruciando.
[2] *gratificavo ... di un buffetto*: davo un leggero colpo sulla guancia.
[3] *ineluttabilità*: inevitabilità.
[4] *perveniva*: arrivava.
[5] *pedagoghi:* maestri, insegnanti.

prodighi nonché di schiaffi, di vergate e calci dei quali qualcuno portava per sempre il segno e tutti, sicuramente, la memoria. Arrivati a vivere dei loro guadagni, quei buoni uomini trovavano morale far passare a un principiante come Tommasino qualche penosa vigilia o iniziazione, secondo loro necessaria per temprarlo alle asprezze del vivere.

Ma capitò una volta all'osteria persona contraria a simili princípi. E fu l'avvocato Costamagna, uno dei maggiori professionisti del luogo, che andato a pranzo con un cliente al *Rinoceronte*, poté assistere a tutta una serie di schiaffi riscossi da Tommasino e coronata da un bel ceffone suonatogli dalla figlia del proprietario.

L'avvocato Costamagna non passava per un benefattore o per un protettore degli orfani, ma per un usuraio, arricchito con i prestiti e le ipoteche. Eppure quel giorno, al rumore della manata ricevuta da Tommasino, divenne rosso in volto come se fosse toccata a lui. Balzò in piedi, afferrò la giovane per un braccio e le misurò, senza mollarglielo, un manrovescio di ben altra forza. Poi si voltò verso i clienti che avevano smesso di mangiare, e come se si trovasse nella sala delle udienze e non all'osteria, lasciato il braccio della giovane, tenne una perorazione[1] piena di sdegno e dispetto.

– È una vergogna – disse – profittare di un debole. Se il ragazzo non ha nessuno che lo possa difendere, son qui io a proteggerlo. E vi dico che se qualcuno oserà ancora toccarlo, farà i conti con me!

Il finale fu accolto da una generale risata di scherno, alla quale fece in tempo ad associarsi il canonico Floreani che passando per la strada aveva sentito

[1] *perorazione*: discorso appassionato in difesa di qualcuno.

quella voce tonante e aveva messo il capo dentro l'uscio.

L'avvocato, profondamente offeso, gettò il tovagliolo sul tavolo e se ne andò senza guardare il ragazzo e senza neppure ricordarsi di salutare il suo cliente.

– Tutto per non pagare il conto – disse il canonico.

Ma non era cosí, perché da quel giorno il Costamagna tornò un paio di volte alla settimana al *Rinoceronte*, ora a mezzogiorno ora alla sera, facendosi servire pranzo o cena solo per controllare il comportamento dei padroni e dei frequentatori dell'osteria.

Nessuno toccava piú Tommasino, ma non c'era neppure piú chi gli badasse o si servisse di lui. Il ragazzo, al quale era stato tolto l'incarico di girarrosto, vagava per l'osteria e spesso si rifugiava nel cortile, dove infilava una porticina e se ne andava a casa sua. Privato degli schiaffi, si sentiva ignorato da tutti, disprezzato, e messo sotto accusa, quasi che la protezione dell'avvocato l'avesse chiesta lui.

Un giorno di mercato che il Costamagna, seduto al tavolo di fondo, teneva sotto il suo sguardo tutto il locale, Tommasino, entrato con il suo passo silenzioso dal cortile, gli si mise alle spalle. Alzate lentamente le braccia, con le sue manine gli fece spuntare due paia di corna dietro la testa. Uno dopo l'altro i clienti se ne accorsero, e stettero a guardare senza ridere, per tema che l'avvocato si avvedesse[1] dello scherzo.

Il Costamagna non se ne avvedeva e continuava a fissare inviperito tutta quella gente che sembrava osservarlo con incredibile interesse. Ma dovette infine intuire qualcosa o sentire nell'aria una tensione, perché si voltò di scatto e sorprese Tommasino con le braccia tese, immobile come una statua. A quella vista si alzò, arretrò di un passo, poi gli mollò due forti

[1] *si avvedesse*: si accorgesse.

schiaffi che il ragazzo, lasciate cadere le braccia lungo i fianchi, ricevette con indifferenza. Nel silenzio che seguí, l'avvocato prese la porta e se ne andò per sempre dal *Rinoceronte*.

Tommasino, applaudito e festeggiato dalla clientela e dai padroni, si trovò ad avere chiuso con quei due schiaffi la prima fase della sua carriera, perché venne promosso lavapiatti e passato in cucina, dove nessuno pensò piú a schiaffeggiarlo e dove solo il cuoco, di tempo in tempo, gli dava qualche pedata per ricordargli che la strada d'ogni mestiere è sempre seminata di triboli e di pene.

(da P. Chiara, *Le corna del diavolo*, A. Mondadori, Milano su licenza della Arnoldo Mondadori Editore S.p.A., Milano)

ROMANO BILENCHI

Un errore geografico

Gli abitanti della città di F. non conoscono la geografia; la geografia del loro paese, di casa propria.
Quando da G. andai a studiare a F. mi avvidi subito
che quella gente aveva un'idea sbagliata della posizione del mio paese nativo. Appena nominai G. mi dissero: – Ohé, maremmano!

Un giorno, poi, mentre spiegava non ricordo piú
quale scrittore antico, il professore d'italiano cominciò a parlare di certi pastori che alle finestre delle loro
capanne tenevano, invece di vetri, pelli di pecore con-
ciate fini fini. Chi sa perché mi alzai, dall'ultimo banco ove sedevo, e dissi: – Sí, è vero: anche da noi i contadini appiccicano alle finestre delle loro casupole
pelli di coniglio o di pecora al posto dei vetri, tanto è
grande la loro miseria – . Chi sa perché mi alzai e dissi
cosí; forse per farmi bello verso il professore; forse
perché spinto da un impulso umanitario per la povera
gente, volevo testimoniare ai miei compagni, tutti piccoli cittadini, che il professore aveva detto una cosa
giusta, che esisteva davvero nel mondo una simile miseria; ma, a parte la miseria, l'affermazione era un
prodotto della mia fantasia. In vita mia, e Dio sa se di
campagna ne avevo girata, mi era capitato una sola
volta di vedere, in una capanna di contadini, un vetro
rattoppato con pezzi di carta; e la massaia, del resto, si
era quasi scusata dicendo che appena qualcuno della

famiglia fosse andato in città avrebbe comprato un bel vetro nuovo. Appena in piedi dinanzi alla classe sentii ogni impulso frenato e m'accorsi d'averla detta grossa. Sperai che il professore non fosse al corrente degli usi della mia provincia, ma lui, a quella uscita, alzò la testa dal libro e disse: – Non raccontare sciocchezze –. Dopo un momento rise e tutti risero, anche per compiacerlo. – Ma aspettiamo un po' – disse poi – forse hai ragione. Il tuo paese, G., non è in Maremma? È probabile che in Maremma vadano ancora vestiti di pelle di pecora.

Di nuovo tutti si misero a ridere. Qualcuno, forse per rilevare che tanto io quanto il professore eravamo allo stesso livello di stupidità, sghignazzò ambiguamente. Mi voltai per cogliere quella incerta eppure unica solidarietà nei miei riguardi, ma il primo compagno che incontrai con gli occhi per non compromettersi[1] mi disse: – Zampognaro – e fece il verso della zampogna. Un altro disse: – Hai mai guardato[2] le pecorine? – e in coro gli altri fecero: – Beee, beee.

Cominciai, e questo fu il mio errore, a rispondere a ciascuno di loro, via via che aprivano bocca. Ero uno dei piú piccoli e ingenui della classe, e ben presto fui preda di quella masnada. Benché appartenessero a famiglie distinte, c'era fra loro soltanto un figlio di bottegaio di mercato arricchito come avevo potuto osservare dalle mamme e dai babbi che ogni mese venivano alla scuola, me ne dissero di ogni colore. Infine con le lacrime agli occhi, approfittando d'un istante di silenzio, urlai: – Professore, G. non è in Maremma.

– È in Maremma.

– No, non è in Maremma.

– È in Maremma – disse il professore a muso duro. – Ho amici dalle tue parti e spesso vado da loro a cac-

---

[1] *non compromettersi*: non dimostrare di essere critico col professore.
[2] *guardato*: custodito.

ciare le allodole. Conosco bene il paese. È in Maremma.

– Anche noi di G. andiamo a cacciare le allodole in
Maremma. Ma dal mio paese alla Maremma ci sono
per lo meno ottanta chilometri. È tutta una cosa diversa da noi. E poi G. è una città – dissi.

– Ma se ho veduto dei butteri[1] proprio al mercato
di G. – disse lui.

– È impossibile. Sono sempre vissuto lí e butteri
non ne ho mai veduti.

– Non insistere. Non vorrai mica far credere che io
sia scemo?

– Io non voglio nulla – dissi – ma G. non è in Maremma. Al mercato vengono venditori ambulanti vestiti da pellirosse. Per questo si potrebbe affermare
che G. è in America.

– Sei anche spiritoso – disse lui. – Ma prima di darti
dello stupido e di buttarti fuori di classe dimostrerò ai
tuoi compagni come G. si trovi in Maremma –. Mandò un ragazzo a prendere la carta geografica della regione nell'aula di scienze, cosí anche lí seppero del
mio diverbio e che ci si stava divertendo alle mie spalle. Sulla carta, nonostante non gli facessi passare per
buona una sola delle sue affermazioni, abolendo i veri
confini delle province e creandone dei nuovi immagi-
nari, il professore riuscí a convincere i miei compagni,
complici la scala 1:1.000.000 e altre storie, che G. era
effettivamente in Maremma.

– È tanto vero che G. non è in Maremma – ribattei
infine – che da noi maremmano è sinonimo d'uomo
rozzo e ignorante.

– Abbiamo allora in te – conclude lui – la riprova
che a G. siete autentici maremmani. Rozzi e ignoranti
come te ho conosciuto pochi ragazzi. Hai ancora i cal-

[1] *butteri*: guardiani a cavallo delle mandrie di bufali, tori e cavalli tipici della Maremma toscana.

zettoni pelosi –. E con uno sguardo mi percorse la persona. Gli altri fecero lo stesso. Sentii di non essere elegante come i miei compagni. Tacqui avvilito. Da quel giorno fui «il maremmano». Ma ciò che m'irritava di piú era, in fondo, l'ignoranza geografica del professore e dei miei compagni.

Non potevo soffrire la Maremma. Ero stato preso da tale avversione al primo scritto che mi era capitato sotto gli occhi intorno a quel territorio e ai suoi abitanti. Avevo letto in precedenza numerosi libri sui cavalieri delle praterie americane, avevo visto al cinematografo infiniti films sulle loro strabilianti avventure; libri e film che mi avevano esaltato. Un paio di anni della mia vita erano stati dedicati ai cavalli, ai lacci, ai grandi cappelli, alle pistole di quegli uomini straordinari. Nel mio cuore non c'era mai stato posto per altri. Quando essi giungevano a liberare i compagni assaliti dagli indiani, sentivo che la loro piccola guizzante bandiera rappresentava la libertà; e mi sarei scagliato alla gola di coloro che parteggiavano per il Cervo Bianco e per il Figlio dell'Aquila. Quando i carri della carovana, costretta a disporsi in cerchio per fronteggiare l'assalto degli indiani assassini, tornavano allegri e veloci a inseguirsi per immense e deserte praterie e per profonde gole di monti, mi pareva che gli uomini avessero di nuovo conquistato il diritto di percorrere il mondo. I nomi di quei cavalieri – sapevo tutti i nomi degli eroi di tutti i romanzi a dispense e di tutti i films – erano sempre sulla mia bocca. Valutavo ogni persona confrontandola con loro e ben pochi resistevano al confronto. Quando lessi che a due passi, si può dire, da casa mia, c'erano uomini che prendevano al laccio cavalli selvaggi, che domavano tori, che vestivano come nel Far West o press'a poco, che bivaccavano la notte sotto il cielo stellato ravvolti in coperte intorno a grossi fuochi e con accanto il fucile e il cane fedele, risi di cuore. Neppure le storie dei cani fedeli, comuni e accettate in ogni parte del mondo, riuscii a prendere sul serio. Guardai tante carte geografiche e sempre piú mi convinsi che in quella zona cosí vicina a me, larga quanto una moneta da un soldo, non era possibile vi fossero bestie selvagge, uomini audaci e probabilità di avventure. Né le dolcissime donne brune che cantavano sui carri coperti di tela e che, all'occorrenza, caricavano le armi dei compagni. Una brutta copia degli eroi di mia conoscenza. I cavalieri dei libri e dei films combattevano continuamente contro indiani e predoni; ma lí, a due passi da me, che predoni potevano esserci? Lontano il tempo degli antichi famosi briganti, se mai erano esistiti: anche su di loro avevo i miei dubbi.

Quando andai a studiare a F. la pensavo proprio cosí. Perciò non potevo gradire il soprannome di «maremmano».

Giocavo al calcio con abilità, ma anche con una certa rudezza, nonostante fossi piccolo e magro. Mi feci notare subito la prima volta che scesi in campo coi miei compagni, e mi misero mezzala sinistra nella squadra che rappresentava il liceo nel campionato studentesco. Giocai alcune partite riscotendo molti applausi.

– Il maremmano è bravo – dicevano – deve essersi allenato coi puledri selvaggi. I butteri gli hanno insegnato un sacco di diavolerie.

I frizzi e le stoccate, siccome ero certo contenessero una lode sincera, non m'irritavano affatto. Sorridevo e gli altri tacevano presto. Eravamo ormai vicini alla fine del campionato con molta probabilità di riuscirvi primi e mi ripromettevo, per i servizi resi all'onore del liceo, pensate che una partita era stata vinta per un unico punto segnato da me, di non essere in avvenire chiamato «maremmano», quando nell'ultimo incontro accadde un brutto incidente. Durante una discesa mi trovai a voltare le spalle alla porta avversaria. Dalla destra mi passarono il pallone. Mi girai per colpire al volo. Il portiere aveva intuito la mossa e si gettò in avanti per bloccare gamba e pallone, ma il mio calcio lo prese in piena bocca. Svenne. Gli avevo rotto tre denti. I suoi compagni mi furono addosso minacciosi. Dissi che non l'avevo fatto apposta, che era stata una disgrazia, che ero amicissimo del portiere il quale alloggiava nella mia stessa pensione, ma gli studenti sostenitori dell'altra squadra, assai numerosi tra il pubblico, cominciarono a urlare: – Maremmano, maremmano, maremmano.

Persi il lume degli occhi, e voltandomi dalla parte del pubblico che gridava di piú, feci un gesto sconcio. L'arbitro mi mandò fuori del campo. Mentre uscivo dal recinto di giuoco le grida e le offese raddoppiarono. Vidi che gridavano anche le ragazze.

– Maremmano, maremmano, maremmano; viene da G.

Tra coloro che urlavano dovevano esserci anche i miei compagni. Infatti, come potevano tutti sapere che ero nato a G.? Mi sentii privo di ogni solidarietà e camminai a capo basso verso gli spogliatoi.

– Maremmano, maremmano, ha ancora i calzettoni pelosi.

Che i miei calzettoni non piacessero agli altri non m'importava. Era questione di gusti. La roba di lana mi è sempre piaciuta fatta a mano e piuttosto grossa. Per me i calzettoni erano bellissimi e io non davo loro colpa dei miei guai, nonostante fossero continuamente oggetto di rilievi e di satira. Anche quella volta piú che per ogni altra cosa mi arrabbiai per l'ingiustizia che si commetteva ai danni di G. continuando a crederla in Maremma. Andai fra il pubblico e cercai di spiegare a quegli ignoranti l'errore che commettevano, ma a forza di risa, di grida, di spinte e persino di calci nel sedere fui cacciato negli spogliatoi.

Il giorno dopo il preside mi chiamò e mi sospese per una settimana a causa del gesto fatto al pubblico, gesto che disonorava il liceo. Mi sfogai col preside sperando che almeno lui capisse che G. non era in Maremma. Egli mi ascoltò a lungo, ma sul volto aveva la stessa aria canzonatoria dei miei compagni e, alla fine del mio discorso, confermò la punizione. Forse mi credette un po' scemo.

Primo impulso fu quello di scrivere a casa e pregare il babbo e la mamma di mandarmi a studiare in un'altra città. Ma come spiegare le mie pene? Non sarei stato compreso, anzi mi avrebbero sgridato. Essi facevano dei sacrifici per mantenermi al liceo. Decisi di sopportare ancora. Al mio ritorno a scuola dopo la sospensione, le offese contro G. e contro di me si moltiplicarono. Però si avvicinava l'estate e con l'estate sarebbero venute le vacanze. A casa avrei pensato al da farsi per l'anno dopo; forse avrei abbandonato gli studi e sarei andato a lavorare. Ma proprio allora mi capitò il guaio piú grosso.

Una domenica mattina, uscito di buon'ora dalla pensione per godermi i freschi colori della inoltrata primavera, vidi i muri pieni di manifesti vivaci e molta gente in crocchio che stava ad ammirarli. Le tre figure che campeggiavano nei manifesti mi fecero subito arricciare il naso: un toro a capo basso quasi nell'atto di lanciarsi nella strada, un puledro esile e scalpitante e un buttero che guardava le due bestie con un'espressione di sprezzante sicurezza. Mi avvicinai. I manifesti annunziavano che la prossima domenica, in un prato vicino all'ippodromo, per la prima volta in una città, i cavalieri di Maremma si sarebbero esibiti in emozionanti prodezze.

Non ero mai stato in Maremma, né avevo veduto butteri altro che nelle fotografie. Migliore occasione di quella per ridere di loro non poteva capitarmi. Inoltre mi piaceva immensamente il luogo ove si sarebbe svolta la giostra. Il fiume, uscendo dalla città, si allontana, con bizzarre svolte, nella campagna, finalmente libero da case e da ponti. Tra la riva destra del fiume e una fila di colline ci sono parchi molto belli, con caffè di legno e alberi enormi; e belli sono alcuni prati verdi circondati da ben curate siepi di bosso[1], che si aprono all'improvviso in mezzo agli alberi. In uno di quei prati era allora l'ippodromo. I prati e le siepi verdi mi piacevano piú d'ogni altra cosa a F. e non mancavo mai, nei pomeriggi in cui non avevo lezione, di recarmi a visitarli. Sedevo ai margini, accanto al bossolo, e di lí osservavo l'erba bassa e tenera che mi empiva l'animo di gioia.

– Ci andrò domenica – decisi e, a mezzogiorno, di ritorno alla pensione, invitai i miei compagni di tavola, il portiere che avevo ferito durante la partita di calcio e due alunni del mio stesso liceo, a recarsi con me allo spettacolo.

– Avevamo già veduto il manifesto – disse il portiere. – Verremo ad ammirare i tuoi maestri –. Anche gli altri accettarono e il giorno fissato c'incamminammo verso il luogo dello spettacolo. Vi era una grande folla quale non mi aspettavo, richiamata lí, pensai, piú dalla splendida giornata che dai butteri e dalle loro bestie. Signore e ragazze belle, come alle corse. Avevo cominciato in quel luogo a guardare le donne andando a passeggiare la domenica nei pressi dell'ippodromo. Procedendo dietro alla folla entrammo in un pra-

[1] *bosso*: arbusto sempreverde, spesso usato per formare siepi.

to, su un lato del quale erano state costruite alcune tribune di legno. Improvvisamente mi accorsi di non essere piú con i miei compagni; forse la calca ci aveva diviso. Trovai un posto a sedere.

Entrarono nella lizza un puledro selvaggio e alcuni butteri vestiti alla maniera dei cavalieri d'oltre Oceano. Ne fui subito urtato. Il puledro prese a vagare disordinatamente per il prato. Un buttero gli si precipitò dietro. Compito del buttero era quello di montare in groppa al puledro mentre correva e di rimanerci a dispetto delle furie della bestia. Ma il puledro, scorto l'uomo, si fermò e si lasciò avvicinare. Allora il buttero, forse impressionato dalla presenza di tanta gente, spiccò un salto andando a finire cavalcioni quasi sul collo del puledro. Era come montare su un cavallo di legno, eppure cavallo e cavaliere caddero in terra. Accorsero gli altri butteri. Il puledro non voleva alzarsi e teneva l'uomo prigioniero premendogli con la pancia sulle gambe. Il pubblico cominciò a gridare. Finalmente il puledro si decise a rimettersi in piedi e, quieto quieto, si fece condurre fuori dal prato.

– Non è da domare – gridò uno spettatore. – È una pecora.

Scoppiarono risate e clamori. Anch'io ridevo di gusto.

Entrò nello spiazzo verde un toro. Subito un buttero l'affrontò tentando di afferrarlo per le corna e di piegarlo. La folla tacque. Il toro sembrava piú sveglio del puledro. Infatti ben presto le parti s'invertirono. Pareva fosse il toro che avesse l'incarico di atterrare il buttero. Cominciò la bestia ad agire con una specie di strana malizia: si produsse in una lunga serie di finte come un giocatore di calcio che vuole superare un avversario: infine caricò l'uomo mandandolo a gambe levate. Una carica però piena di precauzione, senza malanimo, quasi che il toro avesse voluto burlarsi del burbero atteggiamento del nemico, e gli spettatori compresero subito che il cavaliere non si era fatto alcun male. Di nuovo gli altri butteri corsero in aiuto del compagno. Allora il toro prese a correre allegramente e quei poveri diavoli dietro. Si diresse verso le siepi, e compiuti due giri torno torno al prato, trovato un varco, si precipitò in direzione del fiume. I butteri, disperati, scomparvero anch'essi oltre la siepe fra gli schiamazzi del pubblico.

La folla gridava e imprecava. Infine, saputo che altre attrazioni non ci sarebbero state, cominciò a sfollare.

– Truffatori – urlavano.

– È uno scandalo.

– Un ladrocinio.

– Abbasso i maremmani.

– Vogliamo i denari che abbiamo pagato.

Io urlavo insieme con gli altri. Qualcuno tirò delle legnate sul casotto[1] dove prima si vendevano i biglietti delle tribune. Io tirai una pietra sulle tavole di legno: avrei desiderato di vedere tutto distrutto. All'uscita i miei compagni mi circondarono.

– Ti cercavamo – disse uno.

– Ti sei nascosto, eh!

– Belli i tuoi compaesani. Dovresti rendere a tutti gli spettatori i denari del biglietto.

– È un maremmano anche lui – disse il portiere, indicandomi alle persone vicine.

– È proprio un maremmano come questi truffatori che ci hanno preso in giro.

Numerosi ragazzi mi vennero addosso e cominciarono a canzonarmi come se mi avessero sempre conosciuto.

---

[1] *casotto*: costruzione in legno di piccole dimensioni che serviva da biglietteria.

– Non credete che sia maremmano? – disse ancora il portiere. – Guardategli i calzettoni. È roba di Maremma.

– Domani mi metterò i calzettoni di cotone – dissi. – Faccio cosí ogni anno quando viene il caldo –. Poi aggiunsi: – G. non è in Maremma.

Al nome di G. anche i grandi fecero causa comune con i ragazzi.

– Di' ai tuoi compaesani che sono dei ladri – disse un giovanotto. Gli altri risero. Con le lacrime agli occhi cercai allora di spiegare il gravissimo errore che commettevano credendo che G. si trovasse in Maremma.

– È un po' tocco? – chiese uno a un mio compagno.

– Altro che poco – rispose il mio compagno.

I ragazzi urlarono piú di prima. Mi dettero perfino delle spinte, e i grandi non erano da meno di loro.

Sopraggiunse un giovane; rideva e raccontò di essere stato sul fiume. Il toro si era gettato nell'acqua e i butteri piangevano, bestemmiavano e pregavano i santi e il toro, ma non riuscivano a tirarlo fuori. A queste notizie raddoppiarono gli schiamazzi contro di me.

– Sarà il figlio del padrone dei butteri se li difende tanto – disse una ragazza.

– No – gridai. – Non li difendo. Li odio. Non c'entro nulla con loro. Mio nonno aveva poderi. Mia madre è una signora. È lei che ha fatto questi calzettoni.

– Sono di lana caprina – disse un vecchio signore. Un ragazzo fece: – Bee – , un altro: – Muu – e un altro ancora mi dette un pugno.

Mi voltai. Stavo in mezzo a uno dei viali che portano alla città. La gente mi veniva dietro a semicerchio. Piangevo. Forse era molto tempo che piangevo. Mi staccai dal gruppo e mi appoggiai a un albero. Lontano, sul greto del fiume, intravidi i miei compagni che correvano in direzione opposta. Forse andavano a vedere il toro che si era buttato nell'acqua.

(da R. Bilenchi, *Anna e Bruno*, Rizzoli, Milano)

Pioggia

Di solito, appena desta, mia moglie va nel bagno a pulirsi i denti; poi torna, tuttavia imbambolata, e solo allora emette i primi giudizi sulla situazione o sulla vita in generale, oppure rivanga[1] qualcosa. E cosí è stato oggi. Salvo che, oggi, se n'è uscita colla seguente straordinaria frase:

– Era tirato da un ragno, no, il nostro cocchio?

Ora, intendiamoci, io sono avvezzo alle sue occasionali bizzarrie; ma il fatto è che fino a tal punto la mia diletta moglie non era mai arrivata. Mi è convenuto pertanto assumere quell'aria tonta che hanno i mariti nelle farse del buon tempo antico ed esclamare:

– Eh? Che diavolo stai dicendo?

– Ti chiedo, – ha replicato senza batter ciglio, – ti chiedo semplicemente se il nostro cocchio era tirato da un ragno. Che è, non ci senti, o sei diventato un bempensante?

– Un bempensante: che c'entra? – Mah, chi ti capisce, potrebbe sembrarmi strana la tua domanda.

– Perché strana?

– Perché, perché... Dove mai l'hai visto, un cocchio tirato da un ragno?

– In sogno, beninteso.

– Ah, ecco, in sogno: e io che posso saperne o come

[1] *rivanga*: ritorna a pensare o a discutere qualcosa.

potrei precisarti le circostanze del tuo personale sogno?

– Tu non mi ami.

– Che dici! Ti adoro.

– Niente affatto, e basterebbe codesto aggettivo a darmene l'amara certezza. «Sogno personale!» Ma, se tu veramente mi amassi, tutti i nostri sogni dovrebbero essere comuni; tutto, dovrebbe essere comune e in comune. Ah, facile: io sogno di andare a spasso con te in un cocchio tirato da un ragno, e tu non ne sai nulla e te ne lavi le mani?

– Capisco cosa vuoi dire...

– Meno male.

– Ma io che ne posso se...

– Benissimo, a meraviglia, c'era da scommettere che venisse fuori, l'odiosa parola! «Che ne posso»: tra parentesi, non ti riesce di esprimerti in modo meno volgare e piú corretto? Comunque sia, in che lingua te lo devo ripetere che, se davvero tu mi amassi, faresti senza alcuno sforzo gli stessi miei sogni?

– Eh, aspetta: c'è la reciproca.

– La reciproca, che trucco è questo? Di', carino, credi proprio d'incantarmi coi tuoi termini difficili?

– No, ascolta: tu mi ami?

– Certo, purtroppo.

– E allora perché non sei tu a fare i miei sogni, o casomai a non sognare per nulla (come appunto è avvenuto a me questa notte)?

– Che sciocchezza! Lo riconosci tu stesso che non hai sognato nulla; e, secondo te, io dovrei uniformarmi al nulla? Basta coi discorsi. Invece, sai cosa ti dico? Sul cocchio tirato dal ragno noi in sostanza fuggivamo da un giovane che mi stava facendo la corte. E, sappilo: un giovane bellissimo; e sappi che la sua corte non mi era del tutto indifferente. Al vederlo, coi suoi occhi malinconici eppure ardenti, colla sua muta eppur im-

periosa richiesta d'amore, mi sentivo come uno strug-
gimento in petto... Règolati.

– Ah sí, un giovane bellissimo? Biondo o bruno,
vestito di raso o di velluto? E tu ti sentivi?...

– La pigli alla leggera, signor mio? Ma non sai che
perfino i sogni, anzi soltanto i sogni, sono pericolo-
si?... Insomma, io voglio da te una prova.

– Ossia?

– Descrivimi ed eventualmente spiegami tutto questo sogno.

– Che non ho fatto.

– Che non hai fatto ma che avresti avuto l'elementare dovere di fare e che in ogni caso hai l'obbligo di
conoscere punto per punto. O altrimenti vorrà dire
che non mi vuoi bene.

– Capíto tutto.

– Finalmente; e avanti, comincia.

– Beh, per cominciare avevamo leticato[1].

– Esatto; ma per qual motivo? Vediamo se lo sai.

– Per le mie osservazioni sulle spese di casa.

– Sí, sí, è vero: tu pretendi che io faccia miracoli;
ma se tutto aumenta, se i prezzi crescono di giorno in
giorno, mentre i tuoi guadagni rimangono quello che
sono...

– Zitta. E cosí, dopo aver leticato, siamo usciti insieme nel crepuscolo; no, un momento: nell'alba.

– Alba, sí: tutti gli oggetti avevano una strana lucentezza, il cielo era chiaro e vuoto; alba, proprio; che
gioia sentirtelo dire.

– Proseguimmo. Noi, ancora stizziti, si guardava
ognuno altrove; e d'un tratto ci si è parato davanti il
giovane.

– Il giovane.

[1] *leticato*: litigato.

123

– Che si è messo a guardarti avidamente con balzi successivi.

– Come, con balzi successivi?

– Pareva, di momento in momento, lanciartisi addosso cogli occhi sgranati, e solo in tali momenti acquistava vera consistenza; e poi ridileguava indietro[1].

– Oh Dio, perfetto; ora sí, tu mi piaci.

– Eh, sai, di certe cose me ne intendo. E dunque, come dicevo, lui ti guardava in quella maniera ed io ero molto imbarazzato, sebbene mi rendessi conto che avevo poco da fare con un tipo tanto inafferrabile. Quando...

– Quando?... – mi ha incitato mia moglie con attenzione spasmodica.

Ma in realtà io non sapevo piú come seguitare o cosa piú inventare, prima dell'arrivo del cocchio tirato dal ragno; che il medesimo sopravvenisse senza altri incidenti, mi sembrava troppo semplice, troppo elementare rispetto all'indole di mia moglie. Sicché ho cercato di tergiversare:

– Un attimo di riposo, che diamine: del quale profitteremo per capire alcuni punti. Tu, ad esempio, codesto cocchio prossimo a comparire lo chiami pomposamente cosí e passi; tuttavia, pensandoci meglio, mi sembrerebbe piuttosto una comune carrozza... una carrozza da nolo; eh? – Cercavo anche, infatti, di penetrare la natura delle sue fantasie, tanto da poterle secondare. Se non che lei implacabile:

– Ammettiamolo. Procedi, non ti perdere in quisquilie[2].

E adesso?... E qui, imperdonabilmente, mi sono appigliato a una circostanza esterna. Fuori pioveva; ho arrischiato:

– Beh, nel frattempo s'era messo a piovere...

---

[1] *ridileguava indietro*: svaniva divenendo quasi invisibile.
[2] *quisquilie*: piccoli particolari senza importanza.

Ma qui, maledizione, ella s'è d'improvviso rabbuiata; e freddamente, puntando l'indice:

– No; no davvero; risparmiati ulteriori sforzi d'immaginazione; no, non pioveva nemmeno per ombra. Sei abile nell'ingannare una povera donna! Fortuna che io ho la testa sulle spalle. Non pioveva, caro il mio lusingatore, caro il mio bieco seduttore; e ti spiego subito come mai l'avevi finora azzeccata. Tu devi possedere qualche segreta facoltà di lettura del pensiero: poiché io pensavo intensamente al mio sogno, tu ne avevi, diciamo, captato qualcosa. Ma al punto giusto, quando veramente bisognava dar ragione di tutto e precisare il valore delle diverse figurazioni, ti sei tradito... Ci vuol altro che misteriosi e dilettanteschi poteri, altro che una benevola disposizione a compiacere il sesso debole: affetto, profondo affetto ci vuole, amore! M'hai presa per una bambina? Sentite un po': pioveva! Domando solo come t'è venuto in capo, che piovesse. In un sogno, piove! S'è mai udito? Piove nel vostro maledetto mondo, adesso piove, non nei sogni! E da tutto ciò devo concludere, son forzata a concludere per quanto mi costi, che, appunto, tu non mi ami, che le tue son chiacchiere vuote di senso... Ah sciagurata, in quale terribile avventura mi trovo coinvolta, irretita (è cosí, no, che parlate e scrivete voi letteratucoli?)

– Calma, suvvia: forse non pioveva, mi sarò sbagliato.

– «Forse», «sbagliato»: ma il punto è proprio questo! Come avresti potuto sbagliarti, se? Non avresti dovuto poterti sbagliare, o avresti dovuto non poterti sbagliare, se.

– Non ti par complicato, e non ti pare alla fine irragionevole pretendere?...

– Ti ci aspettavo, ti ci aspettavo di piè fermo, all'irragionevolezza! Voialtri credete di risolvere tutto, non già colla ragione (sarebbe ancora grasso che cola), ma colle classificazioni razionali: la tal cosa è ragionevole, la tale altra non lo è... che razza di presuntuosi siete?

– Vedi, cara...

– Niente cara, e non ho niente da vedere. Règolati piuttosto, ti ripeto: se si seguita cosí la prossima notte torno da lui.

– Chi lui, grullina?

– Da lui, dal giovane: tienitelo per detto!

Col che è scoppiata in pianto; mi ha buttato le braccia al collo, e singhiozzava e gemeva: guardava fuor della finestra, mormorava: «Piove, piove senza remissione; il cielo è tutto chiuso; piove... Ma qui, non lí per amor di Dio; cattivo, questo non dovevi farmelo...»

Un po' d'isterismo, naturalmente: con due bambini piccini!... Eppure nessuno mi leva dalla testa che, in fondo in fondo, ella possa aver ragione. Difatto, se ci si vuol bene, come mai non si sognano le stesse cose nello stesso istante? O, in termini meno assurdi, donde il perenne disaccordo dei nostri umori e perfino dei nostri sentimenti?

(da T. Landolfi, *Le piú belle pagine*, Rizzoli, Milano)

Il buon nome

Il conte Attilio Fossadoro, di 74 anni, presidente di sezione di Corte d'appello in pensione, signore oltremodo corpulento, una notte si sentí male forse per avere trasmodato[1] nel mangiare e nel bere.

– Mi sento un po' pesante – disse nell'atto di coricarsi.

– Sfido io – fece la moglie Eloisa. – Ci voleva poco a prevederlo. Peggio di un bambino!

L'emerito[2] magistrato si abbandonò di schianto sul letto, supino, a bocca aperta, e non rispondeva piú a nessuno.

Era un sonno di piombo dovuto al Barolo o si trattava di un malore? Anfanava[3]. Lo chiamarono, lo scossero, gli spruzzarono dell'acqua sulla faccia. Niente.

Allora si pensò al peggio. La signora Eloisa telefonò al medico curante dottor Albrizzi.

A mezzanotte e mezzo il dottore arrivò. Vide, eseguí le auscultazioni[4], parve rimanere in forse, assunse quell'atteggiamento soave e diplomatico che nei medici non lascia presagire nulla di buono.

[1] *trasmodato*: esagerato.
[2] *emerito*: illustre, famoso.
[3] *Anfanava*: parlava a vuoto, straparlava.
[4] *auscultazioni*: momento della visita in cui il medico ascolta il respiro e il battito del cuore.

In un salottino contiguo, il dottore, donna Eloisa e i due figli Ennio e Martina, mandati subito a chiamare, confabularono a bassa voce.

La congiuntura[1] si profilava minacciosa. Fu deciso di ricorrere al massimo luminare[2], al vecchio clinico di celebrità internazionale. A ottantatré anni suonati, il professore Sergio Leprani era sempre il piú autorevole; e di riflesso il piú caro. Non era però una spesaccia che potesse spaventare i Fossadoro.

– Chiamarlo quando? Ma subito! – intimò donna Eloisa.

– No, no, a quest'ora non si muove garantito, togliamocelo dalla mente!

– Per il conte Fossadoro si muoverà, e come! Vuole scommetterci, caro Albrizzi?

Telefonò, infatti, in tono cosí robusto da sconvolgere le ferree consuetudini del Maestro.

Il quale giunse al palazzo verso le ore due, accompagnato, anzi sostenuto, dal primo dei suoi assistenti, il professore Giuseppe Marasca.

Come il sommo entrò nella camera, il letargo del Fossadoro sembrava essersi fatto ancora piú greve; e l'ansimare piú stentato.

Sedette ai piedi del letto e lasciò fare al Marasca e all'Albrizzi, i quali gli comunicavano via via i dati: anamnesi[3], temperatura, cuore, pressione, riflessi, eccetera.

Impassibile, le palpebre abbassate a scopo di concentrazione mentale (o il sonno aveva avuto la meglio?) il Leprani ascoltava senza fare una piega.

Alla fine il Marasca gli si chinò a un orecchio chiamandolo – Maestro! – con uno scoppio di voce sor-

---

[1] *congiuntura*: situazione.
[2] *luminare*: autorità in materia.
[3] *anamnesi*: informazioni relative a precedenti malattie del paziente.

prendente in quel luogo, in quella circostanza e in quell'ora.

Leprani si riscosse e i tre medici chiesero di poter rimanere soli.

Ma il consulto non durò piú di tre minuti. Dopodiché alla contessa che gli chiedeva ansiosamente: – E allora, Maestro? – Leprani rispose: – Signora mia, un minimo di pazienza! Saprà tutto a tempo debito, dal suo medico curante –. E traballando si infilò nell'ascensore.

L'Albrizzi, in compenso, non fece tanto il prezioso. Con le dovute cautele comunicò senz'altro il perentorio responso del grande: embolo cerebrale, prognosi infausta[1], nessuna speranza, al massimo ancora una settimana di vita.

Quale non fu la stupefazione dell'Albrizzi il mattino dopo quando si ripresentò a palazzo Fossadoro per avere notizie.

Ida, la governante, gli aprí la porta con un sorriso radioso:

– Tutto bene, dottore, tutto benone! L'avevo sospettato fin dal primo momento, io, ma potevo forse parlare alla presenza di quei professoroni? Una solenne bevuta, nient'altro.

In quel momento comparve, gioviale, anche lui, il moribondo.

– Grazie, sa, caro Albrizzi, di tutto il disturbo che stanotte si è preso per me. Mi dispiace proprio... Lo so, lo so, non sono cose che si dovrebbero fare alla mia età.

– Ma come sta? Come si sente in piedi?

– Be', la testa un po' vaga, questo sí. Per il resto,

[1] *prognosi infausta*: previsione di morte imminente.

proprio niente male. In questi casi non c'è rimedio che valga una bella dormita.

Stupefazione. Ma anche scandalo. Come il Marasca, primo assistente del Maestro, seppe dall'Albrizzi la «resurrezione» del Fossadoro, andò su tutte le furie:

— È assurdo! È inaudito! Il professor Leprani non sbaglia mai, non può sbagliare! Ma ti rendi conto, Albrizzi, di quello che può succedere? Gliene è andata già buca una, al Maestro, il mese scorso e se non gli è venuto l'infarto è stato un miracolo. Sei giorni a letto, ha dovuto restare. Un secondo smacco sarebbe fatale. Lo capisci? Dopo tutto, bestia anche tu a non aver capito ch'era soltanto una sbronza.

— E tu? E tu, allora?

— Io, un dubbio, giuro l'ho avuto. Ma provaci tu a contraddirlo, il Maestro, lo sai che razza di temperamento. E ormai lui lo ha già dato pubblicamente per cadavere, il Fossadoro.

— Accidenti. E che cosa si può fare?

— Senti, al Maestro credo che siano dovuti tutti i riguardi possibili, mi capisci? proprio tutti i riguardi! Andrò io stesso a parlare con la contessa.

— Per dirle cosa?

— Lascia fare a me. Niente paura. Sistemerò le cose per il meglio.

Il Marasca, intrepido arrampicatore universitario[1], parlò chiaro a donna Eloisa:

— Qui sta succedendo una cosa gravissima, il professor Leprani ha sentenziato un esito mortale a breve termine e il paziente se ne va in giro per la casa come se niente fosse. Non sarà mica uscito, per caso...

— Ma, veramente...

— Domeneddio, che disastro. Il prestigio di un cli-

---

[1] *arrampicatore universitario*: colui che cerca con ogni metodo e senza scrupoli di far carriera all'Università.

nico sommo, invidiatoci dall'estero, messo a repentaglio cosí! Non possiamo permetterlo assolutamente.

– Mi dia lei un consiglio, professore.

– Intanto, per prima cosa, persuadere il conte a mettersi a letto, fargli capire che è ammalato, gravemente ammalato.

– Ma se lui si sente bene!

– No, contessa, questa obiezione da lei non me l'aspettavo. Non si rende conto della delicatezza della situazione? Una vita spesa per l'umanità sofferente, una fama conquistata col diuturno[1] lavoro di tanti anni, dovrebbero essere trascinate nel fango?

– Ma non sarebbe logico che lei parlasse a mio marito?

– Dio me ne guardi. A quell'età si è cosí attaccati alla vita... E poi, voglia considerare, mi permetta, anche il buon nome di casa Fossadoro... Se si venisse a sapere la verità, se l'integerrimo magistrato, di illustre famiglia patrizia, diventasse lo zimbello della piazza... Un ubriacone senza freni!

– Professore, non le permetto...

– Scusi, contessa, ma non è piú il caso di fare complimenti. Il professor Leprani deve essere salvato ad ogni costo.

– E cosa dovrebbe fare mio marito? Scomparire? Togliersi la vita?

– Questo è affar vostro, contessa. Da parte mia le ripeto: Leprani non sbaglia mai, neanche stavolta può essersi sbagliato... Che diamine, un minimo di riguardo per tanto scienziato!

– Io non so, professore, non capisco... Personalmente non ho nulla in contrario a mettermi nelle sue mani...

– Brava, contessa. Come del resto me l'aspettavo,

---

[1] *diuturno*: lungo e continuo.

constato in lei un alto concetto della rispettabilità della casata, del decoro sociale... In fondo sarà una cosa semplice... Somministrare, ad esempio, i cibi adatti... Il conte suo marito, eh, eh, non si farà pregare...

— E la conclusione sarebbe?

— Il professore Leprani non può essere smentito da chicchessia. Ha detto una settimana. Tiriamogli pure il collo, alla sua diagnosi. Vede che in fondo anch'io sono comprensivo. Ma entro quindici giorni, i funerali.

La macchina dell'onore accademico[1] si mise ben presto in moto.

Leprani chiedeva al primo assistente: — E allora, notizie del vecchio conte? Sta tirando regolarmente le cuoia? — E l'assistente: — Lei ha già parlato, Maestro. Tutto secondo le previsioni. Ormai piú di là che di qua.

A palazzo Fossadoro, dove il conte coi piú ingegnosi pretesti (il freddo, il vento, l'umidità, lo smog, un principio di raffreddore) veniva tenuto rinchiuso, urgevano le telefonate di circostanza[2]. La diagnosi di Leprani aveva già fatto il giro della città.

Telefonavano: le pompe funebri per la scelta della bara, la preparazione della salma e gli addobbi di rito; il medico comunale per il certificato di morte; il parroco, impaziente di somministrare l'estrema unzione; l'Istituto degli orfanelli per la rappresentanza ai funerali; il fioraio per le corone. E lui, il conte, sempre sano come un grillo.

Al quattordicesimo giorno il professor Leprani cominciò a dar segni di agitazione. — Il terribile vecchio

---

[1] *accademico*: universitario.

[2] *telefonate di circostanza*: telefonate tipiche di un particolare momento; qui, naturalmente, la morte.

– domandava – ancora non si è deciso? – Fu necessaria una iniezione ipotensoria[1].

Col sangue agli occhi, nel pomeriggio, il professor Marasca si presentò al palazzo Fossadoro accompagnato da due giovani assistenti travestiti da cuochi; e prese possesso della cucina. Alla sera, grande pranzo familiare per l'onomastico di una nipotina. Tra gli invitati, anche l'implacabile Marasca.

Lavoro, per la verità, eseguito a regola d'arte. Emozione e disturbo ridotti al minimo. Come, al dessert, inghiottí il primo boccone di torta, il conte Attilio Fossadoro restò stecchito, con ancora sulle labbra il beato sorriso di poco prima.

Subito il Marasca telefonò al luminare:

– Ancora una volta congratulazioni, Maestro. Or ora il conte ha cessato di vivere.

(da D. Buzzati, *Le notti difficili*, A. Mondadori, Milano
su licenza della Arnoldo Mondadori Editore S.p.A., Milano)

[1] *ipotensoria*: che fa abbassare la pressione sanguigna.

Vita e storia

La sposa bambina

Catinina del Freddo era di quella razza che da noi si marchia[1] col nome di mezzi zingari perché mezza la loro vita la passano sotto l'ala[2] del mercato.

Proprio sotto l'ala si trovava, a tredici anni giusti, a giocare coi maschi a tocco e spanna, quando sua madre le fece una chiamata straordinaria.

– Lasciami solo piú giocare queste due bilie! – le gridò Catinina, ma sua madre fece la mossa di avventarsi e Catinina andò, con ben piú di due bilie nella tasca del grembiale.

A casa c'era suo padre e sua sorella maggiore, tra i quali vennero a mettersi lei e sua madre, e cosí tutt'insieme fronteggiavano un vecchio che Catinina conosceva solo di vista, con baffi che gli coprivano la bocca e nei panni un cattivo odore un po' come quello dell'acciugaio. I suoi di Catinina stavano come sospesi davanti al vecchio, e Catinina cominciò a dubitare che fosse venuto per farsi rendere ad ogni costo del denaro imprestato e i suoi l'avessero chiamata perché il vecchio la vedesse e li compatisse.

Invece il vecchio era venuto per chiedere la mano di Catinina per un suo nipote che aveva diciotto anni e già un commercio suo proprio.

---

[1] *si marchia*: si definisce; detto con un certo disprezzo.
[2] *sotto l'ala*: sotto la tettoia che copre il mercato.

Sua madre si piegò e disse a Catinina: – Neh che sei contenta di sposare il nipote di questo signore?

Catinina scrollò le spalle e torse la testa. Sua madre la rimise in posizione: – Neh che sei contenta, Catinina? Ti faremo una bella veste nuova, se lo sposi.

Allora Catinina disse subito che lo sposava e vide il vecchio calar pesantemente le palpebre sugli occhi. – Però la veste me la fate rossa, – aggiunse Catinina.

– Ma rossa non può andare in chiesa e per sposalizio. Perché ti faremo una gran festa in chiesa. Avrai una veste bianca, oppure celeste.

A Catinina la gran festa in chiesa diceva poco o niente, quella veste non rossa già le cambiava l'idea, per lo scoramento si lasciò piombare una mano in tasca e fece suonare le bilie.

Allora la sorella maggiore disse che le avrebbero portato tanti confetti; a sentir questo Catinina passò sopra alla veste non rossa e disse di sí su tutto. Anche se quei confetti non finivano in bocca a lei.

Si sposarono alla vicaria[1] di Murazzano, neanche un mese dopo. Lo sposo dava alla vista meno anni dei suoi diciotto dichiarati, aveva una corona di pustole sulla fronte, piú schiena che petto, e certi occhi grigi duretti.

Fecero al Leon d'Oro il pranzo di nozze, pagato dal vecchio, e dopo vespro partirono. C'era tutto il paese a salutar Catinina, e perfino i signori ai loro davanzali.

Lo sposo, che era padrone di mula e carretto, aveva giusto da andare fino a Savona a caricar stracci, che era il suo commercio, e ne approfittava per fare il viaggio di nozze con Catinina.

Alla sposa venne da piangere quando, salita sul carretto, dominò di lassú tutta quella gente che rideva,

---

[1] *vicaria*: chiesa parrocchiale.

138

ma le levò quel groppo un cartoccio di mentini che le offrí una donna anche lei della razza dei mezzi zingari.

Alla fine partirono, ma ancora a San Bernardo avevano il tormento di quei bastardini[1] che fino a ieri giocavano alle bilie con la sposa. Quantunque lo sposo non tardasse a girare la frusta.

Viaggiavano sulla pedaggera[2] e ne avevano già ben macinata di ghiaia, e Catinina non aveva ancora aperto bocca se non per infilarci quei mentini uno dopo succhiato l'altro, e lo sposo le sue quattro parole le aveva dette alla mula.

Ma passato Montezemolo lo sposo si voltò e le disse: – Voi adesso la smettete di mangiare quei gommini verdi, – e Catinina smise, ma principalmente per lo stupore che lo sposo le aveva dato del voi.

Veniva su la luna, e dopo un po' fu un mostro di vicinanza, di rotondità e giallore, navigava nel cielo caldo a filo del greppo[3] della langa, come li volesse accompagnare fino in Liguria.

Catinina toccò il suo sposo e gli disse: – Guarda solo un momento che luna.

Ma quello le si rivoltò e quasi le urlò: – Voi avete a darmi del voi, come io lo do a voi!

Catinina non rifiatò, molto piú avanti disse semplicemente che il listello di legno l'aveva tutta indolorita dietro, dopo ore che ci stava seduta. E allora lui le parlò con una voce buona, le disse che al ritorno sarebbe stata piú comoda, lui l'avrebbe aggiustata sugli stracci.

Arrivarono a Savona verso mezzogiorno.

Lo sposo disse: – Quello lí davanti è il mare, – che Catinina già ci aveva affogati gli occhi.

[1] *bastardini*: ragazzini.
[2] *pedaggera*: strada sulla quale si pagava il pedaggio, quindi strada importante.
[3] *greppo*: fianco ripido della collina.

– Che bestione, – diceva Catinina del mare, – che bestione!

Tutte le volte che pascolava le pecore degli altri in qualche prato sotto la strada del mare e sentiva d'un tratto sonagliere, si arrampicava sempre sull'orlo della strada e da lí guardava venire, passare e lontanarsi i carrettieri e le loro bestie in cammino verso il mare con grandi carichi di vino e di farine. Qualche volta li vedeva anche al ritorno, coi carri adesso pieni di vetri di Carcare e di Altare e di stoviglie d'Albisola, e si appostava per fissare i carrettieri negli occhi, se ritenevano[1] l'immagine del mare.

Ora se lo stava godendo da due passi il mare, ma lo sposo le calò una mano sulla spalla e si fece accompagnare a stallare la bestia. Ma poi le fece vedere un po' di porto e poi prendere un caffellatte con le paste di meliga. Dopodiché andarono a trovare un parente di lui.

Questo parente stava dalla parte di Savona verso il monte e a Catinina rincresceva il sangue del cuore distanziarsi dal mare fino a non avercene nemmeno piú una goccia sotto gli occhi.

Ce ne volle, ma alla fine trovarono quel parente. Era un uomo vecchiotto ma ancora galante, e quando si vide alla porta i due ragazzi sposati fece subito venire vino bianco e paste alla crema ed anche dei vicini, ridicoli come lui.

Mangiarono, bevettero e cantarono, Catinina in quel buonumore prese a snodarsi e a rider di gola e ad ammiccare come una donna fatta, e teneva bene testa al parente galante ed ai suoi soci; lo sposo le era uscito di mente ed anche dagli occhi, non lo vedeva, seduto immobile, che pativa a bocca stretta e col bicchiere sempre pieno posato in terra fra i due piedi.

[1] *ritenevano*: conservavano.

Quando si ritirarono per la notte in una stanza trovata dal parente, allora riempí di schiaffi la faccia a Catinina. E nient'altro, tanto Catinina non era ancora sviluppata.

Al mattino Catinina aveva per tutto il viso delle macchie gialle con un'ombra di nero, lo sposo venne a sfiorargliele con le dita e poi scoppiò a piangere. Proprio niente disse o fece Catinina per sollevarlo, gli disse solo che voleva tornare a Murazzano. E sí che si sarebbe fermata un altro giorno tanto volentieri per via di quel parente cosí ridicolo, ma ora sapeva cosa le costava il buonumore, e poi il mare le diceva molto meno.

Lo sposo caricò in fretta i suoi stracci, la fece sedere sul molle e tornarono.

La mattina dopo, il panettiere di Murazzano, che si levava sempre il primo di tutto il paese, uscito in strada a veder com'era il cielo di quel nuovo giorno, trovò Catinina seduta sul selciato e con le spalle contro il muro tiepido del suo forno.

– Ma sei Catinina? Sei proprio Catinina. E cosa fai lí, a quest'ora della mattina?

Lei gli scrollò le spalle.

– Cosa fai lí, Catinina? E non scrollarmi le spalle. Perché non sei col tuo uomo?

– Me no di sicuro!

– Perché te no?

Allora Catinina alzò la voce. – Io non ci voglio piú stare con quello là che mi dà del voi!

– Ma come non ci vuoi piú stare? Invece devi stargli insieme, e per sempre. È la legge.

– Che legge?

– O Madonna bella e buona, la legge del matrimonio!

Catinina scrollò un'altra volta le spalle, ma capiva anche lei che scrollar le spalle non bastava piú, e allora disse: – Io non ci voglio piú stare con quello là che mi dà sempre del voi. E poi che casa mi ha preparata che io c'entrassi da sposa? Una casa senza lume a petrolio e senza il poggiolo!

L'uomo sospirò, la fece entrare nel suo forno, disse piano al suo garzone: – Attento che non scappi, ma non beneficiartene[1] altrimenti il mestiere vai a impararlo da un'altra parte, – e uscí.

Quando tornò, c'era con lui l'uomo di Catinina. Col panettiere testimone, le promise il lume a petrolio per subito e di farle il poggiolo, tempo sei mesi.

Catinina il lume a petrolio l'ebbe subito, e poi anche il poggiolo, ma dopo un anno buono, che lei aveva già un bambino sulle braccia. Perché Catinina non era la donna che per aver la grazia dei figli deve andarsi a sedere sulla santa pietra alla Madonna del Deserto e pregare tanto.

Questo primo figlio, dei nove che ne comprò nella sua stagione, l'addormentava alla meglio in una cesta e poi subito correva sotto l'ala a giocare a tocco e spanna con quei maschi di prima. Dopo un po' il bambino si svegliava e strillava da farsi saltare tutte le vene, finché una vicina si faceva sull'uscio e urlava a Catinina: – O disgraziata, non senti la tua creatura che piange? Vieni a cunarlo, o mezza zingara!

Da sotto l'ala Catinina alzava una mano con una bilia tra il pollice e l'indice e rispondeva gridando:

– Lasciatemi solo piú giocare questa bilia!

(da B. Fenoglio, *Un giorno di fuoco*, Einaudi, Torino)

---

[1] *beneficiartene*: approfittartene.

Il bosco degli animali

I giorni di rastrellamento[1], al bosco sembra che ci
sia la fiera. Tra i cespugli e gli alberi fuori dai sentieri è
un continuo passare di famiglie che spingono la mucca od il vitello, e vecchie con la capra legata a una corda, e bambine con l'oca sotto il braccio. C'è chi addirittura scappa coi conigli.

Da ogni parte si vada, piú i castagni son fitti, piú si
incontrano panciuti bovi e scampananti mucche che
non sanno come muoversi per quei dirupati[2] pendii.
Meglio ci si trovano le capre, ma i piú contenti sono i
muli che una volta tanto posson muoversi scarichi,
brucando cortecce per i viottoli. I maiali vanno per
grufolare in terra e si pungono coi ricci tutto il gru-
gno: le galline s'appollaiano sugli alberi e fanno paura
agli scoiattoli; i conigli che in secoli di stalla hanno di-
simparato a scavar tane, non trovano di meglio che
cacciarsi dentro il cavo degli alberi. Alle volte s'incontrano coi ghiri che li mordono.

Quella mattina il contadino Giuà Dei Fichi, stava
facendo legna in un remoto angolo del bosco. Non sapeva nulla di quel che succedeva al paese, perché n'e-
ra partito la sera del giorno prima con l'intento d'andare per funghi la mattina presto e aveva dormito in

---

[1] *rastrellamento*: azione militare fatta in una zona occupata per elimi-
nare i nemici che ancora resistono o si nascondono.
[2] *dirupati*: ripidi

un casolare in mezzo al bosco, che serviva, d'autunno, a essiccare le castagne.

Perciò mentre menava colpi d'accetta contro un tronco morto, fu sorpreso a sentire, lontano e vicino per il bosco, un vago rintoccare di campani. S'interruppe e udí delle voci avvicinarsi. Gridò: – Ooo-u!

Giuà Dei Fichi era un ometto basso e tondo, con una faccia da lunapiena nerastra di pelo e rubizza[1] di vino, portava un verde cappello a pan di zucchero con una penna di fagiano, una camicia a grandi pallini gialli sotto il gilecco[2] di fustagno, e una sciarpa rossa intorno alla pancia a pallone per sostenergli i pantaloni pieni di toppe turchine.

– Ooo-u! – gli risposero e apparve tra le rocce verdi di licheni un contadino coi baffi e il cappello di paglia, suo compare, che si portava dietro un caprone dalla barba bianca.

– Cosa fai qui, Giuà, – gli disse il compare, – sono arrivati i tedeschi al paese e girano tutte le stalle!

– Ohimè di me! – gridò Giuà Dei Fichi. – Troveranno la mia mucca Coccinella e la porteranno via!

– Corri che forse fai ancora in tempo a nasconderla, – lo consigliò il compare. – Noi abbiamo visto la colonna che saliva in fondovalle e siamo subito scappati. Ma può darsi che ancora non siano arrivati a casa tua.

Giuà lasciò legna, accetta e cestino dei funghi e corse via.

Correndo per il bosco s'imbatteva in file d'anatre che gli scappavano starnazzando di tra i piedi, e in greggi di pecore che marciavano compatte fianco a fianco senza lasciargli il passo, e in ragazzi e in vecchine che gli gridavano: – Sono arrivati già alla Madonnetta! Stanno frugando le case sopra il ponte! Li ho

---

[1] *rubizza*: di aspetto sano, ma un po' troppo colorita.
[2] *gilecco*: gilè, panciotto.

visti girare la svolta prima del paese! – Giuà Dei Fichi s'affrettava con le corte gambe, rotolando come una palla giú per i pendii, guadagnando le salite a cuore in gola.

Corri e corri, arrivò a un gomito di costone[1] donde s'apriva la vista del paese. C'era un gran spaziare d'aria mattiniera e tenera, uno sfumato circondario di montagne, e in mezzo il paese di case ossute e accatastate tutte pietre e ardesia. E nell'aria tesa veniva dal paese un gridare tedesco e un battere di pugni contro porte.

– Ohimè di me! ci sono già i tedeschi nelle case!

Giuà Dei Fichi tremava tutto nelle braccia e nelle gambe: un po' di tremito ce l'aveva di natura per via del bere, un po' gli veniva adesso a pensare alla mucca Coccinella, unico suo bene al mondo, che stava per venir portata via.

Quatto quatto, tagliando per i campi, tenendosi al coperto dietro i filari delle vigne, Giuà Dei Fichi s'avvicinò al paese. La sua casa era una delle ultime ed esterne, là dove il paese si perdeva negli orti, in mezzo a un dilagar verde di zucche: poteva darsi che i tedeschi non fossero arrivati ancora lí.

Giuà facendo capolino dai cantoni cominciò a scivolare nel paese. Vide una strada vuota coi consueti odori di fieno e di stallino, e questi nuovi rumori che venivano dal centro del paese: voci disumane e passi ferrati. La sua casa era lí: ancora chiusa. Era chiusa sia la porta della stalla a pianterreno sia quella delle stanze in cima alla consunta[2] scala esterna, tra cespi di basilico piantati dentro pentole di terra. Una voce dall'interno della stalla disse: – Muuuuuu... – Era la mucca Coccinella che riconosceva l'avvicinarsi del padrone. Giuà si rimescolò di contentezza.

[1] *costone*: cresta rocciosa della montagna.
[2] *consunta*: consumata per l'uso.

Ma ecco che sotto un archivolto[1] si sentí rimbombare un passo umano: Giuà si nascose nel vano di una porta tirando indietro la pancia rotonda. Era un tedesco dall'aria contadina, coi polsi e il collo allampanati che sporgevano dalla corta giubba, le gambe lunghe lunghe e un fucilaccio lungo quanto lui. S'era allontanato dai compagni per veder di cacciare qualcosa per suo conto; e anche perché le cose e gli odori del paese gli ricordavano cose e odori noti. Cosí andava fiutando l'aria e guardando intorno con una gialla faccia porcina sotto la visiera dello schiacciato cheppí[2]. In quella Coccinella disse: – Muuuu... – Non capiva come mai il padrone non arrivasse ancora. Il tedesco ebbe un guizzo in quei suoi panni striminziti e si diresse subito alla stalla; Giuà Dei Fichi non respirava piú.

Vide il tedesco che s'accaniva a dar calci alla porta: presto l'avrebbe sfondata, di sicuro. Giuà allora scantonò e passò dietro la casa, andò al fienile e prese a rovistare sotto il fieno. C'era nascosta la sua vecchia doppietta da caccia, con una fornita cartuccera. Giuà caricò il fucile con due pallottole da cinghiale, si cinse la pancia con la cartuccera e quatto quatto, a fucile spianato, andò a appostarsi all'uscita della stalla.

Già il tedesco stava uscendo tirandosi dietro Coccinella legata ad una fune. Era una bella mucca rossa a macchie nere e perciò si chiamava Coccinella. Era una mucca giovane, affettuosa e puntigliosa: ora non voleva lasciarsi portar via da quest'uomo sconosciuto, e s'impuntava; il tedesco la doveva spinger via per il garrese[3].

Nascosto dietro un muro Giuà Dei Fichi mirò. Ora bisogna sapere che Giuà era il cacciatore piú schiap-

[1] *archivolto*: sottopassaggio in muratura a forma di arco.
[2] *cheppí*: cappello militare.
[3] *garrese*: quella parte del corpo di un quadrupede posta tra il collo e il dorso.

pino[1] del paese. Non era mai riuscito a centrare, manco per sbaglio, non dico una lepre ma nemmeno uno scoiattolo. Quando sparava ai tordi al fermo, quelli manco si muovevano dal ramo. Nessuno voleva andare a caccia con lui perché impallinava il sedere dei compagni. Non aveva mira e gli tremavano le mani. Figuriamoci adesso, tutto emozionato com'era!

Puntava, ma le mani gli tremavano e la bocca della doppietta continuava a girare in aria. Faceva per mirare al cuore del tedesco e subito gli appariva il sedere della mucca sul mirino. «Ohimè di me! – pensava Giuà, – e se sparo al tedesco e uccido Coccinella?» E non s'azzardava a tirare.

Il tedesco s'avanzava a stento con questa mucca che sentiva la vicinanza del padrone e non si lasciava trascinare. S'accorse a un tratto che i suoi commilitoni avevano già sgombrato il paese e scendevano per lo stradone. Il tedesco s'accinse a raggiungerli con quella testarda mucca dietro. Giuà li seguiva a distanza, saltando dietro le siepi e i muretti e puntando ogni tanto il fucilaccio. Ma non riusciva a tener ferma l'arma e il tedesco e la mucca eran sempre troppo vicini l'uno all'altra perché lui s'azzardasse a far partire un colpo. Che se la dovesse lasciar portare via?

Per raggiungere la colonna che s'allontanava, il tedesco prese una scorciatoia per il bosco. Adesso riusciva piú facile a Giuà tenergli dietro nascondendosi tra i tronchi. E forse ora il tedesco avrebbe proceduto piú discosto dalla mucca in modo che fosse possibile tirargli.

Una volta nel bosco Coccinella parve perdere la riluttanza a muoversi, anzi, poiché il tedesco tra quei viottoli si raccapezzava poco, era lei a guidarlo e a decidere nei bivi. Non passò molto e il tedesco s'accorse

[1] *schiappino*: scadente, incapace.

che non era sulla scorciatoia dello stradone ma in mezzo al bosco fitto: in una parola s'era smarrito insieme a quella mucca.

Graffiandosi il naso nei roveti e finendo a piè pari nei ruscelli Giuà Dei Fichi gli teneva dietro, tra frulli di scriccioli che prendevano il volo e sgusciar di ranocchi dei pantani. Prendere la mira in mezzo agli alberi era ancor più difficile, a farla passare attraverso tanti ostacoli e con quella groppa rossa e nera tanto estesa che gli si parava sempre sotto gli occhi.

Il tedesco già guardava con paura il bosco fitto, e studiava come poteva fare a uscirne, quando udí un fruscio in un cespuglio di corbezzoli e sbucò fuori un bel maiale rosa. Mai al suo paese aveva visto maiali che girassero nei boschi. Mollò la corda della mucca e si mise dietro al maiale. Coccinella appena si vide libera s'inoltrò trotterellando per il bosco, che sentiva pullulare[1] di presenze amiche.

Per Giuà era venuto il momento di sparare. Il tedesco s'affaccendava intorno al porco, l'abbracciava per tenerlo fermo, ma quello gli sgusciava via.

Giuà era lí lí per schiacciare il grilletto, quando gli apparvero vicini due bambini, un maschietto e una piccina, coi berrettini di lana a pon-pon e le calze lunghe. I bambini avevano i lucciconi in pelle in pelle: – Tira bene, Giuà, mi raccomando, – dicevano, – se ci ammazzi il maiale non ci resta piú nulla! – A Giuà Dei Fichi quel fucile nelle mani riprese a ballar la tarantella: era un uomo di cuore troppo tenero e s'emozionava troppo, non perché doveva ammazzare quel tedesco ma per il rischio che correva il maiale di quei due poveri bambini.

Il tedesco rotolava contro pietre e cespugli con quel maiale tra le braccia che si dibatteva e gridava:

[1] *pullulare*: essere pieno in ogni parte.

– Ghiii... ghiii... ghiii... – A un tratto ai gridi del maiale rispose un – Beeé... – e da una grotta uscí un agnellino. Il tedesco lasciò scappare il porco e si mise dietro all'agnellino. Strano bosco, pensava, con maiali nei cespugli e agnelli nelle tane. E acchiappato per una zampa l'agnellino che belava a perdifiato se lo issò in spalla come il Buon Pastore, ed andò via. Giuà Dei Fichi lo seguiva quatto quatto. «Stavolta non scappa. Stavolta c'è», diceva e già stava per tirare, quando una mano gli alzò la canna del fucile. Era un vecchio pastore con la barba bianca, che giunse le mani verso di lui dicendo: – Giuà, non mi ammazzare l'agnellino, uccidi lui ma non mi ammazzare l'agnellino. Mira bene, una volta tanto, mira bene! – Ma Giuà ormai non capiva piú niente, e non trovava nemmeno il grilletto.

Il tedesco andando per il bosco faceva scoperte da restar a bocca aperta: pulcini sopra gli alberi, porcellini d'India che facevano capolino dal cavo dei tronchi. C'era tutta l'arca di Noè. Ecco che su un ramo di pino vide posato un tacchino che faceva la ruota. Subito, alzò la mano per pigliarlo, ma il tacchino, con un piccolo salto, andò ad appollaiarsi su un ramo del palco piú alto, sempre continuando a far la ruota. Il tedesco, lasciando l'agnello, cominciò ad arrampicarsi su quel pino. Ma ogni palco di rami che lui saliva, il tacchino andava su d'un altro palco, senza scomporsi, impettito e coi penduli bargigli fiammeggianti.

Giuà avanzava sotto l'albero con un ramo frondoso sulla testa, altri due sulle spalle e uno legato alla canna del fucile. Ma arrivò una giovane grassottella con un fazzoletto rosso intorno al capo. – Giuà, – disse, – stammi a sentire, se ammazzi il tedesco io ti sposo, se m'ammazzi il tacchino ti taglio le budella –. Giuà che era anziano ma scapolo e pudico, diventò tutto rosso e il fucile gli ruotava davanti come un girarrosto.

Il tedesco salendo era arrivato ai rami piú sottili,

finché uno non gli si spezzò sotto i piedi e lui cascò. Per poco non finí addosso a Giuà Dei Fichi, che questa volta ebbe occhio e scappò via. Ma lasciò per terra tutti i rami che lo nascondevano, cosí il tedesco cadde sul morbido e non si fece niente.

Cadde e vide una lepre sul sentiero. Ma non era una lepre: era panciuta e ovale e sentendo rumore non scappò, ma s'appiattí per terra. Era un coniglio e il tedesco lo prese per gli orecchi. Avanzava cosí col coniglio che squittiva e si contorceva in tutti i sensi e lui era costretto per non farselo scappare a saltare in qua e in là col braccio alzato. Il bosco era tutto muggiti e belati e coccodè: a ogni passo si facevano nuove scoperte d'animali: un pappagallo su un ramo d'agrifoglio, tre pesci rossi sguazzanti in una polla[1].

A cavalcioni d'un alto ramo d'una annosa quercia Giuà seguiva la danza del tedesco col coniglio. Ma era difficile prenderlo di mira perché il coniglio cambiava continuamente posizione e capitava in mezzo. Giuà si sentí tirare per un lembo del gilecco: era una ragazzina con le trecce e la faccia lentigginosa: – Non uccidermi il coniglio, Giuà, se no è lo stesso che me lo porti via il tedesco.

Intanto il tedesco era arrivato a un posto tutte pietre grigie, ròse da licheni azzurri e verdi. Solo pochi pini scheletriti crescevano intorno, e vicino s'apriva un precipizio. Nel tappeto d'aghi di pino che giaceva in terra, stava razzolando una gallina. Il tedesco fece per rincorrere la gallina e il coniglio gli scappò.

Era la gallina piú magra, vecchia e spennacchiata che mai si fosse vista. Apparteneva a Girumina, la vecchia piú povera del paese. Il tedesco l'ebbe presto tra le mani.

Giuà s'era appostato in cima a quelle rocce e aveva

[1] *polla*: fonte, ruscello d'acqua pura.

costruito un piedestallo di pietre per il suo fucile. Anzi aveva messo su proprio la facciata d'un fortino, con solo una stretta feritoia per far passare la canna del fucile. Adesso poteva sparare senza scrupoli, ché se anche ammazzava quella gallina spennacchiata era mal di poco.

Ma ecco che la vecchia Girumina, raggomitolata in scialli neri e cenciosi, lo raggiunse e gli fece questo ragionamento: – Giuà, che i tedeschi mi portino via la gallina, unica cosa che mi resti al mondo, è già triste. Ma che sia tu che me l'ammazzi a fucilate è piú triste ancora.

Giuà riprese a tremare piú di prima, per la gran responsabilità che gli toccava. Pure si fece forza e schiacciò il grilletto.

Il tedesco sentí lo sparo e vide la gallina che gli starnazzava in mano restare senza coda. Poi un altro colpo, e la gallina restare senza un'ala. Era una gallina stregata, che esplodeva ogni tanto e gli si consumava in mano? Un altro scoppio e la gallina fu completamente spennata, pronta per andare arrosto, e pure continuava a starnazzare. Il tedesco che cominciava a esser preso dal terrore la teneva per il collo discosta da sé. Una quarta cartuccia di Giuà le troncò il collo proprio sotto la sua mano e lui rimase con la testa in mano che si muoveva ancora. Buttò via tutto e scappò via. Ma non trovava piú sentieri. Vicino a lui s'apriva quel roccioso precipizio. Ultimo albero prima del precipizio era un carrubo e sui rami del carrubo il tedesco vide rampare[1] un grosso gatto.

Ormai non si stupiva piú di vedere animali domestici sparsi per il bosco e avanzò la mano per accarezzare il gatto. Lo prese per la collottola e sperava di consolarsi a sentirlo far le fusa.

---

[1] *rampare*: arrampicarsi a balzi.

Ora bisogna sapere che quel bosco era da tempo infestato da un feroce gatto selvatico che uccideva i volatili e talvolta si spingeva fino al paese nei pollai. Cosí il tedesco che credeva di sentir fare ron-ron, si vide precipitare il felino contro a pelo dritto e arruffato e sentí le sue unghie farlo a brani. Nella zuffa che seguí l'uomo e la belva rotolarono ambedue nel precipizio.

Fu cosí che Giuà, tiratore schiappino, fu festeggiato come il piú grande partigiano e cacciatore del paese. Alla povera Girumina fu comprata una covata di pulcini a spese della comunità.

(da I. Calvino, *Ultimo viene il corvo*, Garzanti, Milano)

NATALIA GINZBURG
Inverno in Abruzzo

Deus nobis haec otia fecit[1].

In Abruzzo non c'è che due stagioni: l'estate e l'inverno. La primavera è nevosa e ventosa come l'inverno e l'autunno è caldo e limpido come l'estate. L'estate comincia in giugno e finisce in novembre. I lunghi giorni soleggiati sulle colline basse e riarse, la gialla polvere della strada e la dissenteria dei bambini, finiscono e comincia l'inverno. La gente allora cessa di vivere per le strade: i ragazzi scalzi scompaiono dalle scalinate della chiesa. Nel paese di cui parlo, quasi tutti gli uomini scomparivano dopo gli ultimi raccolti: andavano a lavorare a Terni, a Sulmona, a Roma. Quello era un paese di muratori: e alcune case erano costruite con grazia, avevano terrazze e colonnine come piccole ville, e stupiva di trovarci, all'entrare, grandi cucine buie coi prosciutti appesi e vaste camere squallide e vuote. Nelle cucine il fuoco era acceso e c'erano varie specie di fuochi, c'erano grandi fuochi con ceppi di quercia, fuochi di frasche e foglie, fuochi di sterpi raccattati ad uno ad uno per via. Era facile individuare i poveri e i ricchi, guardando il fuoco acceso, meglio di quel che si potesse fare guardando le case e la gente, i vestiti e le scarpe, che in tutti su per giú erano uguali.

---

[1] *Deus nobis haec otia fecit*: Un dio ci ha donato questo periodo di quiete. In latino.

Quando venni al paese di cui parlo, nei primi tempi tutti i volti mi parevano uguali, tutte le donne si rassomigliavano, ricche e povere, giovani e vecchie. Quasi tutte avevano la bocca sdentata: laggiú le donne perdono i denti a trent'anni, per le fatiche e il nutrimento cattivo, per gli strapazzi dei parti e degli allattamenti che si susseguono senza tregua. Ma poi a poco a poco cominciai a distinguere Vincenzina da Secondina, Annunziata da Addolorata, e cominciai a entrare in ogni casa e a scaldarmi a quei loro fuochi diversi.

Quando la prima neve cominciava a cadere, una lenta tristezza s'impadroniva di noi. Era un esilio il nostro: la nostra città era lontana e lontani erano i libri, gli amici, le vicende varie e mutevoli di una vera esistenza. Accendevamo la nostra stufa verde, col lungo tubo che attraversava il soffitto: ci si riuniva tutti nella stanza dove c'era la stufa, e lí si cucinava e si mangiava, mio marito scriveva al grande tavolo ovale, i bambini cospargevano di giocattoli il pavimento. Sul soffitto della stanza era dipinta un'aquila: e io guardavo l'aquila e pensavo che quello era l'esilio. L'esilio era l'aquila, era la stufa verde che ronzava, era la vasta e silenziosa campagna e l'immobile neve. Alle cinque suonavano le campane della chiesa di Santa Maria, e le donne andavano alla benedizione, coi loro scialli neri e il viso rosso. Tutte le sere mio marito ed io facevamo una passeggiata: tutte le sere camminavamo a braccetto, immergendo i piedi nella neve. Le case che costeggiavano la strada erano abitate da gente cognita[1] e amica: e tutti uscivano sulla porta e ci dicevano – Con una buona salute –. Qualcuno a volte domandava: – Ma quando ci ritornate alle case vostre? – Mio marito diceva: – Quando sarà finita la guerra –. – E quando finirà questa guerra? Te che sai tutto e sei un

[1] *cognita*: conosciuta, nota.

professore, quando finirà? – Mio marito lo chiamava-
no «il professore» non sapendo pronunciare il suo
nome, e venivano da lontano a consultarlo sulle cose
piú varie, sulla stagione migliore per togliersi i denti,
sui sussidi[1] che dava il municipio e sulle tasse e le im-
poste.

D'inverno qualche vecchio se ne andava con una
polmonite, le campane di Santa Maria suonavano a
morto, e Domenico Orecchia, il falegname, fabbrica-
va la cassa. Una donna impazzí e la portarono al mani-
comio di Collemaggio, e il paese ne parlò per un pezzo. Era una donna giovane e pulita, la piú pulita di tutto il paese: dissero che le era successo per la gran puli-
zia. A Gigetto di Calcedonio nacquero due gemelle,
con due gemelli maschi che aveva già in casa, e fece
una chiassata in municipio perché non volevano dargli il sussidio, dato che aveva tante coppe[2] di terra e un
orto grande come sette città. A Rosa, la bidella della
scuola, una vicina gli sputò dentro l'occhio, e lei girava con l'occhio bendato perché le pagassero l'inden-
nità. – L'occhio è delicato, lo sputo è salato –, spiegava. E anche di questo si parlò per un pezzo, finché non
ci fu piú niente da dire.

La nostalgia cresceva in noi ogni giorno. Qualche
volta era perfino piacevole, come una compagnia tenera e leggermente inebriante. Arrivavano lettere dalla nostra città, con notizie di nozze e di morti dalle
quali eravamo esclusi. A volte la nostalgia si faceva
acuta ed amara, e diventava odio: noi odiavamo allora
Domenico Orecchia, Gigetto di Calcedonio, Annun-
ziatina, le campane di Santa Maria. Ma era un odio
che tenevamo celato, riconoscendolo ingiusto: e la
nostra casa era sempre piena di gente, chi veniva a
chieder favori e chi veniva a offrirne. A volte la sarto-

[1] *sussidi*: aiuti economici.
[2] *coppe*: misura agraria abruzzese.

155

retta veniva a farci le sagnoccole[1]. Si cingeva uno stro-finaccio alla vita e sbatteva le uova, e mandava Crocet-ta in giro per il paese a cercare chi potesse prestarci un paiolo ben grande. Il suo viso rosso era assorto e i suoi occhi splendevano di una volontà imperiosa. Avrebbe messo a fuoco la casa perché le sue sagnoccole riuscis-sero bene. Il suo vestito e i capelli si facevano bianchi di farina, e sul tavolo ovale dove mio marito scriveva, venivano adagiate le sagnoccole.

Crocetta era la nostra donna di servizio. Veramente non era una donna perché aveva quattordici anni. Era stata la sartoretta a trovarcela. La sartoretta divideva il mondo in due squadre: quelli che si pettinano e quelli che non si pettinano. Da quelli che non si pettinano bisogna guardarsi, perché naturalmente hanno i pi-docchi. Crocetta si pettinava: e perciò venne da noi a servizio, e raccontava ai bambini delle lunghe storie di morti e di cimiteri. C'era una volta un bambino che gli morí la madre. Suo padre si pigliò un'altra moglie e la matrigna non amava il bambino. Perciò lo uccise mentre il padre era ai campi e ci fece il bollito. Il padre torna a casa e mangia, ma dopo che ha mangiato le os-sa rimaste nel piatto si mettono a cantare:

> E la mia trista matrea
> Mi ci ha cotto in caldarea
> E lo mio padre ghiottò
> Mi ci ha fatto 'nu bravo boccò[2].

Allora il padre uccide la moglie con la falce, e l'ap-pende a un chiodo davanti alla porta. A volte mi sor-prendo a mormorare le parole di questa canzone, e al-lora tutto il paese mi ritorna davanti, insieme al parti-

[1] *sagnoccole*: piatto tipico abruzzese dalla preparazione abbastanza complicata.
[2] *E la mia triste matrea* ecc.: E la mia triste matrigna / mi ha cotto nel-la caldaia / e il mio padre ghiottone / mi ha mangiato in un boccone.

colare sapore di quelle stagioni, insieme al soffio gelato del vento e al suono delle campane.

Ogni mattina uscivo con i miei bambini e la gente si stupiva e disapprovava che io li esponessi al freddo e alla neve. – Che peccato hanno fatto queste creature? – dicevano. – Non è tempo di passeggiare, signò. Torna a casa –. Camminavamo a lungo per la campagna bianca e deserta, e le rare persone che incontravo guardavano i bambini con pietà. – Che peccato hanno fatto? – mi dicevano. Laggiú se nasce un bambino nell'inverno, non lo portano fuori dalla stanza fino a quando non sia venuta l'estate. A mezzogiorno mio marito mi raggiungeva con la posta, e tornavamo tutti insieme a casa.

Io parlavo ai bambini della nostra città. Erano molto piccoli quando l'avevamo lasciata, e non ne avevano nessun ricordo. Io dicevo loro che là le case avevano molti piani, c'erano tante case e tante strade, e tanti bei negozi. – Ma anche qui c'è Girò –, dicevano i bambini.

La bottega di Girò era proprio davanti a casa nostra. Girò se ne stava sulla porta come un vecchio gufo, e i suoi occhi rotondi e indifferenti fissavano la strada. Vendeva un po' di tutto: generi alimentari e candele, cartoline, scarpe e aranci. Quando arrivava la roba e Girò scaricava le casse, i ragazzi correvano a mangiare gli aranci marci che buttava via. A Natale arrivava anche il torrone, i liquori, le caramelle. Ma lui non cedeva un soldo sul prezzo. – Quanto sei cattivo, Girò –, gli dicevan le donne. Rispondeva: – Chi è buono se lo mangiano i cani –. A Natale tornavano gli uomini da Terni, da Sulmona, da Roma, stavano alcuni giorni e ripartivano, dopo aver scannato i maiali. Per alcuni giorni non si mangiava che sfrizzoli[1], salsicce

---

[1] *sfrizzoli*: gustoso prodotto alimentare a base di carne di maiale.

pazze e non si faceva che bere: poi le grida dei nuovi maialetti riempivano la strada.

In febbraio l'aria si faceva umida e molle. Nuvole grigie e cariche vagavano per il cielo. Ci fu un anno che durante lo sgelo si ruppero le grondaie. Allora cominciò a piovere in casa e le stanze erano dei veri pantani. Ma fu cosí per tutto il paese: non una sola casa restò asciutta. Le donne vuotavano i secchi dalle finestre e scopavano via l'acqua dalla porta. C'era chi andava a letto con l'ombrello aperto. Domenico Orecchia diceva che era il castigo di qualche peccato. Questo durò piú d'una settimana: poi finalmente ogni traccia di neve scomparve dai tetti, e Aristide aggiustò le grondaie.

La fine dell'inverno svegliava in noi come un'irrequietudine. Forse qualcuno sarebbe venuto a trovarci: forse sarebbe finalmente accaduto qualcosa. Il nostro esilio doveva pur avere una fine. Le vie che ci dividevano dal mondo parevano piú brevi: la posta arrivava piú spesso. Tutti i nostri geloni guarivano lentamente.

C'è una certa monotona uniformità nei destini degli uomini. Le nostre esistenze si svolgono secondo leggi antiche ed immutabili, secondo una loro cadenza uniforme ed antica. I sogni non si avverano mai e non appena li vediamo spezzati, comprendiamo a un tratto che le gioie maggiori della nostra vita sono fuori della realtà. Non appena li vediamo spezzati, ci struggiamo[1] di nostalgia per il tempo che fervevano[2] in noi. La nostra sorte trascorre in questa vicenda di speranze e di nostalgie.

Mio marito morí a Roma nelle carceri di Regina Coeli, pochi mesi dopo che avevamo lasciato il paese.

---

[1] *ci struggiamo*: ci consumiamo.
[2] *fervevano*: ribollivano.

Davanti all'orrore della sua morte solitaria[1], davanti alle angosciose alternative che precedettero la sua morte, io mi chiedo se questo è accaduto a noi, a noi che compravamo gli aranci da Girò e andavamo a passeggio nella neve. Allora io avevo fede in un avvenire facile e lieto, ricco di desideri appagati, di esperienze e di comuni imprese. Ma era quello il tempo migliore della mia vita e solo adesso che m'è sfuggito per sempre, solo adesso lo so.

(da N. Ginzburg, *Le piccole virtú*, Einaudi, Torino)

---

[1] *morte solitaria*: Leone Ginzburg, marito dell'autrice di questo racconto, morí nel 1944 in carcere, a causa delle torture subite per opera dei nazifascisti.

CARLO EMILIO GADDA
La fidanzata di Elio

Quarantaquattro lettere di congratulazione e un vassoio di biglietti. «La compagna che ti sei scelta...» Le zie di Elio non avevano mai stillato una prosa cosí commovente.

Avevano scandito[1] i lunghi anni del tempo con la puntualità de' loro auguri di Pasqua: ogniqualvolta, inghirlandavano la Resurrezione di squisiti saggi calligrafici, oculatamente svolti fra le piú imprevedute ova sode. Fra le gambe dei pigolanti avevano messo in grammatica i piú delicati affetti, gli augurii piú fervidi.

E cosí per tutta la ginnasiale pace e nella tempesta di poi[2], quando ai pulcini era succeduta la Gloria aureolata di giallo, svolazzante con ali di pellicano fra i nembi, sopra le dirute[3] case e i barili sventrati.

E tutto pareva non fosse stato se non un laborioso esercizio per arrivare a tanto: alle felicitazioni e alle benedizioni supreme.

La sua mamma invece (stava rammendandogli le calze), aveva intermesso[4]; lo aveva guardato con un velo di pianto, con uno sguardo che pareva tremare: – Sei proprio certo?

[1] *scandito*: segnato con regolarità.
[2] *ginnasiale pace e... tempesta di poi*: la vita serena da ragazzo e poi il dramma della prima guerra mondiale.
[3] *dirute*: distrutte dalle bombe.
[4] *intermesso*: interrotto il lavoro.

Quella sera la mamma era assente. Elio, mutatosi d'abiti, si era pettinato con cura, aveva tristemente spento tutte le luci di casa: i vecchi quadri senza senso erano piombati a un tratto nel buio. Sette rintocchi, dalla vecchia torre, caddero nel lago opaco del silenzio. Poi un ritornello che saliva dalla via solitaria, spiegato:

Abat-jour, tu che spandi la luce blu...

quando già il tipografo pallido stava per chiuder bottega.

Elio traversava la città: dove le lampade facevano sera e i fermenti della palingenesi[1] tenevano i garzoni in una frequenza di canti.

Ma un piú angoscioso pensiero lo tenne, vedeva già tutto: vedeva la chiesa, i lumi, il tappeto, l'assessore Raspagnotti, la penna d'oro, sentiva già sull'epigastro[2] le note basse e clamorose dell'organo, che dicevano perfetta la «felicità» sua, la felicità delle zie.

Si indusse cosí a pensare di Luisa, lungamente, schivando d'istinto i piú sgangherati tram, ricolmi allora come arnie, e i taxis repentini e diabòlici.

Quella sera, Luisa doveva aver preparato il suo centotrentacinquesimo budino di fidanzata; alla sémola, inarrivabile massaia!, sostituiva regolarmente della farina gialla di seconda qualità.

Anche l'adagio della Patètica[3], sotto il tocco magico di quelle dita, si trasformava in un budino.

E allora a lui gli germinavano dei pensieri per bene, i di cui riflessi diramavano bentosto fino ai calcagni. Ed erano ordini d'operazione ai suoi atti correttissimi di gentiluomo, preoccupato di non scivolare sul *parquet*: come gli ordini che Luisa impartiva un po' a tut-

---

[1] *palingenesi*: letteralmente «ritorno alla vita»; in questo caso da connettere alla «primavera» (ritorno alla alla vita della natura).
[2] *epigastro*: stomaco.
[3] *Patètica*: celebre sonata per pianoforte di Beethoven.

ti, con quella voce nasale e un poco stridula, rigorosamente monda di ogni vena di sensualità.

«Anche l'adagio della Patètica!», si diceva Elio.

Quelle encomiabili note gli parevano esprimere la voluttà e la malinconia, quanto gli spaghetti in iscatola degli americani rifanno la pasta di Napoli. Vedeva oramai con chiarezza: vedeva la «sua» Luisa nella realtà; ne percepiva tutta la perfezione: le virtú filiali, le virtú domestiche, le virtú musicali, le virtú culinarie.

Goloso come un ragazzo, vorace come un alpino, si sentiva rapire all'idea di quei dolci, manipolati dalle mani di Luisa: dove l'economia domestica avrebbe trionfato di vera gloria e di eterno splendore. La fetta di torta matrimoniale sarebbe succeduta alla fetta di torta fidanzamentale: e avrebbe finito ogni sera di ingozzarlo come un pollo, con il gusto inimitabile che la vera massaia conferisce ai piú farinosi plum-cakes.

Luisa non beveva vino né liquori, il caffè raramente, e quelle rarissime volte ci metteva pochissimo zucchero. Luisa andava alla Messa, egli ve l'aveva accompagnata, e una zia di Luisa li aveva accompagnati tutti e due, cosí la Messa l'avevano sentita tutti e tre. Davanti Domine Dio stava diritta, si chinava con misura, nulla faceva che potesse spiacere al buon Dio: si soffiava il naso con tanto riguardo! Oh! «non desiderare la donna d'altri!», diceva un'antica legge: ed Elio si studiava di osservare la legge. Ma i sogni erano cosa che non poteva rattener sempre, come le nuvole di primavera non si rattengono, se il vento, a marzo, le sospinga ad oscurare, trasvolando, la campagna fiorita.

Ed Elio, sotto i fari e di tra le concitate voci de' passanti, vide proprio la donna d'un altro, la signora che aveva conosciuto in una cittadina dolcissima della dolce Italia, ch'era la moglie d'un commilitone e lo aveva invitato.

Lo aveva salutato, bionda, ampia, pacata, con un sorriso sereno: lo aveva pregato di sedere: nel súbito incanto erano vaniti[1] perfino i ricordi delle bevute collegiali, in guerra. Parlava con una voce lenta e come sommessa, diceva con verità le cose consuete e vere, non sonava il pianoforte, aveva preparato della minestra, del pollo, dell'arrosto, del lesso, dell'insalata, dei dolci; dei dolcissimi frutti. La tavola era imbandita con i piatti e le caraffe di Piedilúco[2], con una tovaglia ricamata da lei; perché l'ospite fosse lieto, perché il sole si rifrangesse fulgidamente sopra li argenti, e il pollo arrosto avesse l'onore che mèrita.

Lo servì lei, levàtasi apposta, data l'inesperienza e la confusione della donzella[3]: Elio protestava: gli diede lei l'ala e la coscia, e poi un altro pezzo; gli diede l'insalata, l'arrosto, il dolce, le frutta.

Il lesso s'era modestamente ritenuto, conscio di non poter competere con le dorature profumate delle carni di casseruola. Nelle caraffe c'era del fresco vino d'Orvieto, molto vino, quanto due alpini volessero berne, commemorando. Nel caffè lo zucchero, molto caffè, molto zucchero. Ella gli chiese quanti pezzi: ed Elio, guardandola, esitò, mentre ancora l'amico mesceva: – bevi, bevi –. Quegli occhi della bionda donna gli parvero pieni d'un'ombra serena, quei cigli! e le fossette del viso! – Io sono molto ghiotto... –, arrivò a dire, – come ha veduto... – Allora, come una mamma indulgente, ella gli depose i tre pezzi dentro la tazza, ma si capiva che se avesse voluto sei glie ne metteva anche sei, anche dodici, con egual gioia. Perché l'ospite fosse lieto.

[1] *vaniti*: svaniti, dimenticati.
[2] *Piedilúco*: località umbra, in cui si producono ceramiche tipiche.
[3] *donzella*: cameriera.

«Quando i treni sibilanti ci portavano via dal paese», pensava Elio, «quanto desiderio rimane!» Fra i tram e i taxis velocipedastri sgattaiolàvano, poi saettàvano diritti contro il terrore delle dame.

Ancora pochi minuti e avrebbe baciato Luisa. Elio non ragionava, se avesse ragionato sarebbe stato piú calmo. Passarono degli ufficiali ed Elio ripensò, subitamente, gli anni di prima; un cocchiere imbestiato sbraitava, non vide contro chi. Suo padre era morto come può morire un colonnello di fanteria «che deve impadronirsi ad ogni costo di quota 960». Era caduto con tre pallottole nello stomaco ed egli, il giovine, non aveva avuto piú pace finché non se n'era procurate altrettante. «Papà, papà!», pensava.

Elio aveva tre ferite nel corpo ed una sola, ed atroce, nell'anima. Di questa, Luisa non aveva mai avuto neppure un sospetto, rigidamente intenta ai plumcakes; la donna del buon paese, nel dolce sole d'Italia, l'aveva saputa medicare di dolcezza, di serenità, di letizia.

Tre ferite in corpo. Ciò nonostante i Ghiringhelli avevano trovato che, come genero, poteva andare: benché fosse «un forestiero». Perché era un «ragazzo pieno di volontà» e, subito dopo la laurea, «si era già trovato un buon posto».

Il qual fidanzamento e il qual posto, manco a dirlo, avevano suscitato larga simpatia di commenti per tutta la vastissima cerchia dei Ghiringhelli, dei Comolli e dei Fumagalli. La serietà del giovane aveva avuto il meritato premio, poiché Luisa, benché figlia di milionari, accudiva con impegno esemplare alle cose domestiche, e, benché artista nell'anima, ed ammirata interprete di Chopin e di Grieg, era tuttavia espertissima anche in cucina, dove i budini di farina gialla dicevano, indorando, tutta la geniale fecondità del suo spirito.

Nei salotti delle tenere amiche, dopo il the si potevano delibare i commenti: dopo i laboriosi accordi per il tennis dell'indomani, per la Scala del dopodomani, per la gita della imminente domenica. «Il figlio di un colonnello!...», stupivano incredule, divagando, le sèriche[1] amiche, poi scivolando nella commiserazione. – Di un colonnello morto! –; – In guerra! –; – ...Ma come vivono?... – Ma! –; – Oh Dio! lui, adesso, qualche cosa guadagna... –; – Un millecinquecento o duemila lire[2]... –; – Ah, povera Luisa!.. –; – Sua mamma ha una pensione... –; – Se la vedeste: è una donnetta patita, che si mette gli occhiali per rammendar le calze... –; – Ottocentotrenta lire al mese... – affermò Carlo Pistoni, biondissimo. – Come è cattivo lei!, – indulgeva Teresa, impegnata nella immortale diligenza de' suoi golf. – Io cattivo! e perché?, – si meravigliò l'elegantissimo, trascuratamente compiaciuto della propria eleganza. – Perché dice delle cose cattive... –; – ...Come? È una cosa cattiva dire che la mamma di questo Elio ha una pensione?... Ottocentotrenta lire al mese? Vorrei averla io, scusi tanto!... –; – A lei non gliela daranno mai! non la merita!... –; –Sfido io! se per averla bisogna morire squartati... –; – Oh ma quel Carlo!... –, si scandalizzavano le belle, in un impeto di segreta ammirazione per l'impomatato. Teresa intermise esterrefatta il lavoro: tacque il fecondo balbettío degli uncini: – Mangi un marron glacé e stia zitto! Mi faccia il piacere di star zitto! – E con occhi appassionati, mentre il gomitolo soffice rotolava lontano, mise davvero il piú bel marron glacé nella bocca dell'ammonito, che si spalancò pronta, rivelando la bianca corona dei denti e la lingua immobile. Gli occhi risfavillarono, prima di chiudersi lenti come in un languo-

---

[1] *sèriche*: di seta, cioè vestite con abiti di seta.
[2] *millecinquecento o duemila lire...*: le cifre rispecchiano il valore del denaro attorno al 1920-23, anni in cui è collocato il racconto.

re beato, e le guance si impegnarono súbito nel dilet-
toso tramestío: per ingollare quel po' po' di castagna
gli ci vollero davvero due buoni minuti, durante i quali ebbe modo di registrare con soddisfazione i successi
del suo raffinato discorrere.

Donna Carla, inseguito con una rapida occhiata il
suo migliore marron, pensò altrettanto rapidamente
(quando proprio lo vide spacciato dentro le fauci del
giovane), che quel bel tomo non avrebbe mai impal-
mato nessuna delle sue quattro figlie: era però un ragazzo magnifico, sicché donna Carla, razionalmente
indispettita, si sentí fisiologicamente soddisfatta di
quella cosí elegante deglutizione[1].

Nell'automobile del giovine milionario gli affitti
delle vedove «governative»[2] travasavano la benzina
apollinea[2] della spensieratezza: davanti a lui c'era la
Vita, le accecanti strade, qualche anitra è vero, ma poi
finalmente le Alpi fumanti di nuvole. C'era il tennis,
c'erano gli alberghi, nel di cui albo, sommessogli fra
reverenze di smoking, egli signorilmente inscriveva il
suo nome: Carlo Pistoni.

Luisa non s'era mai curata delle ferite di Elio, visibili od invisibili. Aveva ben altro da fare. Visitava certi
ospedali, cuoceva certe polpette, interpretava certo
Beethoven; frequentava la «Scuola superiore delle
massaie» in Santa Maria Fulcorina e vi aveva raggiunto, senza difficoltà, la libera docenza. La sua saggezza
casalinga era discesa diritta dalla saggezza de' suoi genitori e degli avi. E forse tra gli antenati dei Ghiringhelli c'era anche Giovannin Bongée[3]. Se pur incon-
sciamente, Elio aveva registrato con acume i «rifles-

---

[1] *elegante deglutizione*: modo elegante di inghiottire il dolce.
[2] *apollinea*: luminosa, gioiosa.
[3] *Giovannin Bongée*: tipico popolano milanese, personaggio del poe-
ta Carlo Porta.

si» della sua cara fidanzata: questi riflessi egli li aveva stranamente associati all'idea di un educandato modello.

La signorina perfetta, quella che avrebbe dovuto cader preda esemplare delle sue «attenzioni» in ogni notte d'amore, egli la vedeva ora con un colletto alto, severo, nelle corsíe d'una clinica pediatrica, propinare medicine inappuntabili a dei poveri esseri pieni di irregolarità vomitive e dissenteriche: con una gran forza nell'animo, con una luce fredda negli occhi. Pensando a Luisa, Elio, chissà perché, vedeva dei pavimenti tersissimi, un giorno chiaro ed eguale da ampie vetrate; e immaginava risuonarvi solenne il verbo di un pedagogista termometrico[1]. Suo suocero, caustico come un disoccupato, disprezzava i meridionali e i funzionari del Regno: Luisa invece gli faceva venire in mente il linòleum, il nichelio di cucina, il ferro elettrico e una limonata dei Quattro Cantoni, estremamente calviniana[2], senza il piú piccolo seme, con pochissimo zucchero.

Egli sentí, spoletano, che preferiva il vino d'Orvieto. Voleva dei canonici roboanti per le sue nozze, seduti comodi negli stalli d'un vecchio coro di noce intarsiato; voleva il vescovo mitrato ed aurato, con una luce di ametista[3] dalla benedicente mano. Voleva, nell'abside[4], dei diavoli nerastri dalle ali di pipistrello, che svolazzassero verso l'inferno sulfúreo; con zanne di cinghiale nel sinistro ghigno, con i corni a cavatappi. E in groppa al piú cane, con funeste mammelle, la peccatrice nuda, angosciata, bianca.

[1] *pedagogista termometrico*: medico che insegna alle infermiere.
[2] *calviniana*: molto aspra, come se fosse una seguace di Calvino, severo pensatore e riformatore svizzero del '500.
[3] *ametista*: pietra preziosa che spesso adorna gli anelli delle alte autorità ecclesiastiche.
[4] *abside*: parte di una chiesa posta dietro all'altare, spesso decorata con affreschi o mosaici.

La penna d'oro... voleva scrivere all'assessore Raspagnotti che poteva risparmiarsi il disturbo.

Elio sognava di dire «dioboia» tutte le volte che aveva la luna in traverso e di andare alla Messa corta, alle otto. Ma, poi, la pazienza tornava. Il tenace affetto de' suoi suoceri lo avrebbe saputo sorreggere nel difficile cammino della vita; i sani principii avrebbero trionfato d'ogni inconsistente capriccio, d'ogni disordinato impulso.

«Pochissimo zucchero!», ecco la base granitica della famiglia e della società, contro il cartello[1] delle raffinerie. I semi levarli, uno a uno, dalla limonata. E lui si sarebbe emendato[2], ne era certo: già le zuccheriere di casa, ammirate, si congratulavano con un elogio muto, vecchie zie senza manico.

Egli vedeva, accanto a Luisa, la sua vita; ci sarebbe stato il pranzo: un dolce rimprovero, per il ritardo, un rimprovero dolce, per l'anticipo: una guardata rapida, in traverso, all'orologio alto di sala; ci sarebbe stato il bacio, un bacio castissimo, al marmo di Carrara. E cosí per sempre, per tutta la vita. Una vita entusiasta dei châlets, del lago di Lucerna, del lago di Ginevra, dei pelapatate automatici. Una vita drappeggiata di linòleum, risfolgorata di nichelio. Con dei libri francesi della riva calviniana e con l'Imitazione di Cristo[3] rilegata in marocchino color cioccolatto. E un'audace punta verso i regni dei rèprobi, rappresentata da Max Nordau e da Romain Rolland[4].

Il ritratto dell'allampanato colonnello di quota 960,

---

[1] *cartello*: unione di industrie attive nel medesimo settore produttivo.
[2] *emendato*: corretto.
[3] *Imitazione di Cristo*: libro di meditazione religiosa.
[4] *Max Nordau e Romain Rolland*: famosi scrittori dell'inizio di questo secolo.

al confronto con gli sviluppi puberali di Jean Christophe[1], doveva fare una ben magra figura...

Il ritratto del povero papà!... Quota 960... una domanda in carta semplice, un atto di notorietà in triplice copia... una pensione a «una vecchia che rammendava le calze».

«Papà, mamma!»; a Elio gli pareva di singhiozzare, come sogliono i fanciulli soli.

Elio, il giorno di Sant'Anastasia, incontrò la zia Brigida e la zia Peppa, giusto in Santa Maria Fulcorina, Era la prima volta, dopo tanti anni, che i pulcini, le ova sode e gli augurii calligrafici avevano fatto cilecca[2]. Le zie si scusarono: – Non è stata una dimenticanza, Elio mio, lo avrai capito anche tu, anche la tua mamma... – Siamo proprio rimaste di sasso... Ma speriamo che tu trovi presto chi... chi... ti sappia comprendere... apprezzare...

Allegre e bianche nuvole trasvolàvano nel cielo di aprile e saettanti rondini le divanzavano; intanto le perfezioni degli umani cuocevano a bagno-maria, protette da Santa Maria Fulcorina.

(da C. E. Gadda, *Romanzi e racconti, vol.* I, Garzanti, Milano)

---

[1] *Jean Christophe*: personaggio di un'opera dello scrittore francese Romain Rolland.
[2] *avevano fatto cilecca*: non erano arrivati.

Catastrofi e non
nella vita naturale dell'uomo

L'uomo alto ed elegante, in una divisa grigio fumo di Londra, teneva la mano guantata di nero appoggiata delicatamente alla maniglia posteriore dell'automobile, una Mercedes blu. A Giulio Gardini piaceva il suo lavoro di autista. Era una giornata d'ottobre, il cielo aveva lo stesso colore dell'asfalto, l'estate poteva essere finita da un giorno come da un anno. Con un sospiro guardò per l'ennesima volta verso la porta a vetri ma vide solo il portiere dello stabile, che leggeva *La Gazzetta dello Sport*.

La Signora era in ritardo. Per la prima volta, non ricordava lo fosse mai stata in quindici anni. Erano le cinque e sette minuti, avrebbe dovuto essere già scesa da venti minuti, la prova della sfilata era stata fissata per le cinque. L'uomo spostò il peso dal piede destro a quello sinistro domandandosi se non era il caso di chiamare al citofono la governante, per sapere cosa stava succedendo. Le finestre dell'appartamento, al secondo piano della casa bianca anni '30[1], erano oscurate dalle tende di velluto verde e l'interno dell'appartamento era completamente invisibile. Cesare, il portiere, teneva sempre la testa affondata nel giornale, questo significava che i due ascensori non erano in funzione. Il telefono, in macchina, emise il suo fasti-

---

[1] *casa... anni '30*: casa costruita nello stile in voga intorno al 1930.

dioso ziip; mentre apriva lo sportello anteriore per rispondere, Giulio diede una testata contro la parte superiore della macchina, disse un – Pronto – con la voce leggermente alterata dal dolore.

– Pronto, Giulio, ma la Signora cosa fa? Il suo telefono è occupato e qui tutti la stanno aspettando. Vada su a vedere cosa sta succedendo.

La voce di Arabella Arti, quando era agitata, diventava particolarmente acuta.

– Adesso salgo, signora Arabella, sono preoccupato anch'io, – rispose Giulio staccando leggermente la cornetta del telefono dall'orecchio.

La spia dell'ascensore era rossa, forse era lei, pensò Giulio schiacciando contemporaneamente il pulsante di chiamata dell'altro ascensore.

Lo era. La Signora uscì in fretta, intorno una nuvola di leggero profumo; per antiche civetterie non usava mai quello che portava il suo nome, ma una vecchia colonia francese, Shalimar. Quel profumo aveva su Giulio un potere calmante come di qualcosa conosciuto da sempre.

– Giulio, siamo in un ritardo terribile. Speriamo di non trovare troppo traffico!

L'autista stentava a seguire il suo passo più veloce del solito; per aprirle in tempo la portiera della macchina dovette quasi correre.

– Purtroppo, signora, il traffico sembra impazzito. Oggi specialmente... – Infilandosi rapidamente in macchina la Signora rispose a bassa voce come se stesse parlando a se stessa.

– Tutta colpa della moda e di noi straccivendoli. Follia, una strana follia che invade periodicamente la città...

Giulio si sentí improvvisamente agitato per gli avvenimenti inconsueti di quella strana giornata. Prima il ritardo clamoroso e poi quella frase a mezza voce cosí polemica e irritata; cercò di guardare negli occhi la Signora attraverso lo specchietto retrovisore, ma lei si era nascosta dietro gli occhiali neri.

La città era assolutamente anonima[1], malgrado le figure colorate e insolite che l'attraversavano, il traffico era congestionato. Molti taxi gialli erano anch'essi imprigionati in una lunga colonna davanti a un semaforo rosso, le facce dei taxisti attraversate da lampi omicidi.

– Se continua cosí arriveremo domani, maledizione!

L'autista si strinse leggermente nelle spalle, dal tintinnio proveniente dal sedile posteriore capiva che la signora giocherellava con le catene che portava al collo, un'abitudine di quando era particolarmente nervosa. Mormorò un – Mi dispiace, ma non posso farci niente – e per distrarsi dal tormento di quel semaforo cosí ostinatamente rosso osservava dei manifesti pubblicitari, che fasciavano come un assurdo e scoordinato vestito un grande palazzo in ristrutturazione. Uno in particolare attrasse la sua attenzione, non per le dimensioni o i colori, era in bianco e nero e abbastanza piccolo, ma per via della strana scritta sovrastante un animale preistorico: «Catastrofi e non nella vita naturale dell'uomo».

– Giulio, cosa fa? dorme? Non vede che il semaforo è verde?

Sbuffando impercettibilmente, come il suo guidatore, la macchina blu si mosse con un leggero ritardo, seguendo il fiume del traffico che sembrava dirigersi verso un'unica destinazione.

– Finalmente siamo arrivati, Signora, meglio tardi, che mai!

– Sí, lo vedo.

[1] *anonima*: senza caratteristiche particolari, uguale a tante altre città.

Il piccolo palazzo giallo e grigio rettangolare, disteso di fronte ai Giardini Pubblici della sua città elettiva[1], solitamente dava alla Signora una sensazione di calme certezze, ma in quel pomeriggio autunnale una vaga inquietudine l'assalí senza ragione apparente. Aprí da sola lo sportello della macchina, senza attendere Giulio, com'era solita fare.

Lui avvertí messaggi di imminenti temporali, anche in assenza di tuoni e rumori, gli bastò osservare il passo della Signora, mentre si avviava verso il portone di ingresso, nero, lucido e un po' misterioso.

– Cosa diavolo fanno al centralino, stanno dormendo? – La Signora premeva con forza il pulsante del citofono con la sua iniziale, mentre si dondolava nervosamente da un piede all'altro.

Quando la vide entrare impetuosamente attraverso il piccolo portone di ingresso, Giulio scivolò silenziosamente in macchina per andare a parcheggiare.

Il parcheggio riservato era assolutamente deserto, i camion, pieni di vestiti, avrebbero dovuto essere già lí da un pezzo, pensò Giulio allarmato, sicuramente era successo qualcosa.

Tornando lentamente sui suoi passi verso l'ingresso della ditta, si scontrò con una modella ritardataria. L'autista non riuscí a fare a meno di seguirla con lo sguardo mentre correva con una falcata da ghepardo trascinandosi dietro un bambino di circa tre anni.

La Signora, quando Giulio entrò senza far rumore nel grande spazio nero e grigio dove avvenivano le sfilate di moda, era già seduta in prima fila accerchiata dai suoi assistenti.

– Bene. Possiamo incominciare. Teo scusa per il ritardo, ma c'era un traffico tremendo.

Teo Taschi, il regista della sfilata, si vestiva sempre

---

[1] *città elettiva*: città in cui aveva scelto di vivere pur essendo nata altrove.

in un modo molto ricercato, era, a volte, un insieme di beige chiari per arrivare a un bianco panna di una sciarpa buttata a caso sulle spalle, il colore dei capelli piú lunghi che corti si confondeva con quello degli abiti.

– Cara, potremmo anche, se ci fossero i vestiti, ma non sono ancora arrivati, quindi siamo qui a guardare per aria...

Il silenzio totale, che per un attimo riempí il grande spazio, dava la stessa sensazione di paura di un'esplosione.

– Bene, molto bene, mi sembra perfetto. Dov'è Chiara?

La Signora si era girata verso Arabella fulminandola con lo sguardo.

– Di là in backstage[1] con le modelle. Ho già chiamato due volte in stabilimento, i vestiti stanno arrivando.

– Stanno arrivando, semmai dovevano essere già qui, e da stamattina. Vado di là a vedere.

A lunghi passi, da ragazza arrabbiata, la Signora sparí inghiottita dal buio di una quinta in fondo al teatro.

In backstage c'era una grande confusione, le modelle, avvolte da grandi kimoni bianchi e neri chiacchieravano del piú e del meno, fumando, indifferenti per il ritardo.

Il disordine sparso con cui erano sedute irritò ulteriormente la Signora, erano sedute a spina di pesce, ma di un pesce con gravi problemi di colonna vertebrale. Tazzine e bicchieri ovunque sulle mensole davanti ai grandi specchi riflettevano volti perfettamente truccati, senza apparenti ombre esistenziali[2] e privi di rughe, cosí totalmente, da sembrare solo disegnati con colori acrilici.

---

[1] *backstage*: parte del palco dietro le quinte. In inglese.
[2] *esistenziali*: prodotte dai problemi della vita.

Chiara in piedi in mezzo a loro sembrò alla Signora piú pallida e fragile del solito, le vestiariste[1] schierate davanti agli stand vuoti erano un esercito di veterani disoccupati e la guardarono con aria smarrita e interrogativa.

– Vi sarete senz'altro accorti tutti che non ci sono i vestiti, pare stiano per arrivare. Fino a che ora, Chiara, abbiamo le modelle? Sei pallida, ti senti bene?

– Credo ancora per un'ora, poi hanno un'altra prova...

– Credo, cosa vuol dire credo, qui nessuno sa mai niente. La Riffi dov'è, maledizione...

– La maggior parte deve andare via fra un'ora, ma una decina di ragazze dovrebbero restare, Signora. Il problema è...

– Lo so io qual è il problema, che qui non funziona mai niente, come facciamo a fare la prova solo con dieci ragazze? Nemmeno fossero dei trasformisti come Brachetti. Vado di là a chiamare in stabilimento.

Nello spazio buio, a parte la passerella illuminata e vuota, nessuno parlava, tutti guardavano preoccupati la quinta da dove la Signora era sparita. Il direttore dello stabilimento si materializzò[2] di colpo nell'oscurità, aveva la cravatta allentata e due profonde occhiaie scure.

– La Signora, dov'è? Non è ancora arrivata? – domandò con un filo di speranza nella voce.

– Certo che è arrivata, ed è inutile che ti descriva lo stato in cui è, Giorgio, ma dov'eri? – Arabella Arti era agitatissima.

– Non farmi domande idiote, Arabella, ero per la strada. Dallo stabilimento siamo partiti in ritardo, per via delle modifiche, poi un traffico bestiale...

– Ah! Sei qui! – La Signora, di colpo era riapparsa

---

[1] *vestiariste*: addette alla rifinitura dei vestiti.
[2] *si materializzò*: apparve all'improvviso.

alle spalle di Giorgio Gatz. Il direttore stava per scusarsi, ma lei lo precedette furibonda.

– Non dirmi niente Giorgio, altrimenti ti strozzo. Faremo i conti domani!

Teo Taschi, che era rimasto seduto, immobile sulla passerella, guardando nervosamente l'orologio, disse rivolto genericamente al buio nel fondo della sala:

– Possiamo incominciare? Perché io fra poco ho un'altra prova.

La Signora si lasciò cadere su una sedia.

– Sí, Teo, certo! – mentre lo diceva iniziò a intrecciare fra loro nervosamente le due catene che aveva al collo.

– Arabella dammi il microfono, per favore. – Le mani di Arabella tremavano leggermente mentre cercava l'interruttore per accendere il microfono direzionale.

– Via con la musica, per favore.

Il volume troppo alto, fece sobbalzare tutti. Un urlo sibilato nel microfono simile al ruggito di un leone interruppe immediatamente la registrazione.

Chiara era uscita dal backstage e, correndo, si era avvicinata ad Arabella per sussurrarle qualcosa nell'orecchio, risparendo, poi, velocemente dietro la quinta.

Arabella si girò verso Cristina, la sua segretaria, dicendo, sempre piú agitata, a bassa voce perché la Signora non sentisse:

– Le vestiariste sono andate via tutte, a un'altra prova. È rimasta solo la première[1] dello stabilimento, e adesso cosa si fa?

– Andiamo noi – rispose Cristina, che non si scoraggiava facilmente.

Cercando di non attirare troppo l'attenzione della

---

[1] *première*: la prima, cioè la direttrice delle vestiariste. In francese.

Signora le dieci persone presenti in sala si diressero in fila indiana verso il backstage.

Chiara, sempre piú pallida, cercava di dirigere la difficile vestizione delle modelle.

– Cristina tu vesti Sharon, Adriana e Lucina. Hanno rispettivamente l'uscita A1, A2 e A3...

– Chiara guarda è inutile, su trenta ragazze venti devono andar via...

Renata Riffi si era lasciata cadere distrutta su una sedia e guardava sconsolata gli stand con appesi i vestiti.

– E adesso chi va a dirglielo? – Chiara parlava piú a se stessa che agli altri.

– Vado io, Chiara, non preoccuparti. La sfilata verrà bene anche senza prova, non è colpa di nessuno, vedrai, domani funzionerà tutto come sempre.

Cristina, a passi un po' incerti, tornò in sala.

– Signora, mi dispiace, ma le modelle sono andate via quasi tutte e quindi non possiamo provare.

– Magnifico! – La Signora rimase immobile sulla sedia fissando un punto imprecisato della passerella inutilmente illuminata.

– Vado anch'io. Sono già in ritardo –. Teo Taschi si era infilato un grande spolverino bianco ed era uscito facendo un generico saluto con la mano.

Tutti cercavano di allontanarsi, passando il piú possibile inosservati. La Signora respirò profondamente per cercare di calmarsi, meccanicamente aprí la borsa cercando un cioccolatino.

Giulio, in piedi, appoggiato alla parete, si tormentava un lembo della giacca.

Il bambino visto da Giulio appeso alla mano della modella ritardataria, apparve di colpo in fondo alla passerella; giocava con una piccola automobile rossa, indifferente all'atmosfera carica di tensione. Arrivato alla fine della passerella si trovò di fronte alla Signora.

– Vuoi un cioccolatino? Di chi sei figlio tu?

– Di mia mamma.

Il bambino scartava con calma il cioccolatino. Gli occhi azzurri della Signora brillarono per un attimo, mentre scoppiava a ridere.

– Lo so, ma la tua mamma come si chiama?

– Adriana. È molto bella e fa la modella. Adesso è di là, ma tra poco andiamo a casa.

All'improvviso la Signora capí quello che aveva veramente voglia di fare.

– Giulio, possiamo andare anche noi, tanto per questa sera non si può far piú niente.

La strada era spazzata da un vento leggero, la Signora rabbrividí appena mentre saliva in macchina stringendosi l'impermeabile alla vita. Per una volta, pensò, avrebbero dovuto cavarsela senza di lei.

– Andiamo a casa, Signora?

– No, Giulio. Stacchi il telefono e mi porti all'aeroporto. Ho pensato di prendermi una vacanza.

(da AA.VV., *Racconta*, La Tartaruga, Milano)

Thrilling

Mezzo miliardo in una borsa

– Perché non ci ha avvertiti subito e ha aspettato tanto tempo?

Teneva la testa bassa e ricordava ad Ambrosio[1] una ragazzina un po' discola sgridata dal padre.

– Lo so bene, è la solita storia, le avranno detto di non avvertirc la polizia.

Lei mosse la testa, alzò gli occhi azzurri che davano al suo volto un che di infantile, anche se le forme del corpo erano appariscenti, e la voce restava sui toni bassi, una voce da fumatrice senza ritegno, e infatti teneva tra l'indice e il medio una Marlboro che aspirava in silenzio con una sorta di godimento che accentuò in Ambrosio il proposito, mai messo in pratica, di smetterla una buona volta di fumare.

– Suo marito manca da casa esattamente da giovedí scorso. Dico bene? – e intanto guardava il calendario e segnava la data su un taccuino che teneva sempre a portata di mano.

– Doveva rientrare venerdí sera – disse la donna – invece non è tornato a casa neppure sabato, come avevo supposto.

– Che cosa pensava fosse accaduto?

– Di questi tempi è facile che i nostri programmi

---

[1] *Ambrosio*: è un commissario di polizia, protagonista di tutti i racconti di Renato Olivieri.

vengano sconvolti da scioperi improvvisi, da contrattempi vari, da appuntamenti rimandati. Non era la prima volta che Eugenio tardava a rientrare.

– Da quanti anni siete sposati?

– Sei. Però... non siamo sposati –. Schiacciò il mozzicone della sigaretta nel posacenere e Ambrosio pensò che il gesto denotava ansia e anche una certa dose di risolutezza.

– Stiamo insieme da sei anni, da quando cioè Eugenio ha lasciato la sua casa di via Ariberto ed è venuto ad abitare con me.

– Sua moglie ha avuto qualcosa da ridire? – chiese Ambrosio, cercando di apparire del tutto sprovvisto d'ironia.

– Lei lo tormentava da anni, continuava a lamentarsi che guadagnava poco, che avevano i soldi contati, che doveva accontentarsi di girare in autobus, lei che era figlia di un proprietario terriero, sia pure depauperato[1] dalle vicende belliche, e suo padre possedeva un'automobile già nel 1929. Una donna detestabile.

– Dunque Eugenio era venuto a stare con lei in via Vivaio.

– No, non in via Vivaio, allora abitavo ancora in via Ponzio, vicino alla piscina. È stato dopo, con i primi soldi che abbiamo guadagnato insieme, che decidemmo di comprare un appartamento in centro. Tre anni fa, per l'esattezza.

– Lavoravate insieme... scusi, signora, ma che cosa facevate?

– È semplice, commissario. Io sono una donna che possiede un certo, come posso dire?, un certo estro, ho avuto sempre la manìa delle case, cosí ho frequentato un corso di arti applicate, mi sono diplomata, ho lavorato con una società immobiliare. Loro volevano

---

[1] *depauperato*: impoverito.

che certi appartamenti da vendere fossero presentati ai potenziali[1] clienti in una maniera adeguata... cioè con la moquette giusta, la cucina già allestita, il caminetto, insomma con tutte quelle cose che fanno impazzire le signore, e cosí poi l'affare si combina meglio. Ha capito, commissario?

– Per tornare a noi: che cosa facevate insieme lei ed Eugenio? Che tipo di lavoro?

– Semplice: trovavamo vecchie soffitte, alloggetti scombinati in case di ringhiera, vecchie topaie da quattro soldi, li facevamo ristrutturare, li rinfrescavamo, sceglievamo con accortezza alcuni accessori che impressionano la gente, e infine li vendevamo.

– Che cos'erano questi... accessori?

– Le luci incassate, il videocitofono, l'impianto elettrico con il salvavita, un vaso di azalee sul balcone della cucina.

– Occorrevano dei soldi, suppongo, per comprare gli alloggi da sistemare.

– In principio ci siamo arrangiati.

– In che senso?

– Abbiamo chiesto dei prestiti alla banca, avevo qualche risparmio, ed Eugenio...

– Eugenio?

– ...all'inizio aveva chiesto qualcosa alla moglie, che possedeva ancora qualche terreno qui vicino, a Lodi, con la scusa che voleva abbandonare l'impiego poco remunerativo e darsi agli affari, senza dirle però che lavorava con me, si capisce.

– Come mai?

– Era gelosa, la vecchia gallina –. Lo diceva con astio; come se trovasse assurdo che una moglie avesse qualcosa da ridire se lei, donna di gusto, le sottraeva il marito.

[1] *potenziali*: possibili.

183

– Tuttavia Eugenio, ottenuto il prestito dalla moglie, si mise con lei.

– Non subito, dopo qualche tempo, quando cominciammo a guadagnare e quando riuscimmo a pagare i primi debiti, quello con Luisa, soprattutto.

– Luisa?

– La moglie di Eugenio. Insomma, dopo un paio di anni, avevamo da parte una bella sommetta. In pratica raddoppiavamo il valore degli immobili. Erano anche tempi buoni, e poi quello che contava era lo spettacolo, la gente non ha immaginazione.

– Lo spettacolo?

– Sí, commissario; quando lei entra in una casa e la vede sporca, con i soffitti grigi, i pavimenti di mattonelle vecchie, con ignobili croste alle pareti, il vasetto con il ramo di ulivo sulla credenza, che cosa prova? Smarrimento, malinconia, non le pare? Se invece le pareti sono luminose, i pavimenti brillano, si sente un buon odore di vernice, le maniglie delle porte sono solide e le porte chiudono come quelle di una Rolls Royce, allora... allora le viene voglia, una voglia insopprimibile di averla, quella casa. Non ho ragione, commissario?

Ambrosio fu costretto a dire di sí, e si convinse inoltre che la signora aveva una qualità abbastanza rara: quella di saper vendere, una vera autentica imbonitrice[1], si disse, osservandola con maggiore attenzione.

– Che cosa accadde quando Eugenio abbandonò la moglie?

– Luisa cominciò a tempestarlo di telegrammi.

– Telegrammi?

– Non è assurdo? Da principio telegrammi patetici. *Medico diagnosticato grave affezione renale stop entro ospedale Niguarda stop attendo tua visita.* Oppure: *Situazione economica insostenibile stop occorronmi soldi*

[1] *imbonitrice*: che sa convincere i clienti.

184

al piú presto stop indispensabile vederci domani, e via discorrendo. Una vera tortura, commissario. Finita l'era dei telegrammi è cominciata quella delle lettere anonime condite di minacce non tanto velate.

– Scusi, ma se erano anonime come facevate a stabilire che provenivano tassativamente da lei, che Luisa era cioè la vera mittente di quelle missive?

La donna sorrise accendendosi un'altra sigaretta.

– Sa che cosa dicevano quelle lettere? Frasi di questo genere: *Sarai punito per i tuoi peccati. Ma non solo dal Padreterno, anche dalla Tributaria*[1].

Tacque e si passò una mano sui capelli che aveva lunghi, di un castano scuro.

– Mi dica, adesso: la prima telefonata dopo la scomparsa di Eugenio, quando l'ha ricevuta?

– Domenica mattina, alle nove e un quarto.

– La voce?

– Mi è parsa la voce di una donna giovane che mi ha detto di non temere, Eugenio stava bene, e che avrei avuto presto altre sue notizie. Ho tentato di sapere qualcosa di più, ma la comunicazione è stata interrotta!

– E poi, quando le hanno telefonato?

– Ventiquattro ore più tardi, il lunedì mattina. Però questa volta è stato un uomo a dirmi che Eugenio stava bene e che se lo rivolevo vivo e vegeto non dovevo avvertire la polizia e dovevo preparare una certa sommetta. Disse proprio cosí: sommetta.

– Quanto? – chiese Ambrosio, fissandola.

– Cinquecento milioni.

– Mezzo miliardo – ripeté Ambrosio, come fosse soprappensiero.

– Sí, un bel problema. In banca avevamo duecento

---

[1] *Tributaria*: polizia addetta a tutte le operazioni che riguardano il pagamento delle tasse e, in maniera particolare, alla repressione delle evasioni fiscali.

milioni, piú o meno... poi c'erano circa duecento milioni che dovevo incassare da un cliente cui avevo venduto un appartamento di tre locali al Vigentino...

— Fanno quattrocento milioni.

— Penso di vendere tre quadri che valgono circa una sessantina di milioni...

– Che quadri? – chiese Ambrosio incuriosito.

Lei lo guardò, pareva sorpresa: – Un quadro di Cassinari, dei girasoli di Morlotti, una montagna di Sironi, che avevo comprato con i miei primi guadagni; ma i quadri, per venderli bene, hanno bisogno di tempi lunghi, lei lo sa meglio di me.

— Mancano dunque un centinaio di milioni disse Ambrosio.

— Chiederò un prestito alla banca, non so ancora bene... potrei vendere l'appartamento di via Vivaio, vale parecchio, ma... come faccio con cosí poco tempo davanti?

— Mi racconti con calma che cosa è accaduto martedí, e poi mercoledí e giovedí. Oggi è venerdí, signora, ed Eugenio manca da casa da otto giorni.

— Martedí non ha telefonato nessuno, non sono riuscita a dormire. Tutta la notte sveglia con l'idea che avrebbero chiamato, invece... la mattina sono stata in banca e ho raccolto la somma in biglietti da cinquantamila, poi ho telefonato al cliente che mi ha promesso la somma pattuita per... per oggi pomeriggio, sempre in biglietti da cinquantamila, poi ho parlato con un mercante di quadri che conosco e che è disposto, tenendosi i quadri in garanzia, a darmi una cinquantina di milioni. Mercoledí ha telefonato la donna e mi ha chiesto a che punto stavano le cose. Le ho ripetuto che la somma non era facile da racimolare, avevo bisogno di qualche altro giorno e che... lei ha abbassato il telefono, lasciandomi lí come un'allocca, commissario, finché ieri mattina ha chiamato Eugenio... sí, Eugenio... con una voce bassa, come se parlasse dal fondo di un pozzo. Non so, una voce strana, mi ha detto soltanto: fai quello che ti hanno ordinato, per carità, metti tutto in una borsa da viaggio, quella di tela. Fai come vogliono loro.

– E poi? – chiese Ambrosio, pensando che era il caso ormai di accendersi una sigaretta. Lei non disse nulla, pareva distratta.

– La casa di via Vivaio è sua?

– Sí, è intestata a me, perché è stata comprata in gran parte con i soldi dell'alloggio di via Ponzio.

– Si vende facilmente una casa in via Vivaio?

– Il posto è splendido, al centro di Milano, a due passi da corso Venezia, vale molto, nonostante sia un appartamento di tre locali.

– Ha avuto l'idea di venderlo sul serio? – chiese Ambrosio accendendosi la sigaretta. Guardò la sigaretta e guardò lei, la signora, che si era tolta l'impermeabile e indossava un tailleur di lana leggera blu con una spilla sul risvolto della giacca a forma di àncora, che brillava quando lei si voltava verso la finestra e cercava il posacenere, che Ambrosio spostò verso il centro della scrivania in modo fosse piú comodo per tutti e due.

– Sarò sincera: ho qualche dubbio al riguardo. Preferirei farcela senza doverlo vendere, ha capito? In fondo è la cosa cui tengo di piú. È mio. È fatto come desideravo io. Un gioiello, le dico, un piccolo gioiello.

– Dopo la telefonata di Eugenio, che cosa è accaduto?

– Ecco, lui ha chiamato la mattina, subito dopo le nove, come al solito. Alle sette di sera ho avuto la telefonata dell'uomo che mi ha convinta a prendere una decisione... definitiva, cioè a... – si passò una mano sulla fronte, chiuse per un attimo gli occhi c sospirando proseguí: – ...a chiamare lei, commissario, a raccontarle tutto, a chiederle aiuto, consiglio.

– Che cosa le ha detto quell'uomo? Su, non abbia timore, mi deve dire ogni particolare, anche il piú piccolo dettaglio.

– Sí – mormorò lei. – Mi ha detto di mettere in una borsa di tela l'intera somma in banconote da cinquantamila, di andare in un bar di via Anfossi, e di aspettare lí.

– Quando?

– Domani mattina, alle nove.

– Le hanno detto che cosa avrebbero fatto a lui, a Eugenio, se non avesse obbedito?

– No, commissario. Ma credo che lo uccideranno.

– Lo crede sul serio?

– Sí. O meglio, a dirle tutta la verità, ho sempre pensato che si sarebbero accontentati anche di una somma inferiore a quella che mi hanno chiesto.

– Perché non ha dato loro i quattrocento milioni che poteva raccogliere con facilità, senza troppi problemi, voglio dire, e basta. La polizia non sapeva niente, Eugenio tornava a casa e...

– Perché ho avuto paura, che forse quattrocento milioni non bastavano, quelli se li sarebbero tenuti e non avrebbero liberato Eugenio; magari per punirmi avrebbero aumentato le loro pretese, cosí avrei dovuto vendere il mio appartamento di via Vivaio, i quadri e... – si toccò l'anello che teneva all'anulare sinistro al posto della vera, era uno zaffiro piuttosto appariscente.

– Sa che cosa faremo? – disse Ambrosio.

Lei scosse la testa.

– Domattina lei andrà con la borsa in quel bar.

– E poi?

– Farà esattamente ciò che le diranno. Esattamente. Siamo intesi?

188

– Che cosa metto nella borsa?

– Quello che riesce a trovare.

– Anche quattrocentocinquanta milioni?

– Anche.

– Va bene – disse la donna, accendendosi un'altra sigaretta. L'àncora sul risvolto del tailleur poteva valere, se i rubini erano autentici, almeno alcuni milioni, calcolò con senso pratico Ambrosio, cioè il dito mignolo del povero Eugenio.

Era una mattina di primavera, con un cielo senza nuvole salvo, in alto, alcuni cirri, come li chiamano i meteorologi, e c'era sentore di erba perché nel parco vicino – con la Palazzina liberty – alcuni giardinieri sistemavano a nuovo i prati, e Ambrosio aveva voglia di un caffè, un po' abbondante, e di una brioche con la marmellata di albicocche. Cosí entrò nel bar – che era anche tabaccheria – luminoso, pulito, le vetrinette piene di accendini d'oro e d'argento, piacevoli da guardare, le forme studiate con astuzia da stilisti che avevano, pensò Ambrosio, gli stessi concetti della signora quando trasformava le vecchie soffitte per i suoi clienti.

La signora era seduta a un tavolino, leggeva il giornale, beveva a piccoli sorsi un tè al limone.

Alle nove e cinque minuti squillò il telefono del bar e la signora fu chiamata dal proprietario, che aveva un'aria distinta, e indossava sotto la giacca fumo di Londra un gilet da gentleman.

La signora ascoltò per meno di un minuto quel che le dicevano al telefono, pagò il conto, uscí dal locale con il suo impermeabile chiaro, e salí su un'auto di piccola cilindrata, color acciaio, che aveva posteggiato in via Anfossi, accanto a una scuola materna.

Inutile aggiungere che il commissario la seguí. E che un'altra automobile seguí il commissario.

La basilica di San Nazaro, in corso di Porta Romana, aveva una solennità serena. Ambrosio ricordava una messa di mezzanotte, tanti anni prima, quando aveva ancora qualche piccola illusione per la testa.

La signora posteggiò l'auto accanto all'abside[1] della chiesa, e anche Ambrosio, un poco piú in là.

Lei entrò da una porta secondaria.

Una coppia di giovani, che parevano in procinto di sposarsi, entrarono subito dopo, ridendo, come sanno ridere quelli che hanno davanti a loro anni e anni di vita, suppongono, senza troppi guai.

La signora rimase in San Nazaro tre minuti. Il tempo di avvicinarsi alla navata di sinistra, di sedersi su una panca per dire una preghiera, di farsi il segno della croce, e di incamminarsi verso la porta principale che ha una specie di atrio a cupola con le urne dei beati, in alto, verso la luce. Uscí nel sole di marzo, tra il rumore del traffico che, all'improvviso, si era fatto fastidioso dopo quella straordinaria pace, che sapeva dare anche ai non credenti un certo sollievo.

I due giovani, che si tenevano per mano, in fondo alla chiesa, e si sussurravano all'orecchio parole d'amore, almeno pareva, si alzarono di scatto e corsero rapidi verso la suorina che aveva afferrato la borsa di tela blu e che stava allontanandosi dall'uscita secondaria.

La suorina era sposata da quindici anni.

Sposata in chiesa con Eugenio Dolcemascolo, di anni 43, impiegato di avvenire incerto, e abbandonata per passione amorosa di un'altra donna. Ma, dopo sei anni di relazione intensa, il Dolcemascolo – avrebbe scritto l'ispettore De Luca sul rapporto – pentito di tutto, anche di dover lavorare, a suo dire, come uno

---

[1] *abside*: parte posteriore di una chiesa, situata dietro l'altare.

schiavo, si era infine accordato con la moglie per raccogliere la somma di cinquecento milioni, bastevoli
per rifarsi insieme una vita, piú congeniale alla sua in-
dolenza senza rimedio, nelle lontanissime isole Mar-
chesi, in mezzo all'oceano Pacifico.

(da R. Olivieri, *Ambrosio indaga*, Rizzoli, Milano)

Un sospetto

Gigi è venuto a Milano per farmi gli auguri di Natale. E mi ha portato in regalo diverse cibarie, delizie genuine della campagna emiliana. Ma io volevo anche una storia.

Gigi, sorpreso della mia richiesta, è rimasto un momento senza parola, rialzandosi leggermente nel busto, e appoggiandosi alla spalliera della sedia, e socchiudendo leggermente gli occhi nei cerchi d'oro degli occhiali: come fa tutte le volte che, parlando con me, si sente a un tratto investito da qualche responsabilità. Oh, sono sempre cose « minime »: responsabilità ideali, per non dire addirittura immaginarie. Ma lui sa che io scrivo i suoi racconti: e ci tiene, prima di tutto, a essere serio, a essere sincero: questa, secondo lui, è l'unica maniera che ha di fare bella figura.

– Un racconto di Natale?... Proprio non so, non ricordo... – E appoggia il gomito sul tavolo, e comincia a grattarsi la nuca. Mi accorgo che è un po' invecchiato: il grigio biondo dei suoi capelli è schiarito, con qualche riflesso d'argento: e la fronte, pallida e scarna, pare d'alabastro. – Dovrei inventare, e i sun nen bun... non sono capace. A meno che... Non è una storia completa. Posso raccontarti quello che mi è successo, proprio durante le feste, qualche anno fa, quando sono andato a B., in montagna, a rimpiazzare per pochi giorni un collega, il maresciallo Quarati, che era in licenza... Non è una storia completa. È la relazione di quel poco, fortunatamente poco, che mi è successo... Fortunatamente perché il maresciallo è come il medico. Quando tutto va bene, lui è disoccupato. B., come sai, è un vecchio e grosso paese che è diventato un centro di prim'ordine per gli sport invernali: ed è anche un paese di frontiera. Chi ci ha più da fare, là, specialmente nella buona stagione, è la finanza. Ma noi: sia come sia, per quello che mi riguarda posso dire di avere passato un paio di settimane in perfetta tranquillità. L'unico incidente... be', è stato un caso strano: l'unico incidente, del resto lievissimo, e forse neppure degno del nome di incidente, mi è capitato la prima sera, poche ore dopo che ero arrivato.

– Avevo cenato in caserma col brigadiere, ed ero uscito a fare quattro passi. Conoscevo benissimo B., ma erano passati molti anni dall'ultima volta che c'ero stato. Insieme al brigadiere, un giretto a vedere le nuove costruzioni. Tra le pinete, in mezzo alle giàire[1] dei torrenti, sono venuti su, come funghi, veri e propri grattacieli! Era la settimana prima di Natale, ed era, se ben ricordo, un sabato sera. Sciatori e villeggianti invernali andavano su e giù per la lunga strada diritta, tra Borgovecchio e Borgonuovo, passeggiando e chiacchierando che pareva via Roma. A un certo momento, arriva uno di corsa, un ragazzino, e si rivolse al brigadiere: «Signor brigadiere, venga subito per piacere. Il mio padrone mi ha mandato a chiamarla se la trovavo. Si stanno picchiando proprio davanti al bar».

– In una via laterale, davanti al bar, c'era, infatti, radunata una piccola folla. Erano immobili e in cerchio, nascondendoci per il momento lo spettacolo a cui stavano assistendo. Ma non doveva essere niente di mol-

[1] *giàire*: rive sassose dei torrenti.

to grave, perché ridevano tutti, e, se devo dire, piuttosto sgangheratamente. «Qualche ubriaco», osservò il brigadiere, rassicurato. E dunque non ci affrettammo neppure. Ma quelle risate non mi piacevano: avevano un che di sinistro e di repugnante: come se avessi presentito ciò che, di lí a un momento, avrei visto con i miei occhi. Lo so, tu ti meraviglierai: un carabiniere incallito, come me, non può essere, certo, un campione di sensibilità. Il nostro mestiere, consideralo come vuoi, è un mestiere duro, con molti tratti necessariamente antipatici: e, molte volte, senza accorgercene, siamo duri noi. Ma esistono alcuni atti umani, che mi hanno fatto sempre andare in bestia: e che non esito a definire criminosi, anche se, codice alla mano[1], non siano, forse, nemmeno punibili: non siano, insomma, vere infrazioni alla legge. Il peggiore di tutti questi atti, secondo me, è quando alcuni individui, trovandosi insieme riuniti, si divertono e godono alle spalle di un loro simile che, in quel momento, dà spettacolo della propria sofferenza.

– Era cosí. Tutti ridevano vedendo due vecchi ubriachi, due spalatori di neve che erano venuti alle mani e lottavano disperatamente, coprendosi di insulti e di parole oscene. Cadevano e si rialzavano senza posa. Per fortuna la neve evitava che si facessero male. Uno dei due, piccolo, rosso in viso, coi grossi baffi bianchi tagliati a spazzola, piangeva forte, e interrompeva i singhiozzi soltanto per rispondere alle parolacce e alle percosse dell'avversario... Forse c'era davvero qualche cosa di comico, non so. Per me, lo spettacolo era penoso e indecoroso. Feci smettere immediatamente, e sciolsi il piccolo assembramento che si era formato. Non ricordo le parole esatte: so che rimproverai tutta quella gente, giovanotti e signorine

[1] *codice alla mano*: basandosi sul codice.

in vacanza e benestanti, ma cosí duri di cuore da non sentire, fino a quel momento, il dovere di intervenire. Vidi che i due poveracci sanguinavano tutti e due: forse qualche pietra in mezzo alla neve. Li feci accompagnare al pronto soccorso, da due militi che frattanto erano sopraggiunti.

– Il brigadiere mi spiegò che uno dei due vecchi era un siciliano, un bracciante che aveva lavorato nelle cave di serpentino fino a qualche anno prima, e poi era rimasto a B. vivendo di espedienti[1] e anche di carità. L'altro, invece, era, una volta, il portabagagli della stazione ferroviaria. Adesso era in pensione e se la passava piuttosto male: perché aveva il vizio del bere: e perché aveva una moglie che era un castigo di Dio, pettegola, prepotente, manesca, e ubriacona non meno di lui.

– Due o tre giorni dopo, ricevetti una lettera anonima cosí indirizzata: «Al nuovo maresciallo». Portava il timbro postale di un paese, che era a venti minuti di treno, nella stessa vallata. La lettera era scritta con parecchi errori di ortografia, e consisteva, praticamente, in una denuncia: secondo lo scrivente esisteva, a B., un delitto impunito: il signor Francesco Bonetto, gestore delle ferrovie allo scalo merci, aveva ucciso la moglie, qualche anno prima, dandole una spinta e facendola cadere in mezzo ai binari sotto un treno in manovra. Tutti avevano creduto a una disgrazia, anche le autorità: ma c'era un testimone che aveva visto, e che aveva giurato il falso. Toccava a me, secondo lo scrivente, indagare. L'altro maresciallo era troppo amico del signor Bonetto. Quanto al testimone, si chiamava Rebuffo Pietro, era abbastanza conosciuto in paese e facilmente rintracciabile. Io, secondo lo

[1] *vivendo di espedienti*: arrangiandosi come meglio poteva.

scrivente, avrei dovuto interrogarlo, riuscire a riaprire il processo, fare giustizia.

– Senza, per il momento, dire niente della lettera, ma come se riferissi chiacchiere che avevo udito al bar, mi informai dal brigadiere. Lui, prima di tutto, si stupí moltissimo che ancora si parlasse della cosa. C'era stata, a suo tempo, un'immediata inchiesta: ed era risultato, senza possibilità di dubbio, che era stata una disgrazia. Il gestore Bonetto abitava dove ancora abita adesso, dopo che è rimasto vedovo: in faccia alla stazione, dall'altra parte dei binari dello scalo merci. È un caseggiato dove alloggiano ferrovieri o impiegati delle ferrovie. Era abitudine di tutti costoro e dei loro familiari, quando si recavano in stazione o in paese e ne tornavano, di attraversare i binari invece di fare il giro fino al passaggio a livello, risparmiando cosí un buon quarto d'ora di strada. I binari, davanti alla stazione, si moltiplicano: oltre a quelli di linea, ci sono quelli di manovra per lo scalo e per il deposito dei locomotori. Il pericolo è effettivo: e c'è sempre stato tanto di divieto. Ciononostante, gli inquilini del caseggiato, tutti senza distinzione, avevano l'abitudine di attraversare: l'hanno ancora, anche adesso, dopo la disgrazia. Era notte, con nebbia e tormenta. La povera signora soffriva di giramenti di capo, dovuti all'età critica. Anche questo è stato confermato dalla deposizione del medico condotto, che l'aveva visitata pochi giorni prima. Infine, il Bonetto, per dichiarazione concorde di vari testimoni, in quel momento si trovava in ufficio, intento al proprio lavoro. Era, è una bravissima persona: funzionario modello, mai lagnanze sul suo conto: e ineccepibile[1] nella vita privata, e nei rapporti coniugali. Lui e la povera signora non avevano figli, ma erano sempre andati perfettamente d'ac-

---

[1] *ineccepibile*: a cui non si poteva muovere nessun rimprovero.

cordo vivendo assieme in continuazione da piú di venti anni di matrimonio. A detta dei vicini di casa, minuziosamente interrogati sull'argomento, non si era mai saputo di uno screzio, di un contrasto, del minimo litigio. Dalla disgrazia, erano passati tre anni. Il Bonetto era adesso sulla cinquantina, o poco piú. Sebbene persona robusta, sana, e di bell'aspetto, non si era risposato, né sembrava che ne avesse l'intenzione. Aspettava di andare in pensione, e frattanto conduceva la sua vita di lavoro, come prima, regolarissima, metodica, sotto gli occhi di tutti. Sbrigava da solo le faccende domestiche, provvedendo alle pulizie dell'alloggetto, che era sempre quello di prima. Unica differenza della sua vita, dal giorno in cui era rimasto vedovo: prendeva i pasti del mezzogiorno e della sera alla Cantina d'Asti, una vecchia bottiglieria quasi attigua al caseggiato dei ferrovieri. Non aveva vizi, non faceva neppure la partita. Dopo cena, si fermava lí a guardare la televisione, o ad assistere al gioco dello scopone e del tressette: ma senza mai toccare le carte. Beveva regolarmente mezzo litro di vino sciolto a ogni pasto, e, dopo il pasto, ogni sera, consumava, da solo, mentre guardava la televisione o la partita, una stupa[1] di vino vecchio. Lo centellinava, e ci metteva sempre non meno di due ore: dalle otto alle dieci, alle dieci e mezzo. Venuta quell'ora, si alzava, usciva, faceva una passeggiata fino al Borgovecchio, e verso le undici rincasava. Non aveva mai dato a nessuno, in nessun caso, il sospetto di non reggere il vino. Liquori o aperitivi, non li toccava. E che cos'è, per un uomo sano, vivendo in montagna, a milletrecento metri di altitudine, con la neve per quattro o cinque mesi ogni anno, che cos'è poco piú di un litro e mezzo al giorno?

[1] *stupa*: brocca.

197

– Decisi, tuttavia, di vedere in faccia questo signor Bonetto. Non era, se non in minima parte, che la lettera anonima mi avesse dato dei dubbi. Il racconto del brigadiere era stato troppo chiaro in proposito: non conteneva, come si dice, nemmeno un punto oscuro. L'unico punto oscuro, caso mai, era proprio la lettera anonima. Chi l'aveva inviata? Chi poteva avere interesse, tre anni dopo, a riaprire una questione che era stata chiusa per sempre fino dalle prime indagini? Certo, conosco per esperienza la vita dei piccoli paesi: so che, sempre, cova rancori profondi, odii misteriosi, inimicizie forse irragionevoli, avversioni forse ingiustificate e passioni inspiegabili, qualche volta, a coloro stessi che le provano. Ma, tutto sommato, ciò che mi spingeva a vedere in faccia monssú[1] Bunet, era probabilmente semplice curiosità.

– Andai dunque, la sera precedente la vigilia di Natale, alla Cantina d'Asti. C'era gente che conoscevo, e fui invitato a fare il quarto a scopone. Accettai, anche perché, a un tavolo vicino, avevo notato, fin dal primo momento, un avventore solitario c'a pudía mac esse chiel[2].

– Era seduto in modo che, dal mio posto, senza sforzo e senza che ciò sembrasse innaturale, mi era concesso osservarlo a tutto mio agio: mi bastava alzare gli occhi dalle carte, e me lo trovavo lí, a breve distanza, come una statua colorata.

– Un bel colore roseo, nella faccia quadrata, regolare, sbarbata, né grassa né magra: i capelli erano ben pettinati, castani e, sulle tempie, grigi. Non era di quelle facce troppo lisce e molli, che sembrano voler nascondere l'età. No, oltre che dal grigio sulle tempie, la sua età si vedeva benissimo dalle rughe intorno agli occhi, e da un leggero infossamento delle guance.

[1] *monssú* (piemontese): signor.
[2] *c'a pudía mac esse chiel* (piemontese): che poteva essere solo lui.

E ho detto «statua» riferendomi all'assoluta immobilità della sua posa, seduto diritto al tavolino col tappeto verde, l'avambraccio destro posato sopra, la mano intorno al bicchiere: ma l'espressione era, tutto al contrario, vivissima, mobilissima: sorriso e sguardo di un uomo sereno, tranquillo, contento di sé e, al tempo stesso, contento e curioso anche degli altri, della vita intorno. Due occhi azzurri ridenti, lucidi, sfavillanti: nel ricordo, li vedo ancora. Non erano occhi che si possono dimenticare. Li volgeva continuamente, ma pacatamente, di qua e di là, intorno nel locale, e pareva soddisfatto di tutto ciò che vedeva: le guardie di finanza e i ferrovieri al banco, gli sciatori e le sciatrici che cenavano in ritardo, appena arrivati da Torino, il televisore in un angolo, i giocatori di carte e, attraverso un arco basso, nella sala attigua[1], i giocatori di bigliardo o di boccette. Dei giocatori di carte, il tavolo più vicino a lui era proprio quello mio. Niente di più naturale, quindi, che i nostri sguardi si incontrassero ogni momento. Sapeva, certo, che ero il maresciallo venuto a sostituire il maresciallo Quarati durante le feste: ma mi conosceva soltanto dalla divisa, e non di persona. Per lui, dunque, rappresentavo esclusivamente la Legge, o la Giustizia...

– Bene, Mario. Non voglio rubare il mestiere a te, e tanto meno imitare le tue prerogative. Non voglio, cioè, abbandonarmi all'immaginazione. Ma quando un individuo vede in qualcuno di noi esclusivamente il carabiniere, bene, ti assicuro che noi leggiamo nello sguardo di quell'individuo, e sappiamo, quasi con la certezza di non sbagliare, se la sua coscienza è più o meno pulita. Naturalmente, ciò non modifica il nostro modo di agire, che continua a basarsi soltanto su dei fatti concreti. E, ripeto, esiste, anche per il più in

[1] *attigua*: vicina.

gamba di noi, la possibilità di commettere un errore. Sia come sia, lo sguardo di monssú Bunet incontrava il mio, ogni volta, senza vacillare, senza velarsi, senza subire modificazione alcuna. Lo sguardo di un uomo contento, troppo contento...

A questo punto del racconto di Gigi, non seppi resistere alla tentazione di una boutade: anche se mi spiaceva, cosí, di mostrarmi a lui piú cinico[1] di quanto in realtà non fossi. Osservai sorridendo:

– Troppo contento? Scusa, non ho capito bene. Troppo contento per essere lo sguardo di uno che ha ammazzato la moglie, oppure... troppo contento per non essere lo sguardo di uno che non è stato lui ad ammazzarla?

– Ma vate a pijè 'n cassül! – fu la risposta di Gigi: vecchia esclamazione piemontese che significa: «Ma v'a a farti benedire!» e che, questa volta, voleva dire due cose allo stesso tempo: primo, che Gigi non dava nessuna importanza al mio scherzo, o non mi giudicava male per cosí poco; secondo, che non aveva mai dubitato un istante dell'innocenza del signor Bonetto.

– Con tutto questo – ricominciò Gigi – la mia curiosità non era soddisfatta. Avevo visto il Bonetto, non avevo ancora visto quel Rebuffo Pietro, di cui parlava la lettera anonima, e non potevo avere il piú piccolo sospetto sulla provenienza della lettera stessa. Era l'ultimo dell'anno. Il giorno due sarebbe tornato il maresciallo Quarati, e naturalmente era mia intenzione di mostrargli la lettera: se la sbrigasse un po' lui. Feci però chiamare in caserma il Rebuffo: tanto per vedere che faccia avesse, anche lui. E mi trovai davanti, come forse avrai già capito, quel vecchietto coi baf-

[1] *cinico*: insensibile.

fi bianchi tagliati a spazzola, l'ex facchino della stazione, che, la prima sera, avevo sorpreso fortemente ubriaco e impegnato in una rissa con un altro spalatore di neve. Lui, appunto, era il Rebuffo della lettera anonima: l'eventuale testimone del presunto uxoricidio di tre anni prima. Fortunatamente, la rissa a cui avevo assistito mi fornì il pretesto di interrogare il Rebuffo e di fargli una relativa ramanzina senza tirare in ballo il lontano decesso della signora Bonetto. «Quanti anni ha lei?» «Presto settanta». «Ci tiene a stare al mondo? Lo sa che se continua a bere così, se ne può andare da un momento all'altro?» «Per la vita che faccio, non ci perdo niente». «Ha figli?» «Non parlerei così se li avessi». «Moglie?» «Quella sì, purtroppo». «Perché dice purtroppo?» «Perché è una brutta bestia». «E quali mezzi avete, in due, di sussistenza?» «Ci arrangiamo con lavori avventizi, lei fa le pulizie negli alberghi, quando è la stagione. E io anche, magari a spalare la neve. I l'ai pru 'na cita pensiun[1], ero portabagagli alla stassione».

– Mi feci mostrare il libretto. C'era, secondo l'uso, la sua firma, e anche quella della moglie, perché potesse riscuotere in sua vece quando lui era impedito o malato. Passai nella stanza attigua. Un rapido confronto delle calligrafie, anche se non sono un esperto, mi permise di riconoscere la stessa mano che aveva scritto la lettera anonima. Era stata, senza possibilità alcuna di dubbio, la moglie del Rebuffo. Ma perché l'aveva scritta? Per odio al Bonetto? Per dare fastidio al marito? Oppure, più probabilmente, e più scioccamente, soltanto per attirare un po' di attenzione pubblica sul marito e quindi su se stessa? Il maresciallo Quarati, al quale poi raccontai tutto, era appunto di quest'ultima opinione e mi confermò quanto aveva

[1] *I l'ai pru 'na cita pensiun* (piemont.): ho pure una piccola pensione.

detto il brigadiere: anche se il Rebuffo avesse ritirato la propria parola, e avesse giurato di avere giurato il falso durante l'inchiesta, in nessun caso questa sarebbe stata riaperta, perché c'erano altri tre testimoni, ciascuno assai piú attendibile del Rebuffo, e tutti e tre avevano permesso di stabilire con assoluta certezza che la signora Bonetto era deceduta per una disgrazia.

– Tornai di là col libretto della pensione e restituendolo al vecchio: «Sü, c'a s'na vada, adéss. Anno nuovo vita nuova. E ch'a bèiva nen tant[1]: ecco l'augurio che le faccio». Il vecchio sospirò, e chiuse gli occhi con violenza come per cacciare un pensiero improvviso e molesto. Cosí, il suo volto rotondo e paonazzo, quasi mascherato dai baffoni e dai capelli candidi, aveva qualche cosa di comico e di angoscioso insieme! Ricordai la notte della rissa, quando singhiozzava e insultava. Adesso, senza riaprire gli occhi, disse: «Eh! l'unico augurio ch'a pudriu féme a mi a l'è ch'am capiteissa 'd co a mi la fortün-a che d'auti a l'an pru avú: la fortün-a d'ün-a bela disgrassia an famija»[2].

– Aveva parlato, ad alta voce, solo a se stesso: per sfogo. Né poteva sospettare che io, proprio io, il nuovo maresciallo, fossi in grado di capire fino in fondo la sua allusione. Lo lasciai andare senza domandargli altro. Ma intanto, irresistibilmente, chiudevo gli occhi a mia volta, per un momento: e rivedevo la faccia del signor Bonetto.

Anch'io, mentre Gigi finiva di raccontare, vedevo in qualche modo quella faccia. La vedo ancora. È tra le immagini piú suggestive, che mi rimangano, di una

---

[1] *Sü, c'a s'na vada adéss... E ch'a bèiva nen tant*: (piemont.): Su, che se ne vada adesso... E non beva tanto.

[2] *Eh!... famija* (piemont.): Eh! l'unico augurio che potrebbe farmi è che mi capitasse la fortuna che anche altri hanno avuto: la fortuna di una bella disgrazia in famiglia.

possibile felicità umana: sebbene, come aveva detto prima lo stesso Gigi, godere dei mali altrui sia ogni volta criminoso.

(da M. Soldati, *I racconti del maresciallo*, Rizzoli)

Gioco di società

La porta improvvisamente si aprí mentre la sua mano ancora esitava sul pulsante del campanello. La donna disse: – Entri, l'aspettavo – sorridendo, la voce gorgheggiata come se veramente stesse realizzandosi per lei un avvenimento desiderato, aspettato con emozione e con gioia. Lui pensò che c'era un equivoco, tentò di calcolarne le conseguenze. Restava sulla soglia smarrito, un po' stravolto. Sicuramente, pensò, lei stava aspettando qualcuno: qualcuno che non conosceva o che conosceva appena o che non vedeva da tanti anni. E non aveva gli occhiali, poi; e di solito, sapeva, li portava. – Mi aspettava? – Certo che l'aspettavo... Ma entri, la prego – sempre gorgheggiando.

Entrò, fece tre passi sul pavimento di ceramica che riproduceva una antica carta nautica: pesantemente, come in un pantano. Si voltò verso di lei che già aveva chiusa la porta e sempre sorridente gli indicava una poltrona.

Tentò di chiarire l'equivoco, di sapere. – Ma lei chi aspettava, precisamente?

– Precisamente? – fece eco lei con un sorriso ora ironico.

– Ecco: io...

– Lei...?

– Insomma, credo che...

– Che io stia scambiandolo per un altro –. Non sorrideva piú. E pareva piú giovane. – Ma no, aspettavo proprio lei... Vero è che non ho gli occhiali, ma gli occhiali mi servono per le cose vicine. L'ho riconosciuta quando era al cancello. Ora forse, da vicino, ho bisogno degli occhiali: cosí né lei né io avremo il minimo dubbio –. Gli occhiali erano posati su un libro aperto, il libro sul davanzale della finestra. Aspettandolo, l'orecchio certo intento a cogliere il cigolío del cancello, aveva cominciato a leggere il libro: ma ne aveva letto poche pagine. Lo assalí l'insensata curiosità di sapere che libro fosse, quale lettura si era scelta per ingannare l'attesa. Ma come mai lo attendeva? Era caduto in una trappola, in un tradimento, o c'era stato un pentimento improvviso da parte dell'uomo che lo aveva mandato?

Stranamente, gli occhiali dalla montatura nera e pesante la fecero apparire ancora piú giovane: lo sguardo, dilatato dalle lenti, assunse un che di meravigliato, di spaurito. Ma non era né meravigliata né spaurita. Gli voltò le spalle come a sfidarlo, anzi. Aprí il cassetto di uno scrittoio, tirò fuori delle carte. Quando si voltò e gli si avvicinò aveva in mano un ventaglio di fotografie. – Sono un poco sfocate – disse – ma non c'è dubbio. Questa è stata scattata alle undici del venti giugno, in via Mazzini: lei è con mio marito; quest'altra alle cinque del pomeriggio, in piazza del Popolo: ventitré luglio, lei è solo, sta chiudendo la macchina dopo aver posteggiato; e in quest'altra ancora c'è anche sua moglie... Vuole vederle? – Il tono era ironico ma senza malanimo, quasi svagato. Lui si sentí finalmente caricato per fare quello che doveva fare. Ma non poteva; per quel tanto che riusciva a connettere, non poteva piú, non doveva. Fece segno di sí, che voleva vederle. Lei gliele diede, restò a guardarlo con la leggera e compiaciuta ansia di chi mostra fotografie familiari, di bambini, e se ne aspetta complimenti. Ma l'uomo era come paralizzato, le percezioni i pensieri i movimenti gli accadevano lenti e remoti, disperatamente pesanti. E il complimento venne da lei, banale e feroce. – Ma sa che lei è fotogenico? – e infatti la sfocatura non arrivava a velare la sua identità, mentre un po' confondeva quella di sua moglie e del commendatore.

– Si accomodi – disse la donna indicandogli la poltrona vicina: e lui vi si sprofondò come nella frana della sua esistenza. Poi: – Vuole bere qualcosa? – e senza aspettare risposta prese due bicchieri, una bottiglia di cognac. Si trovò col bicchiere in mano, di fronte a lei che sorseggiava dal suo guardandolo con divertimento. Bevve. Si guardò intorno come chi rinviene da un collasso. Bella casa. Le restituí le fotografie.

– È una bella ragazza, sua moglie. Somiglia, non so se lei lo sa, alla principessa di Monaco. Ma su questa fotografia posso anche sbagliare. Sbaglio?

– Forse non sbaglia.

– Dunque lei non se ne era mai accorto –. Ancora quell'odiosa risata gorgheggiante. – Ne è innamorato?

Non rispose.

– Non mi giudichi indiscreta, non è per curiosità che glielo domando.

– E perché dunque?

– Vedrà... Ne è innamorato?

Respinse la domanda con un gesto della mano.

– Non vuole rispondermi o debbo intendere che non ha nessun sentimento nei riguardi di sua moglie?

– Come vuole.

– Io voglio una risposta precisa –. Lo disse duramente, con minaccia; poi con tono suadente e accorato: – Perché, vede, io debbo sapere prima se lei può sopportare.

– Prima di che?

– Lei ha già risposto alla mia domanda.

– Non mi pare.

– Ma sí. Io le ho detto: debbo sapere prima se lei può sopportare; e lei non mi ha domandato che cosa avrebbe dovuto sopportare, quale rivelazione riguardo a sua moglie, al suo amore per lei... Si è attaccato subito a quel «prima». Prima di che? Giusto. Non è di sua moglie che si preoccupa, ma di se stesso. Giusto. Va bene cosí.

– Glielo domando ora: che cosa dovrei sopportare?

– Quello che le dirò.

– Su mia moglie? E si preoccupa se posso sopportarlo?

– Su sua moglie. E mi preoccupavo di sapere come lei avrebbe reagito perché noi due siamo destinati a una lunga e solida amicizia, e dovremo lasciarci alle spalle tante cose. Sempre che lei lo voglia, si capisce.

– Ma mia moglie...

– Ci arriverò. Intanto mi dica: ha capito?

– Che cosa?

– Queste fotografie, il fatto che stessi aspettandola: ha capito?

– No.

– Non mi deluda: se davvero non ha capito, le mie speranze crollano. E anche le sue.

– Le mie?

– Certo anche le sue. Non le ho detto che diventeremo amici? Sinceramente dunque mi dica: ha capito?... E non abbia paura di parlare, non c'è nessun microfono nascosto, nessun registratore in funzione. Può accertarsene, del resto... Io sto per offrirle un lavoro semplice, rapido, redditizio; e senza rischi. Senza dire che sto salvandola da un pericolo immediato, sicuro. Deve ammettere, dunque, che ho almeno il diritto di conoscere il suo quoziente di intelligenza... E allora: ha capito?

– Non del tutto.

– Naturalmente... Mi dica che cosa ha capito.

– Ho capito che lei sa.

– Risposta breve ed esauriente. Vuol sapere ora come ci sono arrivata?

– Mi piacerebbe.

– Perderemo del tempo, ma è giusto che lei sappia... Ma a che ora deve incontrarsi con mio marito? Perché è bene che glielo dica subito: la base della nostra futura amicizia sarà l'incontro che lei stasera avrà con mio marito. A che ora?

– Ma non dobbiamo incontrarci.

– Ecco che lei ancora diffida. Conosco benissimo mio marito: non poteva non darle appuntamento per stasera. A che ora?

– A mezzanotte e un quarto.

– Dove?

– In una stradetta di campagna, a trenta chilometri da qui.

– Bene, abbiamo tempo... Ma forse è meglio che sia lei, ora, a farmi delle domande.

– Non saprei da dove cominciare, sono piuttosto confuso.

– Davvero? Mi aspettavo lei fosse un tipo più pronto, di riflessi più rapidi, di immediate riflessioni. Ma forse il punto della sua meraviglia, della sua confusione, sta nel fatto che mio marito non le ha detto niente di me, del mio carattere, della mia capacità a intuire i suoi pensieri più segreti. Dopo quindici anni di vita in comune, un uomo come lui è un libro aperto per una donna come me. Un libro molto sciocco, molto noioso. Lei che ne dice?

– Di che?

– Di mio marito.

– A giudicare dalla situazione in cui mi trovo in questo momento, è un imbecille.

208

– Sono contenta di sentirglielo dire. Ma avrebbe potuto capirlo anche prima, che imbecille è. Capisco, però, come lei sia stato abbagliato dalla sua prestanza, dal suo modo di fare, dall'autorità e dal denaro che continuamente, ma anche con una certa accortezza, una certa nonchalance[1], fa mostra di possedere... E di denaro ne possiede, non si allarmi... Anch'io, d'altra parte, ci sono caduta. Non che ne sia pentita: il mio solo disappunto è di averlo sposato diciamo per amore invece che per calcolo. Ma l'avrei sposato in ogni caso; e il mio ravvedimento è stato poi immediato. E mi ero, non dico adattata, ma addirittura adagiata, in una situazione che mi consentiva di sfogare capriccio e dispetto, una situazione che mi offriva tutto quello che una donna può desiderare, compreso il disprezzo per l'uomo che le vive accanto, ed ecco che l'imbecille viene a rompere l'equilibrio.

– Non direi, però, che è cosí totalmente imbecille come lei lo considera: nel caso in cui mi trovo, sí, non c'è dubbio, si è comportato scioccamente, senza precauzione... Ma è un uomo che si è fatto da sé, almeno cosí mi ha detto, cosí dicono tutti: e si è fatto molto ricco, molto potente...

– Lei ha un'idea da romanzo rosa, da manuale americano del successo, sugli uomini che si fanno da sé. Io conosco non solo mio marito, ma una cerchia piuttosto vasta di uomini che si sono fatti da sé: e posso assicurarle che sono stati fatti, tutti, dagli altri; i quali, a loro volta, sono stati fatti da circostanze, combinazioni e intrallazzi che, anche se arrivano all'altezza della storia, restano fortuiti e miserabili... Nell'ultima guerra, mio marito era nei battaglioni della milizia fascista insieme a Sabatelli, che è poi diventato ministro dei lavori pubblici: entrambi volontari. Tutto qui. E Saba-

[1] *nonchalance*: noncuranza. In francese.

telli lei non immagina nemmeno che cretino è. In una società bene ordinata, onesta, in cui non si fanno carte false, in cui la capacità e il merito camminano da soli, la sorte piú benigna li avrebbe portati sulla soglia di un ufficio pubblico, come uscieri, e la piú maligna oltre la soglia di un carcere. Invece...

– Invece sono ricchi, potenti e rispettati... Ma lei mi ha invitato a farle delle domande. Posso?

Fermata nello slancio oratorio, fece segno di sí: ma contrariata, stizzita.

– Le mie curiosità sono molte, ma la piú immediata è questa: perché proprio stasera mi aspettava?

– Perché oggi, a tavola, mio marito mi ha chiesto se avevo intenzione di passar fuori la serata: al cinema, da qualche amica; ché lui sarebbe tornato tardi, molto tardi, per una riunione del consiglio di amministrazione di una delle sue società. E di riunioni simili, durante questa estate, ne ha avute altre due: e dunque la terza doveva essere quella buona. Buona per lui, fatale per me. Perché non dico io, che lo conosco profondamente, ma chi tiene con lui una certa dimestichezza[1], sa che è tutto dedito a un'idea di superstiziosa perfezione basata sul tre. E non parliamo poi del nove, su cui addirittura delira. La terza riunione, dunque; il giorno tre; e lei è arrivato puntualmente alle nove. È stato lui, non è vero, a dirle che avrebbe dovuto suonare il campanello alle nove in punto?

– Sí, ma io credevo...

– ... che fosse un dettaglio calcolato dalla sua mente organizzatrice. Ma lei non sa quanto poco organizzatrice sia la sua mente, ammesso che ne abbia una. E voglio aggiungere che nella sua decisione di affidarle una missione cosí... delicata diciamo, rischiosa... certamente ha giocato il fatto che lei sia un professore di

---

[1] *dimestichezza*: abitudine, familiarità.

matematica. Lui conosce appena la tavola pitagorica, e perciò coltiva la convinzione che le sue rapine, e tutte le rapine che riescono, attingano[1] alla matematica piú sublime. In certe rapine alle banche, poi, addirittura sente la musica delle sfere[2]. Quelle rapine di cui si legge nei giornali: cronometrate, perfette... E quando non sono perfette, lui sui resoconti le studia, ne coglie le debolezze e gli errori, le porta alla perfezione ideale. Cosí è accaduto in questo caso. C'è stato, qualche anno fa, un delitto di cui certo anche lei si ricorda, un processo famoso. Mio marito ci si è appassionato, è arrivato al punto che mandava un suo impiegato, ogni mattina, a prendere posto nell'aula dell'assise[3], che glielo tenesse per il caso lui avesse il tempo di andare ad assistere; e piú di una volta il tempo l'ha avuto. Nel tempo stesso che cercava gli errori che avevano portato il protagonista nella gabbia degli imputati, ecco che lui ne faceva uno. Se oggi lei... Insomma, se le cose fossero andate secondo il piano, almeno una diecina di persone si sarebbero ricordate del suo interesse a quel processo, e specialmente l'impiegato che gli teneva il posto e uno dei giudici, che lo conosce bene e che qualche volta, dall'alto dello scranno[4], gli faceva un sorriso.

– È da allora che lei ha cominciato a sospettare?

– Anche da prima; ma è dalla sua passione a quel processo che ho capito che le intenzioni andavano concretandosi in un piano preciso.

– E allora si è rivolta a un'agenzia di investigazioni.

– Una cosa molto lunga, molto costosa; ma, come vede, ne valeva la pena. Per un paio d'anni l'agenzia

[1] *attingano*: riguardino.
[2] *la musica delle sfere*: secondo un'antica filosofia greca, l'universo era costituito da sfere celesti che, nel loro movimento, producevano una musica perfetta.
[3] *assise*: tribunale in cui si giudicano delitti gravi.
[4] *scranno*: seggio del giudice.

non mi ha rapportato altro che le sue infedeltà. C'era da ridere: le sue infedeltà! Già dopo pochi mesi che eravamo sposati non me ne importava niente. Lui le donne le aveva sempre pagate, continuava a pagarle, aveva pagato anche me col matrimonio credendo che il mio prezzo, per quanto ingente e di lunga durata, fosse sopportabile.

– E non era sopportabile?

– Evidentemente no.

– Voglio dire: perché gli è diventato insopportabile?

– Per colpa mia, naturalmente. Ho fatto di tutto per allontanarlo da me, per respingerlo al margine della mia vita, delle mie giornate, delle mie notti. Un margine molto esiguo, un piccolo tapis roulant[1] di assegni... No, non ho avuto altri uomini. O meglio: una volta sola, quando ho cominciato a disgustarmi di mio marito. Cosí, tanto per provare. Prova fallita. Non si faccia illusioni, dunque.

Gli venne una vampata di collera, cercò una risposta violenta.

– Non si offenda. So bene di non essere né bella né giovane, lei potrebbe anche dirmi che sono brutta e vecchia. Ma io volevo dire che lei facilmente potrebbe farsi l'illusione di poter raggiungere tutto il mio denaro, invece che una parte, passando sul mio corpo vivo dopo essere passato sul corpo morto di mio marito: e io invece voglio che tutto sia tra noi chiaro fin da ora.

– Dunque lei riconosce che suo marito non ha poi tutti i torti.

– Io non riconosco niente; e se lei al punto a cui è arrivato, a cui siamo arrivati, ha voglia di pesare i meriti delle sue due possibili azioni, l'esecuzione del piano di mio marito o l'esecuzione del mio, sulla bilancia

[1] *tapis roulant*: nastro trasportatore. In francese.

dell'arcangelo, è affare suo. Ma è un cattivo affare, immischiare la bilancia in queste cose. Questo tipo di bilancia, dico. Lei – e si aprí a un sorriso complimento-so è un piccolo, avido delinquente: non si permetta dei lussi che possono perderla.

– Non sono un delinquente.

– Davvero?

– Non piú di lei.

– D'accordo. E molto meno di sua moglie, direi.

– Forse. Ma lei come può dirlo?

– Lo deduco da quello che so. Lei non sa che sua moglie, diciamo cosí, frequenta altri uomini?

– Non è vero!

– Ma sí che è vero. E non se la prenda. Che cosa possono togliere a una donna come sua moglie, tutti gli uomini che frequenta? Siete una bella coppia, state bene assieme, desiderate le stesse cose, non litigate mai, i vicini vi guardano con simpatia... Il primo rapporto che l'agenzia di investigazioni mi ha mandato su di voi, dice cose davvero carine: lei ha ventidue anni, insegna in una scuola materna, molto bella, vivace, elegante; lui ha ventisette anni, supplente di matematica in una scuola media, simpatico, serio; molto innamorati, molto tranquilli... Il secondo rapporto, e poi tutti gli altri, su di lei non dicono niente di diverso; ma di sua moglie rivelano un'attività insospettabile, sorprendente. Per denaro, senza dubbio. Perciò anche se veramente, fino a questo momento, lei non sapeva, si tranquillizzi. Per denaro, soltanto per denaro... Sa che una volta, una volta sola, è andata anche con mio marito?

– Lo sospettavo. L'ho sospettato, cioè, in principio: ho creduto che suo marito si fosse attaccato a noi soltanto perché voleva arrivare a mia moglie. Non che mia moglie ci stesse, però. E poi il sospetto svaní: non avevo piú ragione di credere che venisse a tentare mia moglie, se quello che voleva da noi, da me, l'aveva ormai dichiarato.

– Nel piano di mio marito, invece, una piccola liaison[1] con sua moglie ci voleva. Per servirsene, credo, nell'eventualità che lei, per caso o per una qualunque disattenzione nell'esecuzione del piano, si scoprisse. Allora avrebbe detto: ho avuto una relazione con sua moglie, lui è venuto a saperlo, per vendetta ha ucciso la mia; o l'ha uccisa perché è venuto a cercare me, per uccidermi, e lei gli ha resistito o l'ha mortificato o in qualche altro modo ha suscitato la sua violenza... Ma non cominci a rodersi nel sospetto che in ogni caso, e d'accordo con sua moglie, mio marito avrebbe portato la polizia sulle sue tracce: non arriva a queste finezze. E poi sono sicura che sua moglie non avrebbe mai consentito a questa soluzione finale: credo di aver capito che tipo di donna è.

– Che tipo di donna?

– Mi somiglia. Somiglia a tante altre... Adoriamo le cose, abbiamo messo le cose al posto di Dio dell'universo dell'amore. Le vetrine sono il nostro firmamento, gli armadi a muro e le cucine americane contengono l'universo. Le cucine in cui non si cucina, abitate dal Dio dei caroselli televisivi... Mio padre, che era un piccolo borghese, passò tutta la vita in case d'affitto, senza mai sentire l'esigenza di possederne una. Oggi non c'è rivoluzionario che non voglia essere proprietario della casa in cui abita; che non si getti nei debiti, nei mutui venticinquennali[2], per il possesso di una casa. L'idea dell'eternità, l'idea dell'inferno, si sono contratte nei mutui bancari venticinquennali. Sono le banche che amministrano la metafisica[1]. Ma lasciamo

---

[1] *liaison*: relazione sentimentale. In francese.
[2] *mutui venticinquennali*: prestiti fatti da una banca, da restituire, con notevoli interessi, nell'arco di venticinque anni.
[3] *metafisica*: parte della filosofia che intende spiegare i princípi essenziali della realtà.

perdere... Sua moglie, dunque, mi somiglia. Ci somigliamo tutte, oggi, questo è il guaio. Sua moglie, in piú, ha indifferenza o innocenza. Sono certa che è stata lei a infiammarsi per prima, quando mio marito vi ha proposto l'affare... A proposito: in che termini ve l'ha proposto?

– Ha già versato a nostro nome, in una banca di Amburgo, una grossa somma.

– Quanto?

– Duecentomila marchi.

– Dunque lei poteva stasera, invece di venire qui, volare ad Amburgo e...

– Potevo. Ma tra due anni, se tutto fosse andato liscio, avrei avuto altri quattrocentomila marchi.

– Ne avrà da me cinquecentomila, e tra sei mesi. Si fida?

– Non lo so.

– Deve fidarsi. E tenga presente che il mio piano comporta un rischio minimo, mentre quello che lei stava per eseguire l'avrebbe defilato in galera con certezza, è il caso di dire, matematica. L'agenzia di investigazioni era incaricata, nel caso mi fosse accaduto qualcosa, di mandare copie dei rapporti e delle fotografie alla polizia... Mentre ora, anche ammettendo che io non tenga fede all'impegno o che addirittura abbia intenzione di tradirla, lei corre soltanto il rischio di non avere altro denaro e di essere condannato per omicidio passionale, d'onore. Due o tre anni di carcere, e c'è sempre di mezzo un'amnistia. Anzi, non dimentichi questo mio buon consiglio: nel caso lei cadesse in trappola, si attenga sempre al tradimento di sua moglie, all'atroce delusione che mio marito le ha dato. Sempre.

– Pensandoci bene, lei forse mi sta appunto mettendo nella trappola.

– La riterrei un cretino, se non se ne andasse da qui

con questo sospetto... – Guardò l'ora, si alzò, sorridendo domandò. – Mi giudicherà indiscreta se le chiedo di che morte doveva farmi morire?

– Pistola.

– Benissimo... Se ne vada ora, è quasi al limite del tempo che ci vuole per raggiungere il posto dell'appuntamento. E auguri.

L'accompagnò alla porta dolcemente sorridendo, materna. Prima di chiuderla, quando lui si era già avviato verso il cancello, lo richiamò con un bisbiglio.

– Mi raccomando: piú di un colpo, è molto robusto – col tono di sollecitare particolari attenzioni per un bambino gracile. E poi: – C'è il silenziatore, immagino.

– Nella pistola? Sí, c'è.

– Bene. Di nuovo auguri –. Chiuse la porta, si appoggiò con le spalle. Aveva un sorriso incantato, gustò ogni sillaba dicendo: – Il silenziatore: omicidio premeditato –. Si avvicinò alla finestra. Lo vide uscire dal cancello.

Sedette in poltrona. Si alzò. Passeggiò. Sfiorò con le mani, quasi facesse musica, mobili e oggetti. Si fermò davanti ai quadri. Guardò l'orologio. Andò al telefono, fece il numero, con voce agitata disse: – Mio marito è ancora in ufficio?... È già andato via?... Sono preoccupata, molto preoccupata... Sí, lo so che non è la prima volta che fa tardi; ma stasera è accaduto un fatto che mi inquieta... È venuto a cercarlo un giovane, aveva un'aria sconvolta, minacciosa; si è messo qui ad aspettarlo; se ne è andato proprio ora. Mi ha fatto paura... No, non è soltanto un'impressione; è che so per quale ragione il giovane poteva essere cosí sconvolto, cosí minaccioso... Ma mio marito è andato via da quanto tempo?... Sí, grazie. Buonasera... Sí, buonanotte –. Riattaccò, fece un altro numero, parlò con voce piú agitata e accorata. – Commissariato? C'è il

216

commissario Scoto?... Me lo passi; subito, per favore... Oh commissario, sono fortunata a trovarla in ufficio a quest'ora... Sono la signora Arduini... Senta, sono preoccupata, molto preoccupata... Mio marito... È imbarazzante, per me, umiliante: ma non posso fare a meno di dirglielo... Mio marito ha una relazione con una donna sposata, una donna molto giovane, molto bella. Lo so perché l'ho fatto sorvegliare da un'agenzia di investigazioni, non ho vergogna a confessarlo... No, non voglio accusarlo di adulterio; al contrario, sono preoccupata che gli succeda qualcosa... Perché, vede, stasera è venuto qui il marito di lei, un giovane professore: era molto agitato, stravolto. L'ho fatto entrare, incautamente; e si è messo qui, con atteggiamento minaccioso, ad aspettare mio marito. Per un paio d'ore. Ho tentato di farlo parlare, ma non rispondeva che evasivamente, con poche parole. Ora se ne è andato... Sí, da qualche minuto... Ho telefonato a mio marito per avvertirlo, ma già aveva lasciato l'ufficio. Dovrebbe essere già qui, lei non potrebbe fare qualcosa?... Sí, va bene – quasi piangendo – aspetterò ancora mezz'ora e la richiamerò... Grazie.

(da L. Sciascia, *Il mare color del vino*, Einaudi, Torino)

Stazione Centrale ammazzare subito

Era mercoledí pomeriggio; erano quasi le quattro di quel torrido pomeriggio di metà maggio, già piú caldo che estate, e lui prese la rivoltella dalla borsa di pelle che teneva sotto il cuscino, se la mise nella tasca dei calzoni, cosí, semplicemente, uscí dalla stanza numero quattordici dell'alberghetto vicino a piazzale Duca d'Aosta e, calmo, possente, con quel corpo possente, sotto l'afa e il polline che volava nell'aria rendendola ancora piú irrespirabile, raggiunse la Stazione Centrale.

La Stazione Centrale di Milano è un pianeta a sé, è come una riserva di pellerossa nel mezzo della città. A lui piaceva. Ci veniva ogni settimana, da oltre due mesi, saliva sulla scala mobile e arrivava alla galleria di testa. Comprava un paio di giornali e di riviste poi andava in fondo, al bar, guardando ogni tanto l'orologio: l'appuntamento era alle quattro e quaranta, col treno proveniente da Ginevra.

Anche quel mercoledí fece cosí, montò sulla scala mobile e appena arrivato nella galleria di testa andò all'edicola, prese un quotidiano del pomeriggio e, calmo, possente, leggendo delle ultime complicazioni in Grecia e dell'ultimo sorpasso non riuscito con sette, 7, morti, entrò nel bar in fondo alla galleria e ordinò un gingerino, perché sul lavoro, in servizio, era un analcoolico. – Non ghiacciato, – spiegò, perché non gli piacevano le bevande ghiacciate. Si guardò intorno.

Anche se fuori c'era il sole rovente del pieno meriggio, lí, in quel bar, c'era sempre aria notturna, tutte le luci erano accese, lí dentro poteva essere qualunque ora, mezzanotte, mezzogiorno, l'alba, il tramonto, c'era sempre lo stesso clima di locale notturno: affollato il banco dei panini e dei tosti, affollato il banco del bar con gente assetata e frettolosa che si precipitava lí a bere. Occupati tutti i tavoli, da gente che aspettava: aspettava molte cose, chi un treno, chi un amico, chi un mediatore per concludere un affare, chi una ragazza che lavorava per lui nei vicini alberghetti.

Vi erano anche dei poliziotti. Lui, Domenico Barone, ne riconobbe facilmente due, uno all'esterno del bar che voleva avere l'aria di un innocuo e innocente emigrato dal Sud, ma che era tradito dal rigonfio a destra, sotto la giacchina attillata, rigonfio dovuto a una Beretta d'ordinanza. L'altro era nell'interno del bar e parlava con una vecchia signora che gli aveva chiesto dove poteva trovare un alloggio economico, per una notte. Doveva avere settant'anni, la vecchietta, il poliziotto la guidò fuori del bar e la portò fino all'ufficio informazioni. Li vide scomparire nella folla.

Bene. La folla andava bene. Piú folla c'era, e meglio era. Bevendo il gingerino continuò a leggere il giornale e a guardare l'orologio. Alle quattro e quaranta lesse che un vecchio di ottantanove anni si era suicidato buttandosi dal quinto piano. «Ma bastava che aspettasse ancora un poco,» pensò lui, Domenico Barone, «e si evitava la fatica di scavalcare il balcone». Erano tutti troppo impazienti. Alle quattro e quarantacinque vide rientrare, solo, il poliziotto che aveva accompagnato la vecchietta all'ufficio informazioni. Alle quattro e quarantasei lesse, ma svagatamente, che era ripreso lo sciopero dei becchini. Alle quattro e qua rantanove guardò per un istante una ragazza in calzoni e giacca arancione, con una valigia turchese e con tutti i rilievi anatomici perfettamente e visibilmente a posto.

Alle quattro e cinquantuno seguí, di scorcio, il poliziotto che attraversava la sala, dando rapide, professionali occhiate a tutti, anche a lui, ma a lui i poliziotti non facevano paura. Erano bravi ragazzi, e per principio non sparavano mai per primi, al massimo davano qualche schiaffone se vi arrestavano ma, poveretti, ne devono arrestare tanti che non riescono mai ad arrestarli tutti, e quelli che sono fuori sono sempre i peggiori. Il poliziotto gli passò davanti come svestendolo con lo sguardo, corpo e anima, poi se ne andò oltre. All'apparenza, lui aveva un'aria abbastanza buona. Anche gli occhiali (di semplice vetro, perché ci vedeva benissimo) gli davano l'aspetto di un grosso impiegato, un caporeparto di una grande industria.

E alle quattro e cinquantasette arrivò l'amico, il treno da Ginevra quella volta era in ritardo, col suo innocente valigino squadrato di metallo, il suo corpo magrolino un po' curvo, il viso ossuto lucido di sudore. Lo vide andare alla cassa, mentre fingeva di leggere il giornale e, come tutte le altre volte, andare poi al banco, ordinare un caffè, depositare la valigetta squadrata in terra, e tutto senza mai guardarsi intorno, bravissimo, come se non si conoscessero, mai visti, mai sentito parlare l'uno dell'altro. Invece l'aveva ben visto.

L'amico bevette il caffè in fretta, e intanto che lo beveva lui gli si avvicinò, e appena gli fu vicino, però, l'amico scappò via e lasciò la valigetta in terra. Lui la prese, come fosse sua, e in mezzo a tutta quella folla neppure il poliziotto poteva sapere o capire qualche cosa, mentre l'amico che gliel'aveva volutamente lasciata era già scomparso a nascondersi sul treno che parte poco dopo le cinque del pomeriggio per Ginevra. E con la valigetta in mano lui uscí dal bar.

Questo si chiama, in gergo tecnico, «passaggio a rischio calcolato». Infatti, questo passaggio di merce, diciamo illegale, è piuttosto rischioso. Dopo una volta, due, tre, un buon poliziotto che vi segue può accorgersi della manovra, e allora è finita. Per questo, in romanesco, viene definito «lo sbrigamose», perché piú l'operazione di passaggio della valigetta, o del pacco, viene eseguita rapidamente, e piú il rischio è minore.

Era dunque un rischio, ma anche questa volta era andata bene, e lui, Domenico Barone, con la valigetta, rientrò in albergo, nel suo alberghetto di terza ma pulita categoria, senza donnacce e senza giovanottelli troppo furbi. Era un alberghetto di vecchi, una specie di «baggina»[1] o di ospizio per valetudinari[2].

E chiuso in camera aprí subito la valigetta. Non era facile. Non vi erano chiavi. Era una chiusura a molla, a pressione, ma bisognava sapere dove era la molla da premere. Lui lo sapeva, premette, e la valigetta si aprí.

Questa volta erano dollari. La settimana prima erano state sterline, la settimana prima ancora, franchi svizzeri. Adesso erano biglietti da cento dollari, per uno spessore di sei centimetri e per un'area di 24 cm per 28. C'erano, lí dentro, non meno di cinquanta milioni di lire italiane, in dollari. Del resto lo sapeva che il minimo dei trasporti era su e giù quella cifra, ma nonostante fossero mesi che svolgeva quel lavoro non ci si era ancora abituato. Una valigetta grande come un grosso libro di enciclopedia, con dentro tutti quei mi-

[1] *baggina*: termine con il quale si indica, a Milano, un istituto di ricovero per anziani.
[2] *valetudinari*: persone ammalate in maniera cronica, o comunque dalla salute molto debole.

lioni di valuta[1] straniera, gli faceva sempre impressione. Anzi, voleva essere sincero con se stesso, ogni volta gli veniva la voglia di andarsene via lui, personalmente, con la valigia e con la bionda, invece di «passarla» al padrone di quei soldi.

Ma erano pensieri che cercava di evitare, di non pensare, perché quelli che facevano girare tutti quei soldi non erano cretini. Sapeva con precisione che, se provava a prendersi solo uno di quei biglietti da cento dollari, entro due giorni si sarebbe ritrovato sul tavolo di marmo dell'obitorio, col biglietto ancora da spendere.

Richiuse invece la valigetta, uscí dalla camera portandola con sé, si toccò con piacere la rivoltella che aveva nella tasca destra dei calzoni, perché lui non era un mancino, e scese nel salone, dove c'era una cabina telefonica. Il salone era ingombro di vecchi, la cui età, sommata, raggiungeva l'età dalla fondazione di Roma ai giorni nostri, che stavano seguendo alla televisione, giovanilmente e sportivamente, una partita di calcio, in attesa però di uno dei film della famosa e antica serie del mulo parlante.

Nella cabina non arrivava nessun rumore. Lui mise dentro un gettone, formò il numero, attese che l'apparecchio gli trasmettesse un solo segnale, cioè che al numero che aveva chiamato si udisse un solo squillo, poi tolse subito la comunicazione. Dopo un momento l'apparecchio fece clet clet e sputò il gettone. Lo prese e lo rimise dentro l'apposita fessura. Formò lo stesso numero, e attese: questa volta due segnali. Un attimo dopo il secondo segnale tolse di nuovo la comunicazione. Attese un istante e l'apparecchio col suo clet clet sputò un'altra volta il gettone. E lui un'altra volta lo rimise nella fenditura, formò una terza volta lo stes-

---

[1] *valuta*: denaro.

so numero e attese un segnale soltanto, poi riattaccò subito, attese che il gettone ricadesse, se lo rimise in tasca e uscí dalla cabina grondante sudore per il chiuso, e anche per la tensione. Ma era fatta.

Questa era la «comunicazione in muto», perché c'erano anche quelle in parlato. Si mette il gettone, si fa dare uno squillo solo e poi si riattacca. Se avesse dato solo questo squillo, soltanto uno, e non avesse piú chiamato, questo voleva dire: «L'amico non è arrivato». Se, dopo aver chiamato con un solo squillo avesse richiamato con due squilli, e poi basta, senza telefonare piú, questo voleva dire: «L'amico è arrivato ma non ha portato la roba». E se, come aveva fatto, avesse fatto tre chiamate, una con uno squillo, una con due e una con uno, voleva dire: «L'amico è arrivato, ha portato la roba, l'ho presa e controllata, vieni a prenderla». Perché con questi passaggi a rischio calcolato bisogna stare attenti, una volta o l'altra c'è il poliziotto che vi segue, e meno ci si conosce, tra passatori, meno si parla, meglio è. Inoltre, quelle telefonate mute erano economiche, da quasi tre mesi usava sempre lo stesso gettone. Al numero a cui telefonava c'era un furbastro che doveva stare tutto il giorno all'apparecchio a sentire gli squilli.

Uscí anche dall'albergo in via Vitruvio, quasi vicino a piazza Lima. Imboccò coraggiosamente, anche se sudando nell'affocato pomeriggio milanese, corso Buenos Aires, diretto verso il centro. Pensava che nessuno poteva immaginare quanto pesasse una valigia con una cinquantina di milioni di lire in dollari. Ma bisognava portarla con noncuranza e, nel caso fosse stato seguito da un poliziotto, sparare. E lui era pronto.

Nello stesso tempo bisognava essere svelti e stare sempre in mezzo alla folla, nelle vie piú affollate, nei negozi piú gremiti: un povero poliziotto che segue

223

uno alla Rinascente, per esempio un giorno di sabato, è meglio che vada a casa a dormire, perché si perde quello che deve seguire in quattro minuti. Cosí lui andava, se non proprio alla Rinascente, al Supermercato di viale Regina Giovanna, dove si può, abbastanza bene, confondere le idee ai rappresentanti della legge, della giustizia e della morale. E, col suo passo, placido ma possente, vi arrivò molto presto. C'era sempre tanto sole, fuori, e tanta luce fluorescente dentro, e tanta gente, quasi tutte donne, molte con bambini, ma anche giovanotti e vecchiardi che facevano la spesa per conto della mamma o della moglie o della nuora.

Prese un carrello, mise la valigetta in basso, con noncuranza, in fondo erano solo un po' di milioni, non era il tesoro della Banca d'Italia, e cominciò dal corridoio delle verdure e dei salumi. Prese due ananas per Olimpia, poi due reticelle piene di belle arance, di notte lui e Olimpia bevevano spremute a gogò[1], lei si alzava e spremeva tutto lo spremibile che aveva in casa, ananas, arance, limoni, cedri, ci buttava dentro ghiaccio e acqua minerale, bevevano e si riaddormentavano come somari.

Poi, piú avanti, però, prese anche delle bolognette, quelle piccole mortadelle di Bologna, perché Olimpia non viveva mica solo di spremute, e prese anche delle salamelle di Modena e, mentre stava per prendere una brancata di salsicciotti di Parma, distinse subito che l'amico era arrivato, era il furbastro grassottino e giocondo che veniva a ritirare la roba.

Dopo l'avvistamento, lasciarono tutti e due il proprio carrello nel corridoio verdure e salumi e si allontanarono di poco piú di un metro, lui con la valigetta in mano, fingendo di scegliere nello scaffale dello scatolame. Lui scelse due grossi barattoli di asparagi in

[1] *a gogò*: in grande quantità e con frequenza.

scatola: sapeva tutto quello che piaceva a Olimpia, poi depositò la valigetta nel carrello dell'amico che stava fingendo di scegliere dei fagioli toscani cannellini, ma che intanto lo seguiva con la coda dell'occhio, e dopo essersi cosí liberato di quella valigia lui depositò i barattoloni di asparagi nel suo carrello, si allontanò, rapido ma placido, dal suo amico che si portava via la valigetta, andò alla cassa, pagò e uscí col suo paccone di spesa, sudando un po' meno, ora che si era liberato del tesoro e che aveva davanti a sé una settimana per fare all'amore con Olimpia perché a lei, con quell'aria fragile di biondina appena uscita dal collegio, non piacevano mica solo le spremute, le bolognette o le salamelle di Modena, ma i tipi come lui, che pesavano il doppio di lei.

Se ne andò col suo paccone, sempre a piedi, in via Nino Bixio, in quel bel palazzone nuovo vicino a via Pisacane. La portinaia gli sorrise gentile, sapeva che non era il marito della signorina Olimpia Ressi, perché le signorine sono signorine, appunto, perché non hanno marito, ma diecimila lire al mese di mancia fanno sorridere anche le sedie di marmo. Entrò nell'ascensore, salí al quinto piano, aprí la porta dell'appartamentino, tre stanze con un solo servizio, e andò subito in cucina a depositare il paccone. Erano soltanto le sei e tre quarti, c'era sempre il sole, era una grande e bella primavera, e Olimpia non sarebbe arrivata prima delle sette e mezzo, di ritorno dall'ufficio dove lavorava come infermiera, segretaria, e che si chiamava con un terribile nome: Istituto audiometrico per lo studio, il controllo e la correzione delle ipoacusie[1]. Praticamente vendevano apparecchietti alla gente debole di udito, ma come intestazione si davano delle arie.

---

[1] *ipoacusie*: difetti dell'udito, parziali sordità.

Fece in tempo a fare un bagno, a radersi, a farsi un cognac allungato con limone spremuto, e quando lei suonò il campanello la lasciò appena entrare e richiudere la porta, poi la schiacciò contro la porta chiusa, alto molto piú di lei, largo molto piú di lei, lei fu come se scomparisse. – Ancora una settimana, e poi ho finito, – le disse. Le impedí di rispondere, soffocandola con un bacio, poi disse ancora: – Mercoledí venturo c'è il passaggio dell'ultima valigia. Quando l'amico mi porta la valigia da Ginevra e io al Supermercato la consegno all'altro amico, quest'altro amico, al Supermercato, mi dà la busta. Sono cinque milioni, Olimpia –. Le impedí qualunque risposta, soffocandola ancora.

Era sabato sera. Aveva in mente di portare Olimpia prima al cinema, a vedere *La notte dei generali*, perché a lei piacevano i film forti. Scese dalla sua stanza nell'alberghetto dei millenari, e il ragazzotto che era dietro il cosí detto bureau gli tese una lettera. – È per lei.

Per strada, mentre andava al caffè dove aveva l'appuntamento con Olimpia, aprí la busta. C'era dentro una cartolina con una veduta di Genova, corso Italia, vicino a Boccadasse. Sulla cartolina erano scritte quattro parole in una frase che non aveva alcun senso. Le quattro parole erano: «Statista centellino ammanierato subappalto».

Si fermò, un po' per rileggere meglio, un po' per sorridere di quell'incongrua frase, e un po' per rabbrividire di paura, perché quando arrivava uno di quei messaggi c'era solo da tremare dal terrore. Poi tornò subito in albergo, nella sua stanza. Dalla valigia prese uno di quei vecchi vocabolari rilegati in tela rossa, editi dai Fratelli Treves subito dopo il 1900: era il codice. Con la cartolina davanti, un foglietto di carta e un pennarello a punta sottile cominciò a decifrare la prima parola. La prima parola delle quattro del messaggio era «statista». Allora cercò nel vocabolario la parola «statista» poi, cominciando da questa parola, scese di parola in parola lungo la colonnina dei vocaboli e al dodicesimo vocabolo si fermò. Il vocabolo era: «stazione».

Ripeté il lavoro con la parola «centellino». Scese di parola in parola per dodici vocaboli, e al dodicesimo si fermò. Il dodicesimo vocabolo era: «centrale».

Fece la stessa operazione con «ammanierato», e al dodicesimo vocabolo trovò «ammazzare», e con «subappalto», e al dodicesimo trovò «subito». Quindi, il testo decifrato del messaggio era: «Stazione Centrale ammazzare subito».

A lui questi messaggi in codice (ne aveva ricevuti altri due, prima) lo avevano sempre un po' divertito perché sentiva che un buon decifratore dei servizi segreti in una mezza giornata avrebbe intuito il meccanismo della criptografia[1] che era abbastanza trasparente. Infatti, l'inizio delle parole da decifrare era uguale per tutte e quattro le parole del messaggio decifrato. «Statista» cominciava come «stazione», «centellino» cominciava come «centrale», «ammanierato» come «ammazzare» e «subappalto» come «subito». Ma nella sua ingenuità bisognava riconoscere anche una certa furberia del sistema, soprattutto nel fatto che il vocabolario-codice era di oltre sessanta anni prima. Anche il piú abile criptologo sarebbe stato in gravi difficoltà nell'individuare un «codice» cosí vecchio e insolito. A parte questo, lui, Domenico Barone, rilesse una dozzina di volte «Stazione Centrale ammazzare subito», e capí perfettamente di che cosa si trattava e che cosa gli chiedevano. Quando lo ebbe imparato a memoria, probabilmente per sempre, andò in bagno, stracciò la busta, la cartolina, il suo fo-

---

[1] *criptografia*. scrittura in codice o con alfabeto segreto.

glietto con la decifrazione e gettò tutto nel water. Si toccò la rivoltella nella tasca destra dei calzoni, ma senza gioia come le altre volte. Maledizione, perché si era messo con quella gente: per cinque milioni di lire italiane. E per cinque milioni uno si gioca tutta la vita, si rovina per sempre e neanche può goderseli.

Quella notte, dopo aver portato Olimpia a vedere *La notte dei generali*, dove Peter O'Toole squartava le donne, e a mangiare la pizza da Di Gennaro, a letto cercò di far capire a Olimpia che cosa gli stava succedendo. Olimpia era una ragazza intelligente, non viveva solo di spremute, di mortadella e pizze e di possenti uomini. Sapeva anche pensare: lui se ne era accorto parecchie volte, anche meglio di lui.

– Si tratta di contrabbando di valuta, tu lo sai, – cominciò a spiegarle, tenendosela quasi metà addosso, perché è vero che era inquieto, ma il corpo di Olimpia era una di quelle cose che attenuano parecchio, moltissimo, l'inquietudine. – Ma non di pochi milioni ogni tanto. Qui è tutto organizzato come la lavorazione a catena delle auto alla Fiat. Qui, io sono uno dei tanti che fanno i passaggi, chi sa quanti ce ne sono, in ogni città, e chi sa quanti passaggi fanno questi soldi, io credo che facciano quasi il giro del mondo. A ogni quotazione di borsa[1] partono decine e decine di milioni, da una parte all'altra dell'Europa, alla fine ci sono movimenti di centinaia di miliardi.

Si sedette sul letto e cominciò a bersi un bicchiere di succo di ananas. – E sono organizzati molto meglio del servizio di spionaggio inglese o americano. Sanno tutto di tutti i loro uomini e siamo tutti sorvegliati gli uni dagli altri. Per esempio, l'amico che mi porta i soldi alla Stazione Centrale sorveglia me, ma anch'io de-

[1] *quotazione di borsa*: valore assegnato dalla contrattazione alle diverse monete.

vo sorvegliare lui. Il mese scorso mi hanno fatto una comunicazione telefonica in parlato. Sai che cosa mi hanno detto? Ecco: «Devi dirgli di farsi tagliare bene i capelli. Non vogliamo capelloni, danno troppo nell'occhio». E io gliel'ho detto, e infatti lui si è subito tagliato i capelli, da allora.

– Ma con quel messaggio, che cosa vogliono da te? – lei disse.

– Il messaggio dice: «Stazione Centrale ammazzare subito», e vuol dire che mercoledí, quando arriva l'amico da Ginevra coi soldi, devo stenderlo, e questo è un lavoro che non mi piace. Io, se sono attaccato, sparo, ma non sparo a freddo a uno che non mi ha fatto niente, perché a me quel magrolino col naso a becco sul viso tutto ossa non mi ha fatto niente.

– Ma perché lo vogliono ammazzare?

– Questo è facile da capire. Lui deve aver combinato qualche porcheria, forse ha preso dei soldi, forse fa il doppiogioco con la polizia che aspetta ad arrestare che ci siano i pesci grossi e loro hanno detto: «ammazzalo».

– Loro, chi?

– E chi lo sa? – disse lui prendendo da terra la caraffa con la spremuta di ananas e dandoci dentro lunghe sorsate. – Io ne conosco tre, e solo di vista, e visti sempre al buio. Col primo eravamo a mezzanotte su una panchina in piazzale Napoli, figurati che illuminazione. Mi ha offerto il lavoro e mi ha chiesto se accettavo. Io non ho riflettuto neppure un secondo, mi dava un milione subito, e altri cinque a metà maggio, alla fine del lavoro. Quando sento la parola milione dico sempre di sí. E lui allora mi spiegò tutto quello che dovevo fare, tutti i sistemi di comunicazione che dovevo usare con loro, da quelle telefoniche in muto a quelle in parlato, alle cartoline col codice, poi mi dette il milione, biglietto su biglietto, e mi disse: «Fai il bravo, non pensare di andartene con questi soldi e non farti trovare piú: ti ritroveremmo anche se ritornassi nella pancia di tua madre». A me questa frase fece impressione, capii che con quella gente non si poteva scherzare, e infatti non ho mai scherzato, ho fatto sempre tutto quello che volevano loro. Per forza: non c'era molto da scegliere.

– E gli altri due?

– Sono gli amici che vengono da Ginevra coi pacchi di soldi. Da Ginevra viene sempre quello col naso a becco. Qui a Milano consegno la valigia a un giovanotto grassino, giocondo. Non so di loro niente, né il nome, né dove abitano. Se la polizia mi arresta, io, anche volendo, non saprei dire niente, perché non so quasi niente. Io so solo un numero di telefono, anche se dico il numero alla polizia, quei poliziotti non trovano nulla: non stanno mica lí al telefono a farsi prendere.

Lei, Olimpia, saltò fuori dal letto, con quella sua sciolta e tutta aperta vestaglietta rosa, prese in terra la bottiglia di aranciata e si mise a bere a canna, poi disse: – Che succede se non lo ammazzi?

– Prima di tutto, – disse lui, sollevandosi a sedere sul letto, tutto il possente, velloso torace scoperto, – io devo telefonare per dare la conferma, e che eseguirò quello che mi hanno detto di fare. Se non do la conferma, loro mi mandano un paio di amici e domani nel pomeriggio, se fossimo sposati, tu saresti fulmineamente vedova.

– Sono cosí esagerati? – lei disse, posando in terra la bottiglia con la spremuta di arancia, – ammazzano cosí, come nei film?

– Peggio. Tu non capisci il lato concreto della questione. Ad ogni «passaggio» si tratta di decine di milioni di lire. Solo io, in tre mesi, ne ho fatti una dozzina di questi passaggi, ma io sono l'ultima spazzatura dell'organizzazione, l'ultimo venuto, qui ci sono centinaia di persone, e tra queste devono esserci banchieri dal nome grosso come una casa, industriali che annegano nei miliardi. Quando c'è di mezzo tutto questo denaro, questo fiume di milioni, la vita di un uomo vale meno di quella di una mosca.

Lei tornò a letto vicino a lui. – A me però sembrano un po' stupidi. Ti obbligano ad ammazzare uno alla Stazione Centrale, con tutti i poliziotti che ci sono lí, vieni preso subito, e quando sei preso, qualche cosa alla polizia finisci per dirla, ed è peggio per loro.

Lui scosse il capo, parlò con la sigaretta tra le labbra. – Non hai ancora capito. Certo che loro non vogliono che io sia preso dalla polizia. Quando telefono la conferma, loro mi dicono anche come devo fare.

Olimpia rifletté, per parecchi secondi. Poi disse: – Allora dai subito la conferma e senti che cosa ti dicono.

– Adesso?

Lei saltò ancora fuori dal letto, gli tese la mano: – Vieni, – lo trascinò fuori dal letto, lui con gli slippini da play-boy, e lo portò in anticamera dove era il telefono. Faceva caldo, il pavimento freddo sotto i piedi nudi dette loro piacere. Egli formò il numero. Lasciò passare solo uno squillo, poi tolse la comunicazione. Riformò il numero, lasciò passare solo due squilli e chiuse. Fece il numero per la terza volta, e dopo uno squillo, chiuse ancora. Poi per la quarta volta formò il numero e stette ad attendere, senza staccare piú la comunicazione. Quello era il procedimento per una comunicazione «in parlato». Dopo pochi squilli udí la voce d'uomo che conosceva all'altro capo del filo: – Pronto.

Lui, tirandosi su gli slip che tendevano a scivolare e guardando Olimpia, disse: – Ricevuto, confermo.

La voce disse: – Allora ascolta.

Lui ascoltò. Non fu una spiegazione lunga: meno di un minuto. Poi lui riattaccò.

– Che cosa ti hanno detto? – domandò lei.

Egli sedette in slip sulla panca dell'anticamera, stette a capo basso guardando le venature del marmo giallino del pavimento. – Mercoledí, prima di andare alla Stazione Centrale, devo trovarmi in via Aporti, di fianco alla stazione, e un tale mi consegnerà una scatoletta. Respirò forte. – Una scatoletta grande come un libro.

– E cosa c'è nella scatoletta? – lei chiese.

– Qualche cosa di peggio di una bomba al plastico[1], – disse lui. – Cioè una piccola mina antiuomo. Appena si apre la scatola, scoppia, e l'uomo resta polverizzato, se trovano qualche dito è già molto.

Anche lei respirò forte. – E tu che cosa devi fare?

– Dopo aver preso la scatola, vado come tutti i mercoledí alla Stazione Centrale, arriva il magrolino che mi passa la valigia coi soldi, e io gli passo la scatola.

– Ma quello forse potrebbe insospettirsi che tu gli consegni una scatola cosí, se ha commesso qualche cosa sarà in sospetto.

– No, già altre volte gli ho passato delle scatole simili. Loro hanno studiato bene la cosa. E nelle scatole che gli ho passato le altre volte c'erano dei brillanti. Anche i brillanti sono un buon investimento, passando una frontiera.

– E poi cosa succede? – lei, sempre piuttosto rosea, era a poco a poco illividita in viso: non pallida, ma livida.

– Succede che lui prende la scatola e corre al treno che lo riporta a Ginevra e che sta per partire, perché gli orari sono stati calcolati al dieci minuti. Sale sul suo vagone e appena il treno si muove va nella toeletta e vi

---

[1] *plastico*: tipo di esplosivo particolarmente potente.

232

si chiude dentro. Lui crede che nella scatola vi siano dei brillanti e deve levarli dalla scatola per nasconderli. E sai dove li nasconde? C'è da ridere, cosa vanno a pensare, – rise, ma amaro e disperato, li nasconde in una scatola di supposte di glicerina. Scava le supposte di glicerina e ci mette dentro due o tre brillanti, o anche uno solo, secondo la grandezza. È difficile che alla dogana pensino di controllare anche le supposte. Una volta o l'altra lo faranno, ma finora è andata bene. Allora lui si chiude nella toeletta per fare questo lavoro di nascondere i brillanti, ma appena apre la scatola esplode tutto. Penso che potrebbe deragliare anche il treno, se ha già preso una buona velocità.

Rimasero seduti sulla panca, piú d'un minuto, anzi, quasi due minuti, poi lui disse ancora: – E sai cos'è il diabolico di questo piano, adesso che ci penso? È che la polizia penserà a un attentato per l'Alto Adige[1]. La mina antiuomo è uno strumento di guerra, è difficile collegarlo a un contrabbando di valuta o di preziosi.

Ancora un minuto di silenzio, come per commemorare un eroe morto sul campo di battaglia. Poi lei disse: – Non puoi evitare di fare questo lavoro?

– No, – lui disse.

– Perché?

– Perché sarei morto.

– Non possiamo fuggire, nasconderci per un po' di tempo? Ho qualche cosa da parte, sono stufa di lavorare in quell'ufficio di sordi, a Bologna ho due zii grandi e grossi piú di te che ci ospiterebbero e ci difenderebbero, – lei cominciava ad avere la voce tremante.

– Ricordati quello che mi hanno detto al principio, – rispose lui. – «Non fare scherzi, ti ritroveremmo an-

---

[1] *attentato per l'Alto Adige*: verso il 1960, epoca in cui è ambientato il racconto, vi furono diversi attentati compiuti da un gruppo terroristico che chiedeva l'indipendenza dell'Alto Adige dall'Italia.

che se ritornassi nella pancia di tua madre», e a me questa frase non piace.

– E a me non piacciono gli assassini, – e lei, Olimpia, si mise a piangere, a denti chiusi, soffocatamente.

– E a me non piace di essere morto, – lui disse.

– Allora farai quello che ti hanno detto?

– Non ho scelta. O lo faccio, – spiegò lui, calmo, pur nella sua disperazione, – o è meglio che mi sparo subito, qui, adesso, almeno mi ammazzo da me, senza aspettare nell'angoscia che mi ammazzino loro.

– Oh, no, no, no, – lei gli si buttò addosso stringendolo alle massicce spalle. – Non devi morire.

Guardò il calendario. Era mercoledí. L'ultimo mercoledí, poi aveva finito quel lavoro. Erano ancora le tre e mezzo passate; uscí dalla stanza e scese nel salone dell'albergo, dove quattro o cinque millenari stavano conversando di preistorici avvenimenti, e dove vi era anche la cabina telefonica. Mise il gettone e formò il numero di lei, Olimpia.

– Ciao, – le disse appena udí il suo – pronto? – Esco adesso, non aver paura, tu vai con la macchina in viale Regina Giovanna, dall'altra parte della strada, davanti al Supermercato. Arrivo poco dopo le cinque. Stai tranquilla.

– Non sono tranquilla.

– Non piangere, e stai tranquilla. Questo è l'ultimo passaggio che faccio: mi danno gli altri cinque milioni, e ho finito. Non mi metterò mai piú in un giro simile. Stai tranquilla, Olimpia, bambina mia. – Udí solo il suo pianto. – Ciao, riattacco, sta' tranquilla, alle cinque al Supermercato. – Riattaccò, uscí, salutò la padrona dell'alberghetto che era dietro il bureau, dall'alto, forse, dei suoi duecento anni, uscí e a piedi, gli piaceva camminare, anche se faceva caldo, anche se tremava di paura, percorse via Vitruvio fino a via Ferrante Aporti, dove c'era il palazzo delle Poste e lí vide subito il grassottino e giocondo che già conosceva e che era vicino al cestino dei rifiuti attaccato a un palo della luce e che subito buttò nell'argenteo cestino dei rifiuti qualche cosa e poi si allontanò. Subito lui si avvicinò al cestino e tirò fuori il qualche cosa mentre il grassottino, a distanza di qualche metro, dopo averlo osservato, se ne andava.

Il qualche cosa era un pacchetto squadrato come una piccola scatola di cioccolatini, quelle che si prendono quando si va a pranzo da amici per farne loro omaggio. Nell'interno vi era invece la mina antiuomo. In tempo di guerra quelle mine erano larghe come una grossa pizza alla napoletana, ma il progresso le ha nanizzate, si portano in giro come pacchetti qualunque.

E lui la portò in giro alla vicina stazione. Salí la scala mobile, comprò un paio di riviste di grande formato per mimetizzare meglio la scatola, e andò nel bar. Non erano ancora le quattro. Troppo in anticipo. Dovette attendere, girando da una parte all'altra della galleria di testa, bevendo ogni tanto un gingerino[1], fino alle cinque meno dieci, quando nel bar comparve il magrolino dal naso adunco con la sua valigetta. C'erano i soliti due poliziotti, ma non era questo che lo preoccupava, e s'avvicinò subito al magrolino che aveva deposto la valigetta in terra: lo toccò come casualmente urtandolo a un braccio e gli passò il pacchettino, che quello prese subito. Poi si chinò, raccolse la valigetta del magrolino e se ne andò subito via.

Anche il magrolino, col suo pacchetto in mano, bevette in fretta il suo caffè, poi corse al suo treno, il direttissimo Milano-Ginevra, che stava per partire. Salí

---

[1] *gingerino*: diminutivo colloquiale per «ginger», bevanda analcolica di largo consumo.

in un vagone semivuoto e attese, sempre col pacchetto sulle ginocchia. Appena il treno, una decina di minuti dopo, si mosse, andò nella toeletta, si chiuse dentro, strappò l'elegante nastrino che legava il pacchetto, poi cominciò a svolgere la carta, erano pacchettini che conosceva bene, pieni di piccoli ma autentici brillanti, e arrivato a svolgere tutta la carta, lui e metà del vagone esplosero. Tutto il treno vibrò, solo per un miracolo il vagone non uscí dalle rotaie, ma una studentessa milanese che andava a passare le vacanze da un'amica svizzera, e che attendeva sulla piattaforma davanti alla toeletta, esplose anche lei.

Intanto lui, Domenico Barone, con la valigetta, era già uscito dalla Stazione Centrale, aveva attraversato la piazza, aveva imboccato via Vitruvio, ed era arrivato davanti al suo alberghetto. Salí in camera sua e sedette sul letto, con la valigetta sulle ginocchia, ansando. Si sentiva molto stanco. Molto, ma ormai era finita. Basta, basta, non si sarebbe mai piú messo in storie come quelle. Adesso doveva fare solo altre quattro cose. 1. Controllare se la valigetta conteneva il denaro; 2. telefonare in muto all'amico per avvertirlo che tutto andava bene e che era pronto al passaggio; 3. andare al Supermercato in viale Regina Giovanna e passare la valigia all'amico che sarebbe venuto a prenderla; 4. uscire dal Supermercato coi cinque milioni che l'amico gli avrebbe consegnato, attraversare il viale, saltare dentro la macchina di Olimpia che lo aspettava, e andar via con lei. Per qualche settimana la notte avrebbe sognato il magrolino che saltava in aria appena apriva il pacchetto, ma poi gli sarebbe passata. Cominciò a eseguire l'operazione 1: la valigetta era la solita, senza serratura, ma con una molla a scatto: bastava premerla, e la valigia si apriva. Cosa c'era dentro, questa volta? Dollari, marchi tedeschi, sterline? Trovò facilmente la molla, ormai era pratico, premette la molla, e

236

tutto saltò in aria, lui, la stanza con le pareti, porte e finestre esplosero, se la villetta a tre piani che costituiva l'albergo-ricovero di tanti vecchi fosse stata colpita da una bomba in un bombardamento aereo, l'effetto non sarebbe stato molto maggiore. Una mina antiuomo non ha nulla da invidiare a una bomba d'aereo.

– Mi scusi, dottore, – disse il brigadiere Mazzarelli, un romano, sforzandosi di parlare, di fronte al suo piú alto superiore, senza far sentire l'accento romano, – anch'io al principio ho creduto che si trattasse di attentati per l'Alto Adige. Una mina che esplode in una toeletta del direttissimo per Ginevra, un'altra che distrugge mezza villetta in via Vitruvio a Milano e ammazza tre persone, non potevano essere che attentati. I giornali hanno parlato, appunto, solo di attentati politici. Ma la verità è molto diversa.

– Si, è vero, – disse il vicequestore, – ho letto il rapporto. Si tratta di contrabbando di valuta e di preziosi. Ma come siete riusciti a scoprirlo?

– Vede dottore, lei ha letto il rapporto, quindi capisce. Tanto all'uomo che veniva da Ginevra con la valigia piena di soldi da far passare, guardi la foto, è un magrolino con un nasone ossuto, quanto a quello grosso, guardi la foto, che al bar della stazione ritirava la valigia, era stato mandato lo stesso messaggio: «Stazione Centrale ammazzare subito». Questi stupidi non sanno che, in organizzazioni cosí potenti, a un certo punto i capi hanno bisogno di liberarsi di gente o insicura, o debole, o che sa troppe cose. Cosí quello di Milano ha ricevuto l'ordine di uccidere quello che veniva da Ginevra e gli ha consegnato il pacchetto con la mina. E quello che veniva da Ginevra ha ricevuto l'ordine di uccidere quello di Milano e gli ha consegnato una valigetta con la mina dentro. Se ne liberano facendoli ammazzare tra di loro. È stata una donna che ci ha messi sulla traccia giusta: Olimpia, l'amica del grosso di Milano. Ci ha dato indicazioni che li abbiamo presi quasi tutti.

– Bravi, – disse il vicequestore, alzandosi.

(da G. Scerbanenco, *La Milano nera*, Garzanti-Vallardi, Milano)

ANTONIO TABUCCHI
I treni che vanno a Madras

I treni che da Bombay vanno a Madras partono dalla Victoria Station. La mia guida assicurava che una partenza dalla Victoria Station vale da sola un viaggio in India, e questa era la prima motivazione che mi aveva fatto preferire il treno all'aereo. La mia guida era un libretto un po' eccentrico che dava consigli perfettamente incongrui[1] e io lo stavo seguendo alla lettera. Il fatto era che anche il mio viaggio era perfettamente incongruo, dunque quello era il libro fatto apposta per me. Trattava il viaggiatore non come un predone avido di immagini stereotipe[2] al quale si consigliano tre o quattro itinerari obbligatori come nei grandi musei visitati di corsa, ma alla stregua di un essere vagante e illogico, disponibile all'ozio e all'errore. Con l'aereo, diceva, farete un viaggio comodo e rapido, ma salterete l'India dei villaggi e dei paesaggi indimenticabili. Con i treni di lunga percorrenza vi sottoporrete al rischio di soste fuori programma e potrete anche arrivare un giorno più tardi del previsto, ma vedrete la *vera* India. Però, se avrete la fortuna di prendere il treno giusto, sarà puntualissimo e confortevole, avrete cibo eccellente e un servizio perfetto, e un biglietto di prima classe vi costerà meno della metà di un biglietto

---

[1] *incongrui*: poco logici, incoerenti.
[2] *stereotipe*: sempre uguali, rese fisse dall'abitudine.

239

aereo. E poi non dimenticate che sui treni indiani si possono fare gli incontri più imprevedibili.

Queste ultime considerazioni mi avevano definitivamente convinto; e forse mi era anche capitata la fortuna del treno giusto. Avevo attraversato paesaggi di rara bellezza, o comunque indimenticabili per l'umanità che avevo visto; il vagone era di un conforto eccezionale, l'aria condizionata gradevole, il servizio impeccabile. Stava calando il crepuscolo e il treno attraversava un paesaggio di montagne rosse e scabre[1]. Il servitore entrò con uno spuntino su un vassoio di legno laccato, mi porse una salvietta umida, mi versò il tè, mi informò con discrezione che ci trovavamo in mezzo all'India. Mentre mangiavo sistemò la mia cuccetta, specificò che il vagone ristorante restava aperto fino alla mezzanotte e che se desideravo cenare nel mio scompartimento bastava suonassi il campanello. Lo ringraziai con una piccola mancia e gli restituii il vassoio vuoto. Poi restai a fumare guardando dal finestrino quel panorama ignoto, pensando al mio strano itinerario. Andare a Madras a visitare la Società Teosofica[2], per un agnostico[3], e per di più fare due giorni di treno, era un'impresa che probabilmente sarebbe piaciuta agli strambi autori della mia stramba guida di viaggio. Ma la verità era che una persona della Società Teosofica mi avrebbe potuto fornire un'informazione alla quale tenevo moltissimo. Era una tenue speranza, forse un'illusione, e non volevo bruciarla nel breve spazio di un viaggio aereo: preferivo cullarla e assaporarla con un certo agio, come si ama fare con le spe-

---

[1] *scabre*: pietrose e brulle.

[2] *Società Teosofica*: associazione che si fonda su una dottrina religiosa e filosofica che unisce elementi del cristianesimo ed elementi di religioni orientali.

[3] *agnostico*: chi è indifferente nei confronti delle religioni.

ranze alle quali teniamo molto e che sappiamo hanno poche possibilità di realizzarsi.

La frenata del treno mi strappò alle mie considerazioni, forse al mio torpore. Probabilmente mi ero appisolato per qualche minuto e il treno era già entrato in una stazione senza che potessi leggere il nome sul cartello. Avevo letto sulla guida che una delle fermate intermedie era Mangalore o forse Bangalore, non ricordavo bene, ma ora non avevo voglia di mettermi nuovamente a sfogliare il libro per cercare l'itinerario della strada ferrata. Sotto la pensilina c'erano rari viaggiatori: indiani vestiti all'occidentale dall'aspetto di persone facoltose, un gruppo di donne, alcuni facchini affaccendati. Doveva essere una città importante e industrializzata. In lontananza, oltre i binari, si vedevano le ciminiere di una fabbrica, grandi edifici e viali alberati.

L'uomo entrò mentre il treno si stava rimettendo in movimento. Mi salutò frettolosamente, verificò che il numero della cuccetta libera corrispondesse a quello del suo biglietto e dopo avere constatato che non c'erano errori mi chiese scusa dell'intrusione. Era un europeo di una grassezza flaccida, portava un completo blu abbastanza fuori luogo dato il clima e un cappello elegante. Come bagaglio aveva soltanto una valigetta ventiquattrore di cuoio nero. Si sedette al suo posto, trasse di tasca un fazzoletto candido e si pulì con cura gli occhiali da vista, sorridendo. Aveva un'aria affabile ma riservata, quasi compunta. – Anche lei va a Madras? – mi chiese senza aspettare la mia risposta, – questo treno è molto puntuale, arriveremo domani mattina alle sette.

Parlava un buon inglese con accento tedesco, ma non mi parve tedesco. Olandese, mi venne da pensare senza sapere perché, o forse svizzero. Aveva l'aria di un uomo d'affari, così a prima vista pareva sulla sessantina, ma forse era più vecchio. – Madras è la capitale dell'India dravidica[1],– aggiunse, – se non c'è mai stato avrà cose straordinarie da vedere. – Parlava con la disinvoltura un po' distaccata degli europei che conoscono l'India, e mi preparai a una conversazione basata sulle banalità. Decisi che era opportuno informarlo che potevamo cenare nel vagone ristorante, preferendo intercalare i prevedibili luoghi comuni dell'inevitabile dialogo con i necessari silenzi previsti da un pasto consumato civilmente.

Mentre camminavamo nel corridoio mi presentai scusandomi per la distrazione di non averlo fatto prima. – Oh, le presentazioni sono diventate una formalità inutile, ormai, – affermò con la sua aria affabile. Accennò un lieve inchino con la testa. – Mi chiamo Peter, – concluse.

A cena si dimostrò un esperto prezioso. Mi sconsigliò le cotolette vegetali sulle quali mi stavo orientando per pura curiosità, – perché i vegetali devono essere molto variati e lavorati, – disse, – ed è difficile che ciò possa verificarsi nelle cucine di un treno –. Tentai timidamente altri cibi a caso suscitando sempre la sua disapprovazione. Alla fine acconsentii al *tandoori* di agnello che egli aveva scelto per sé, – perché l'agnello è un cibo nobile e sacrificale, e gli indiani hanno il senso della ritualità del cibo.

Parlammo molto delle civiltà dravidiche, anzi, parlò quasi sempre lui, perché i miei interventi si limitavano alle domande tipiche dell'inesperto, a qualche timida obiezione, perlopiù al consenso incondizionato. Mi descrisse con dovizia di dettagli i rilievi rupestri di Kancheepuram e l'architettura dello Shore Temple, mi parlò di culti arcaici e ignoti, estranei al pantei-

[1] *dravidica*: appartenente ai Dravidi, antichissima popolazione del subcontinente indiano.

smo induista[1], come quello delle aquile bianche di Mahabalipuram; del significato dei colori, dei riti funebri, delle caste. Gli esposi con qualche esitazione quello che sapevo: le mie conoscenze della penetrazione europea sulle coste del Tamil; parlai della leggenda del martirio di San Tommaso a Madras, del fallito tentativo dei portoghesi di fondare un'altra Goa[2] su quelle coste, delle loro guerre con i reami locali, dei francesi di Pondicherry. Egli completò le mie informazioni e corresse certe mie inesattezze sulle dinastie indigene citando nomi, date, luoghi e avvenimenti. Parlava con sicurezza e competenza, e la sua erudizione denotava una vastità di conoscenze che lo facevano supporre un esperto qualificato, forse un professore universitario o uno studioso illustre. Glielo chiesi in modo diretto, con una certa ingenuità, sicuro di una risposta affermativa. Egli sorrise non senza finta modestia e scosse il capo. – Solo un semplice amatore, – disse, – è una passione che il destino mi ha invitato a coltivare.

La sua voce aveva una nota struggente, mi parve, come un rimpianto o una pena. I suoi occhi erano lustri, e il volto glabro pareva più pallido sotto la luce del vagone ristorante. Aveva mani delicate e i gesti stanchi. C'era una sorta di incompiutezza, nel suo aspetto, qualcosa di dimidiato[3], ma era difficile dire che cosa: pensai a qualcosa di infermo e di nascosto, come una vergogna.

Tornammo nel nostro scompartimento continuando a conversare, ma ora la sua verve[4] si era affievolita e il nostro colloquio era intercalato da lunghi silenzi. Mentre ci disponevamo a prepararci per la notte, solo

---

[1] *induista*: appartenente all'induismo, religione indiana.
[2] *Goa*: colonia portoghese in India.
[3] *dimidiato*: dimezzato.
[4] *verve*: vivacità.

per dire qualcosa, senza una ragione specifica, gli chiesi perché viaggiasse in treno, piuttosto che in aereo. Pensavo che per una persona della sua età sarebbe stato più agevole e comodo usare l'aereo, invece di sottoporsi a un viaggio così lungo; e probabilmente mi aspettavo la confessione del timore di un simile mezzo di trasporto, come a volte accade a persone che non vi furono abituate nella giovinezza.

Il signor Peter mi guardò perplesso, come se non ci avesse mai pensato. Poi si illuminò all'improvviso e disse: – Con l'aereo si fanno viaggi comodi e rapidi, ma si salta la vera India. Certo con i treni che fanno lunghi percorsi c'è il rischio di arrivare anche con un giorno di ritardo, ma se si ha la fortuna di indovinare il treno giusto si può fare un viaggio molto confortevole e arrivare con estrema puntualità. E poi sul treno c'è sempre il piacere di una conversazione che l'aereo non permette.

Fu più forte di me e mormorai: – India, a travel survival kit[1].

– Come? – disse lui.

– Niente, – risposi, – mi era venuto in mente un libro. – E poi dissi con sicurezza: – Lei non è mai stato a Madras.

Il signor Peter mi guardò con candore. – Per conoscere un luogo non è sempre necessario esserci stati, – affermò. Si tolse la giacca e le scarpe, infilò la sua valigetta sotto il cuscino, tirò la tenda della sua cuccetta e mi augurò la buona notte.

Avrei voluto dirgli che anche lui aveva una tenue speranza, e per questo aveva preso il treno: perché preferiva cullarla e assaporarla a lungo, invece di bruciarla nel breve spazio di un viaggio aereo, ne ero certo. Ma naturalmente non dissi niente, spensi la luce

[1] *India, a travel survival kit*: il titolo di una celebre guida turistica: «India, manuale di sopravvivenza». In inglese.

244

centrale, lasciai la *veilleuse*[1] azzurra, tirai la mia tenda e gli augurai la buona notte.

Ci svegliò il fastidio della luce accesa all'improvviso e una voce che chiedeva qualcosa. Dal finestrino si vedeva una baracca di tavole rischiarata da una luce fioca, con un cartello incomprensibile. Il controllore era accompagnato da un poliziotto molto scuro dall'aria sospettosa. – Stiamo entrando nel paese Tamil Nadu, – disse il controllore con un sorriso, – è una pura formalità. – Il poliziotto tese la mano e disse: – Documenti, prego.

Guardò il mio passaporto con aria distratta e lo richiuse subito. Sul documento del signor Peter si trattenne con maggiore attenzione. Mentre lo esaminava mi accorsi che era un passaporto israeliano. – Mister... Shi...mail? – sillabò faticosamente il poliziotto.

– Schlemihl, – corresse il mio compagno di viaggio, – Peter Schlemihl[2].

Il poliziotto ci restituì i documenti, spense la luce e si accomiatò freddamente. Il treno aveva ripreso a correre attraverso la notte indiana, la luce della lampada azzurra creava un'atmosfera di sogno, restammo a lungo in silenzio, poi alla fine io parlai. – Lei non può avere questo nome, – dissi, – esiste un solo Peter Schlemihl, è un'invenzione di Chamisso, e lei lo sa perfettamente. Una cosa del genere va bene per un poliziotto indiano.

Il mio compagno di viaggio non rispose. Poi mi chiese: – Le piace Thomas Mann?

– Non tutto, – risposi.

[1] *veilleuse*: lampada dalla tenue luce azzurrina che si tiene accesa anche durante il sonno. In francese.

[2] *Peter Schlemihl*: nome del personaggio, creato dalla fantasia dello scrittore tedesco Chamisso, che cede la propria ombra al diavolo in cambio della ricchezza.

– Che cosa?

– I racconti, alcuni romanzi brevi, *Tonio Kröger, Morte a Venezia*[1].

– Non so se conosce una prefazione al *Peter Schlemihl*, – disse lui, – è un testo ammirevole.

Il silenzio cadde di nuovo. Pensai che il mio compagno si fosse addormentato, ma non poteva essere, certo. Aspettava solo che parlassi io, e io parlai.

– Che cosa va a fare a Madras?

Il mio compagno di viaggio non rispose subito. Tossì leggermente. – Vado a vedere una statua, – sussurrò.

– È un lungo viaggio, per vedere una statua.

Il mio compagno non rispose. Si soffiò il naso a più riprese. – Voglio raccontarle una piccola storia, – disse poi, – ho voglia di raccontarle una piccola storia –. Parlava sommessamente e la sua voce mi giungeva attutita da dietro la tenda. – Molti anni fa, in Germania, conobbi un uomo. Era un medico, e doveva visitarmi. Stava seduto dietro una scrivania e io stavo in piedi nudo davanti a lui. Dietro di me c'era una fila di altri uomini nudi che egli doveva visitare. Quando ci avevano condotti in quel luogo[2] ci avevano detto che noi servivamo al progresso della scienza tedesca. Accanto al medico c'erano due guardie armate e un infermiere che riempiva delle schede. Egli ci poneva delle domande precise concernenti le nostre funzioni virili, l'infermiere procedeva a certe analisi sui nostri corpi, e poi scriveva. La fila procedeva svelta, perché quel medico aveva fretta. Quando avevo già superato il mio turno, invece di proseguire verso la stanza in cui ci conducevano, indugiai qualche attimo, perché il mio sguardo fu attratto da una statuetta che il medico

[1] *Tonio Kröger, Morte a Venezia*: romanzi dello scrittore tedesco Thomas Mann.
[2] *quel luogo*: un campo di concentramento naziata.

246

teneva sulla scrivania. Era la riproduzione di una divinità orientale, ma io non l'avevo mai vista. Rappresentava una figura danzante, con le braccia e le gambe in posizioni armoniche e divergenti iscritte in un circolo. C'erano solo pochi spazi aperti in quel circolo, piccoli vuoti che aspettavano di essere chiusi dall'immaginazione di chi lo guardava. Il medico si accorse del mio rapimento e sorrise. Aveva una bocca sottile e beffarda. Questa statua rappresenta il circolo vitale, disse, nel quale tutte le scorie devono entrare per raggiungere la forma superiore della vita che è la bellezza. Le auguro che nel ciclo biologico previsto dalla filosofia che concepì questa statua lei possa avere, in un'altra vita, un gradino superiore a quello che le è toccato nella sua vita attuale.

Il mio compagno di viaggio tacque Nonostante il rumore del treno potevo avvertire perfettamente la sua respirazione pausata e profonda.

– Vada avanti, la prego, – dissi.

– Non c'è molto da aggiungere, – disse lui, – quella statua era l'immagine di Shiva[1] danzante, ma io allora non lo sapevo. Come vede non sono ancora entrato nel circolo del riciclaggio vitale, e la mia interpretazione di quella figura è un'altra. Ci ho pensato ogni giorno, è l'unica cosa a cui ho pensato in tutti questi anni.

– Quanti anni sono passati?

– Quaranta.

– Si può pensare a una sola cosa per quarant'anni?

– Credo di sí, se si è provata su di noi la turpitudine[2].

– E quale è la sua interpretazione di quella figura?

– Credo che essa non rappresenti affatto il circolo vitale. Rappresenta semplicemente la danza della vita.

– In che cosa consiste la differenza? – chiesi io.

[1] *Shiva*: divinità indiana.
[2] *turpitudine*: azione vergognosa e ributtante.

247

– Oh, è molto diverso, – sussurrò il signor Peter. – La vita è un cerchio. C'è un giorno in cui il cerchio si chiude, e noi non sappiamo quale –. Si soffiò di nuovo il naso e poi disse: – E ora mi scusi, sono stanco, se permette vorrei cercare di dormire.

Mi svegliai nei dintorni di Madras. Il mio compagno di viaggio era già rasato e pronto nel suo impeccabile vestito blu. Aveva un'aria riposata e sorridente, aveva rialzato la sua cuccetta e mi indicava il vassoio della colazione posato sul tavolo accanto al finestrino.

– Ho aspettato che si svegliasse per prendere il tè insieme,– disse. – Non ho voluto disturbarla, dormiva così bene.

Entrai nello stanzino del lavabo e feci rapidamente la toeletta mattutina, raccolsi le mie cose, sistemai il mio bagaglio e mi sedetti davanti alla colazione. Cominciavamo a percorrere un luogo abitato, una zona di villaggi popolosi con le prime avvisaglie di città.

– Come vede siamo in perfetto orario, – disse il mio compagno, – sono le sette meno un quarto –. Piegò con cura il suo tovagliolo. – Mi piacerebbe che anche lei andasse a vedere quella statua, – aggiunse, – si trova nel museo di Madras. Mi piacerebbe sapere cosa ne pensa. Si alzò in piedi e prese la sua valigetta. Mi tese la mano e mi salutò col suo tono affabile. – Sono grato alla mia guida di viaggio che consigliava questo mezzo di trasporto, – disse, – è vero che sui treni indiani si possono fare gli incontri più inattesi: la sua compagnia è stata per me un piacere e un conforto.

– È un piacere reciproco, – replicai, – sono io che sono grato ai consigli della mia guida.

Stavamo entrando nella stazione, davanti a un marciapiede brulicante di folla. Il treno azionò i freni e il convoglio si fermò dolcemente. Gli cedetti il passo ed egli scese per primo, facendomi un cenno di saluto con la mano. Mentre si allontanava lo chiamai e lui si voltò.

– Non so dove potrei eventualmente comunicarle la mia opinione, – gridai, – non ho il suo indirizzo.

Lui tornò sui suoi passi, con quell'aria perplessa che già gli conoscevo, e rifletté un istante. – Mi lasci un messaggio all'American Express, – disse, – passerò a raccoglierlo.

Poi ciascuno di noi si perse tra la folla.

A Madras restai solo tre giorni. Furono giorni intensi, quasi febbrili. Madras è una città enorme di case basse e di immensi spazi incolti, ingorgata da un traffico di biciclette, di autobus sconnessi e di animali; per percorrerla da una punta all'altra ci vuole molto tempo. Assolti gli obblighi che mi aspettavano mi restò un solo giorno di libertà, e al museo preferii una visita ai rilievi rupestri di Kancheepuram, che distano molti chilometri dalla città. La mia guida, anche in quell'occasione, si rivelò una preziosa compagnia.

La mattina del quarto giorno mi trovavo in una stazione degli autobus che fanno il percorso per il Kerala e per Goa. Mancava un'ora alla partenza, faceva un caldo torrido e le pensiline dell'enorme hangar[1] della stazione erano l'unico rifugio contro la calura delle strade. Per ingannare l'attesa comprai il giornale in lingua inglese di Madras. Era un giornale di appena quattro fogli, dall'aspetto di giornale di parrocchia, con molti annunci di ogni specie, riassunti di film popolari, cronaca cittadina. In prima pagina, con molto rilievo, c'era la notizia di un omicidio avvenuto il giorno precedente. La vittima era un cittadino di nazionalità argentina che viveva a Madras dal 1958. Era descritto come un signore schivo e discreto, senza amici-

---

[1] *hangar*: capannone che serve da autorimessa.

zie, settantenne, che viveva in una villetta nel quartiere residenziale di Adyar. La moglie era deceduta tre anni prima per cause naturali. Non avevano figli.

Era stato ucciso con un colpo di pistola al cuore. Era un omicidio apparentemente inspiegabile, perché l'assassino non aveva agito a scopo di furto. La casa risultava in ordine, senza tracce di scassi. L'articolo descriveva l'abitazione come una residenza semplice e sobria, con alcuni pezzi d'arte di buon gusto e un piccolo giardino. Pareva che la vittima fosse un intenditore di arte dravidica; il giornale menzionava alcuni servigi resi nella catalogazione del locale museo e riportava la fotografia di uno sconosciuto: il viso di un vecchio calvo, con gli occhi chiari e la bocca sottile. Era una descrizione neutra e anodina[1]. L'unico particolare curioso era la fotografia di una statuetta abbinata al volto della vittima. Si trattava certo di un abbinamento plausibile, perché la vittima era un intenditore di arte dravidica e la danza di Shiva è il pezzo più noto del museo di Madras, una specie di simbolo. Ma quell'accostamento plausibile suscitò in me un altro accostamento. Mancavano ancora venti minuti alla partenza, cercai un telefono e feci il numero dell'American Express. Mi rispose una signorina gentile. – Vorrei lasciare un messaggio per il signor Schlemihl, – dissi. La signorina mi pregò di attendere un attimo e poi disse: – Per il momento non abbiamo nessuna persona con un recapito a questo nome, ma se lo desidera può lasciare ugualmente il suo messaggio, gli sarà consegnato appena passerà.

– Pronto, pronto, – ripeté la telefonista che non sentiva più la mia voce.

– Un attimo, signorina, – dissi, – mi lasci riflettere un attimo.

[1] *anodina*: di scarsa efficacia, insignificante.

Che cosa potevo dire? Pensai al ridicolo del mio messaggio. Forse che avevo capito? E che cosa? Che per qualcuno il cerchio si era chiuso?

– Non ha importanza, – dissi,   ho cambiato idea –. E riattaccai.

Non escludo che la mia immaginazione abbia lavorato più del consentito. Ma se avessi indovinato quale era l'ombra che il signor Schlemihl aveva perduto; e se mai gli capitasse di leggere questo racconto, per lo stesso strano caso che ci fece incontrare quella sera in treno, vorrei che gli giungesse il mio saluto. E la mia pena.

(da A. Tabucchi, *Piccoli equivoci senza importanza*, Feltrinelli, Milano)

Apparato didattico

Elementi della narrazione

Il racconto

Raccontare è un'attività che facciamo tutti ogni momento: raccontiamo ciò che ci è capitato durante il giorno o le nostre preoccupazioni per il futuro, i sogni che abbiamo fatto o le informazioni che abbiamo ricevuto. Raccontiamo anche cose inventate, che mescoliamo a quelle vere, magari per renderle piú credibili. La narrazione orale è dunque come una scia di parole o di immagini che accompagna le nostre giornate.

Da questa abilità istintiva è derivata presso tutti i popoli un'attività piú ragionata, piú attenta all'uso di tecniche specifiche, attraverso cui il narratore si propone di raggiungere certi risultati: è nato il racconto.

Il racconto è un genere letterario molto libero: può essere decisamente breve, di una pagina o poco piú, o tanto lungo da confondersi quasi con un romanzo; può essere svolto attraverso un dialogo continuo o riprodurre un monologo interiore o ancora dare spazio a descrizioni di luoghi e di eventi.

Ma è soprattutto nel contenuto che i racconti possono differenziarsi. Anzi, proprio in base ai contenuti si è soliti suddividerli in *sottogeneri*.

Cosí abbiamo, ad esempio, i *racconti fantastici*, in cui si immaginano situazioni irreali inserite in un contesto reale, oppure si crea un mondo del tutto immaginario, capace di trasformare anche le azioni piú normali in qualcosa di insolito.

«Ma avvenne che una notte, mentre eravamo soli nella mia quazzomobile e guardavamo le mille stelle dell'Universo, lei si strinse a me e cominciò a lazigàr. Che è la cosa piú terribile che ti possa capitare su Becoda. Lazigàr è come il vostro piangere, ma noi piangiamo olio, prezioso olio lubrificante, per cui se uno lazíga troppo resta arrugginito, grippa e muore» (S. Benni, *Il marziano innamorato*, p. 25).

Una variante particolare dei racconti fantastici è costituita da quelli di *fantascienza*, in cui elementi tratti dalla scienza e dalla tecnologia sono alla base dell'invenzione narrativa dell'autore: ce ne dà un esempio il racconto *Le figlie della Luna* di I. Calvino.

Altri racconti, invece, prendono spunto da vicende accadute realmente all'autore o a qualcuno di sua conoscenza, oppure da avvenimenti della storia di un popolo: sono i *racconti storici* o di *memoria autobiografica*:

> «Quando la prima neve cominciava a cadere, una lenta tristezza s'impadroniva di noi. Era un esilio il nostro: la nostra città era lontana e lontani erano i libri, gli amici, le vicende varie e mutevoli di una vera esistenza» (N. Ginzburg, *Inverno in Abruzzo*, p. 154).

Il *racconto d'avventura* si basa solitamente sul rapido succedersi di eventi insoliti e imprevedibili, che mettono a dura prova le doti del protagonista; e non indugia nell'analisi dei personaggi. Un tipo particolare di racconto d'avventura è quello *poliziesco*, in cui l'insieme degli avvenimenti e delle informazioni trova una ragione solo se e quando si coglie la concatenazione tra cause ed effetti:

> «Ma mia moglie...
> – Ci arriverò. Intanto mi dica: ha capito?
> – Che cosa?
> – Queste fotografie, il fatto che stessi aspettandola: ha capito?
> – No.
> – Non mi deluda: se davvero non ha capito, le mie speranze crollano. E anche le sue» (L. Sciascia, *Gioco di società*, p. 207).

L'interesse per le vicende quotidiane, descritte con attenzione alle specifiche caratteristiche anche linguistiche di una certa città o regione, dà luogo al *racconto realistico* (si veda ad esempio *Mario* di A. Moravia); altre volte invece l'autore privilegia l'indagine dello stato d'animo dei personaggi, che diviene l'elemento centrale della narrazione e al quale vengono finalizzate anche le descrizioni dei luoghi o degli avvenimenti. Tali racconti sono detti *psicologici*:

> «Aveva, parlando cosí, un'espressione combattuta e persi-

no timida, quasi che il dubbio, su qualsiasi materia, la disturbasse di per sé. Abituata alla sua sicurezza, soffriva quando le veniva a mancare» (B. Solinas Donghi, *Una parente d'acquisto*, p. 96).

Si potrebbe continuare: i sottogeneri sono molto numerosi e possono intrecciarsi tra loro; inoltre ogni autore ne fornisce un'interpretazione personale. Egli, infatti, ha totale libertà di scelta non solo riguardo all'argomento del racconto, ma anche al modo di svolgerlo. Ma qualunque cosa egli voglia scrivere, si serve sempre di alcuni elementi fondamentali per impostare la sua narrazione: i fatti, lo spazio, il tempo, la trama e i personaggi.

I fatti

I fatti, si potrebbe dire, sono un po' come i mattoni con cui il narratore costruisce il racconto. Ma a differenza di questi ultimi essi assumono una diversa configurazione e si caricano di un significato particolare a seconda delle intenzioni dell'autore, cioè a seconda della loro collocazione e della loro traduzione in parole.

«La città era assolutamente anonima, malgrado le figure colorate e insolite che l'attraversavano, il traffico era congestionato. Molti taxi gialli erano anch'essi imprigionati in una lunga colonna davanti a un semaforo rosso, le facce dei taxisti attraversate da lampi omicidi» (M. Vergani, *Catastrofi e non nella vita naturale dell'uomo*, p. 172).

Scegliendo questi avvenimenti tra i mille della vita cittadina, l'autrice non intende evidentemente solo rappresentare il traffico urbano in un'ora di punta, ma anche comunicarci un senso di ansia e di tensione. Cosí un fatto di per sé normale si arricchisce di significato e ci avvicina allo stato d'animo dei personaggi del racconto.

In un testo non tutti gli eventi hanno la stessa importanza e non è detto che quelli piú a lungo descritti dall'autore siano quelli piú ricchi di significato. Ad esempio nei racconti «gialli» certi fatti apparentemente irrilevanti si rivelano, alla fine, decisivi.

«Quando avevo già superato il mio turno, invece di proseguire verso la stanza in cui mi conducevano, indugiai qualche attimo, perché il mio sguardo fu attratto da una statuetta che il medico teneva sulla scrivania» (A. Tabucchi, *I treni che vanno a Madras*, pp. 246-47).

Non è necessario, naturalmente, che i fatti siano reali per

esprimere un messaggio. Possono essere totalmente fantastici, del tutto improbabili:

> «La Luna era proprio lí; ondeggiò come se volesse scappare, ma quella gru sembrava calamitata: si vide la Luna come aspirata finirle proprio in bocca» (I. Calvino, *Le figlie della Luna*, p. 42);

oppure soltanto pensati o sognati, come quelli narrati da Tommaso Landolfi in *Pioggia* (p. 121):

> «Era tirato da un ragno, no, il nostro cocchio? [...]
> – Dove mai l'hai visto un cocchio tirato da un ragno?
> – In sogno beninteso».

Una volta divenuti parola, gli eventi acquistano consistenza e contribuiscono, raccordati con gli altri elementi, a dar vita al racconto.

La trama

I fatti, ordinati in base ad un progetto e raccordati tra loro, formano delle *sequenze narrative*: si tratta di segmenti del racconto, di solito brevi, ma tali da contenere lo sviluppo dell'azione:

> «Al pomeriggio spesso portava in giro la sua nipotina sul portapacchi del motorino, ed esponeva a lei il suo problema. La nipotina l'ha consigliato di andare a parlarne con il suo professore di scienze, che abitava fuori dal paese ed era anche un giovane inventore» (G. Celati, *Come fa il mondo ad andare avanti*, p. 6).

L'insieme delle sequenze narrative costituisce la *trama* di un racconto, che a sua volta contiene due aspetti distinti: la *fabula* e l'*intreccio*.

Con *fabula* si intende la successione rigorosa dei fatti nel loro ordine logico e temporale, con *intreccio* invece la disposizione che ai fatti stessi decide di dare l'autore, ad esempio anticipando, nel racconto, avvenimenti che si verificano cronologicamente dopo o comunicandoci verso la fine informazioni che si riferiscono a situazioni precedenti, come ad esempio in questo passo:

> «...all'inizio aveva chiesto qualcosa alla moglie, che possedeva ancora qualche terreno qui vicino, a Lodi, con la scusa che voleva abbandonare l'impiego poco remunerativo e

258

darsi agli affari...» (R. Olivieri, *Mezzo miliardo in una valigia*, p. 183).

A volte fabula e intreccio praticamente coincidono, come nel racconto di Gianni Celati citato prima. Molto piú spesso lo scrittore altera l'ordine della fabula proprio per rendere la narrazione piú attraente ed efficace. In questa maniera infatti egli può creare un'attesa e suscitare la partecipazione attiva del lettore, che è chiamato a uno sforzo di intelligenza e di creatività per capire l'insieme senza possederne ancora tutti gli elementi. Questo meccanismo è utilizzato soprattutto nei libri «gialli», ma è comune a tutti i generi di narrazione.

La tecnica del «ritorno all'indietro», sovente indicata col termine inglese *flashback*, è spesso usata anche per dare particolare evidenza a un certo momento del racconto o per valorizzare le motivazioni psicologiche dei personaggi:

> «Passarono degli ufficiali ed Elio ripensò, subitamente, gli anni di prima; [...]. Suo padre era morto come può morire un colonnello di fanteria "che deve impadronirsi ad ogni costo di quota 960". Era caduto con tre pallottole nello stomaco ed egli, il giovane, non aveva avuto piú pace finché non se n'era procurate altrettante. "Papà, papà!", pensava» (C.E. Gadda, *La fidanzatá di Elio*, p. 164).

La narrazione può essere inoltre interrotta per inserire situazioni secondarie che hanno la funzione di chiarire lo sviluppo di quelle principali fornendo informazioni di carattere sociale, culturale, storico, psicologico...

> «Contadini, artigiani, mediatori, commercianti e forse anche il canonico, avevano avuto nella vita duri inizi. Nessuno, a quei tempi, perveniva a una certa indipendenza prima dei trent'anni...» (P. Chiara, *Tommasino degli schiaffi*, p. 105).

I personaggi

I personaggi sono, in un certo senso, i motori del racconto. Grazie a loro, si svolge l'azione, acquistano un significato i luoghi, si manifestano i sentimenti. Il lettore è spesso portato a seguire con particolare attenzione le vicende di un personaggio, fino a trascurare altri aspetti del racconto, come le descrizioni o le riflessioni dell'autore: ciò può accadere specialmente quando – come nel racconto *Il ladro Luca* di Massimo Bontempel-

259

li – i personaggi sono delineati nettamente, sia pure mediante rapidi cenni:

> «La vista delle tegole lo riposava. Lui [Luca] sa camminare sui tetti come un gatto. Pregustava la meraviglia dei suoi compagni (trine, seta, argento) e forse un elogio del Capo. Il ladro Luca senza bisogno d'orologio misurava il tempo a perfezione» (pp. 51-52).

Tramite queste poche notizie noi conosciamo tutto del carattere del ladro Luca; e allo stesso modo basta una breve descrizione dell'aspetto fisico («...una testa grossa e nera, due occhi lucidi...») per farci capire che tipo sia il suo avversario, lo sbirro.

Naturalmente un autore non è tenuto a darci contemporaneamente e subito tutte le informazioni relative a un personaggio. Spesso anzi ne tiene segreta qualcuna, che rivela solo strada facendo, come fa Arpino, che all'inizio del racconto riportato ci descrive minutamente il gatto:

> «È enorme, castrato, non è mai uscito di casa, si muove tra il salotto e il corridoio col passo di un mandarino cinese. Gli piace intensamente specchiarsi...» (*Gatto mammone*, p. 10),

Ci viene sottaciuto, tuttavia, quel particolare che, svelato alla fine, rende comprensibile la storia. I personaggi entrano in rapporto, oltre che tra loro, con gli oggetti e con l'ambiente in cui vengono collocati.

Può trattarsi di un rapporto analogo a quello che si verifica (o si verificava) nella realtà: avremo allora un racconto di tipo realistico, come quello di Beppe Fenoglio, *La sposa bambina*:

> «La mattina dopo, il panettiere di Murazzano, che si levava sempre il primo di tutto il paese, uscito in strada a veder com'era il cielo di quel nuovo giorno, trovò Catinina seduta sul selciato e con le spalle contro il muro tiepido del suo forno» (p. 141);

oppure tale rapporto può essere del tutto irrealistico, come in questo testo di A. Moravia:

> «Il tacchino, vestito con una eleganza un po' vecchiotta, di una giacca nera dai risvolti di seta, di un paio di pantaloni a quadretti pepe e sale e di un gilè di panno grigio coi bottoni di osso, conversava con la figlia del Curcio» (*Il tacchino di Natale*, p. 17).

Ci troviamo di fronte, in questo caso, a dei racconti fantastici e surreali.

Ma anche i personaggi piú fantasiosi si situano entro le dimensioni comuni a tutti gli uomini, cioè lo spazio e il tempo.

Lo spazio

Ogni racconto è collocato in uno spazio piú o meno preciso e verosimile, reale o immaginario, che in ogni caso delimita l'ambiente in cui si svolgono i fatti. La scelta dei luoghi non ha solo una funzione genericamente informativa, ma spesso determina in maniera decisiva l'atmosfera, il tono del racconto:

> «In una valle chiusa da colline boschive, sorridente nei colori della primavera, s'ergevano una accanto all'altra due grandi case disadorne, pietra e calce. Parevano fatte dalla stessa mano, e anche i giardini chiusi da siepi, posti dinanzi a ciascuna di esse, erano della stessa dimensione e forma. Chi ci abitava non aveva però lo stesso destino» (I. Svevo, *La madre*, p. 89).

Le indicazioni spaziali svolgono un ruolo assai differente da racconto a racconto: vi sono autori che amano descrizioni minuziose dei luoghi, come G. Scerbanenco in *Stazione Centrale ammazzare subito*:

> «Se ne andò col suo paccone, sempre a piedi, in via N. Bixio, in quel bel palazzone nuovo vicino a via Pisacane» (p. 225);

altri preferiscono pochi cenni rapidi, essenziali, magari affidati alle parole, ai pensieri o ai ricordi di un personaggio.

La collocazione nello spazio è importante non solo perché permette al lettore di orientarsi nel susseguirsi degli avvenimenti, ma anche perché delinea meglio la condizione psicologica dei personaggi, aiuta a capire la loro visuale e i loro comportamenti, a valutare le situazioni specifiche in cui essi si trovano. Nel racconto di Alberto Moravia, *Mario*, lo spazio ristretto in cui si svolge il movimento frenetico del protagonista fa risaltare il crescere della sua ansia e agitazione:

> «Uscii senza salutarla e andai dirimpetto, alla stireria. Dalla strada potei subito vedere Vincenzina, ritta in piedi davanti al tavolo...» (p. 66).

Talora l'ambiente assume un rilievo tanto forte da divenire in un certo senso un vero e proprio personaggio. Nel racconto *Il bo-*

sco degli animali di Italo Calvino il bosco è il vero artefice della storia, l'antagonista decisivo del soldato tedesco:

> «Una volta nel bosco Coccinella parve perdere la riluttanza a muoversi, anzi, poiché il tedesco tra quei viottoli si raccapezzava poco, era lei a guidarlo e a decidere nei bivi. Non passò molto e il tedesco s'accorse che non era sulla scorciatoia dello stradone ma in mezzo al bosco fitto: in una parola s'era smarrito insieme a quella mucca» (pp. 147-48).

Il tempo

Il tempo del racconto è anzitutto quello in cui la storia si svolge. Esso può essere rapportato ad altri avvenimenti esterni che permettono di situarlo storicamente, come avviene nel racconto di Natalia Ginzburg, *Inverno in Abruzzo*:

> «Mio marito morí a Roma nelle carceri di Regina Coeli, pochi mesi dopo che avevamo lasciato il paese» (p. 158).

Poiché sappiamo che il marito dell'autrice morí nel 1944, possiamo datare gli avvenimenti raccontati in questo brano. Molte altre volte, invece, il tempo è indicato in maniera generica o, meglio, riguarda solo il rapporto tra fatti interni al racconto stesso, mentre mancano indicazioni che permettano di collocarlo in una piú precisa cronologia esterna:

> «Il professore Leprani non può essere smentito da chicchessia. Ha detto una settimana. Tiriamogli pure il collo, alla sua diagnosi. Vede che in fondo anch'io sono comprensivo. Ma entro quindici giorni, i funerali» (D. Buzzati, *Il buon nome*, p. 132).

Come si vede, qui la segnalazione temporale «interna» è precisa, ma vi sono riferimenti solo generici al contesto temporale esterno.

Riguarda il tempo anche il rapporto tra il momento in cui l'autore scrive e quello in cui è ambientata la storia. Infatti i due momenti possono essere contemporanei (o quasi), oppure distanti tra loro: la storia può essere ambientata sia in un lontano passato, sia in un lontano futuro.

Il tempo, naturalmente, condiziona anche i personaggi. Infatti al tempo «oggettivo», determinato dal passare delle ore, dei giorni, dei fatti, si intreccia quello «soggettivo» di ciascun personaggio: tempo che risente delle sue emozioni, dei suoi ricordi, delle sue speranze:

> «Ma Truppino non può fare molte considerazioni, non ha nemmeno il tempo di sentirsi soddisfatto perché ora guadagna, o perché Martinelli gli ha detto che diverrà un marinaio» (M. Tobino, *Inizio della vita di un marinaio*, p. 76).

Infine i riferimenti temporali servono a precisare la durata degli eventi narrati, che possono occupare un periodo molto breve, di pochi minuti, o lungo, anche di secoli, a seconda degli intendimenti dell'autore.

Il narratore

Perché ci sia una narrazione è indispensabile, naturalmente, che ci sia un narratore, cioè una «voce» che dà ordine, secondo un proprio punto di vista, a ciò che si comunica.

La figura del narratore non si manifesta sempre allo stesso modo. Essa può essere *interna al racconto*, cioè presentarsi come un personaggio, principale o secondario, che parla in prima persona e riferisce anche di altri personaggi:

> «Quando da G. andai a studiare a F. mi avvidi subito che quella gente aveva un'idea sbagliata della posizione del mio paese nativo. Appena nominai G. mi dissero: – Ohè, marcmmano!» (R. Bilcnchi, *Un errore geografico*, p. 109)

Talvolta il personaggio-narratore (che non va confuso con l'autore!) dimostra di conoscere tutta la storia fin da principio, come fa il narratore Qfwfq:

> «Quel che accade sulla terra quando una Luna muore, non è facile descriverlo; proverò a farlo, riferendomi all'ultimo caso che ricordo» (I. Calvino, *Le figlie della Luna*, p. 35);

talvolta, invece, egli viene a conoscenza degli eventi poco alla volta, assieme agli altri personaggi e al lettore:

> «Osservai sorridendo: – Troppo contento? Scusa, non ho capito bene. Troppo contento per essere lo sguardo di uno che ha ammazzato la moglie, oppure... troppo contento per non essere lo sguardo di uno che non è stato lui ad ammazzarla?» (M. Soldati, *Un sospetto*, p. 200).

In altre narrazioni, invece, la «voce» si mantiene *all'esterno del racconto* e parla come un testimone di fatti ai quali non ha partecipato:

> «Lanza gustava il soave riposo, e si abbandonava alla danza di pensieri e d'immagini che prelude al sonno, pur evitando di lasciarsene sopraffare. Faceva caldo, e Lanza vedeva il suo paese: la moglie, il figlio, il suo campo, l'osteria» (P. Levi, *Zolfo*, p. 72).

Il narratore può inoltre assumere il punto di vista di un personaggio o rimanere imparziale; e in ogni caso può non comparire nella storia.

Capita anche che il narratore non sia identificabile con una singola persona, ma sia la voce di un gruppo (di cui fa parte spesso anche il protagonista); nel testo seguente, per esempio, si riportano le dicerie di un paese, delle quali il narratore si fa portavoce senza modificarle né valutarle:

> «Perché ci credeva lui, e come! agli Spiriti. Perfino chiamare s'era sentito qualche sera, ritornando tardi dalla campagna, lungo lo stradone, presso le Fornaci spente, dove, a detta di tutti ci stavano di casa. Chiamare? E come? Chiamare: – *Cichè! Cichè!* – cosí. E i capelli gli s'erano rizzati sotto la berretta» (L. Pirandello, *Il corvo di Mízzaro*, p. 58).

Lo stile

Ogni scrittore ha un proprio stile, prodotto da un particolare intreccio dei registri espressivi, delle strutture linguistiche, delle figure retoriche.

Per *registro espressivo* si intende il «tono» scelto dall'autore: si può raccontare qualcosa in tono umoristico o drammatico, sarcastico o poetico e cosí via. Al registro espressivo è normalmente legata anche la scelta delle singole parole, soprattutto quando vi sono diversi sinonimi per esprimere lo stesso concetto. Naturalmente uno scrittore può cambiare registro anche nel corso dello stesso racconto: ne è un chiaro esempio il testo di Carlo Emilio Gadda presente in questa raccolta.

Le *strutture linguistiche* sono costituite da elementi morfologici (tempi e modi dei verbi; diminutivi o vezzeggiativi di sostantivi e aggettivi ecc.), sintattici (periodi lunghi o brevi, complessi o semplici ecc.) e lessicali, come ad esempio l'uso di termini derivati da lingue straniere (addirittura dal «marziano» nelle pagine di Stefano Benni) o da linguaggi tecnici, come si può osservare nel racconto di Martina Vergani, ricco di termini tipici del mondo della moda, o in quello di Primo Levi, in cui si fa uso abbondante del lessico della chimica.

E infine le *figure retoriche*. Si tratta di espressioni grazie alle quali le singole parole assumono un significato piú ricco di quello che hanno nell'uso abituale. Ad esempio la frase di Mario Tobino «Un vento nero che fischia tra le corde volendo strappare le vele» (*Inizio della vita di un marinaio*, pp. 77-78) ci informa sí che vi è un vento di tempesta, ma ci comunica anche il timore e l'angoscia di chi si trova sulla nave, e lo fa accostando l'aggettivo *nero* al sostantivo *vento* (che indica qualcosa che invece non ha colore) e facendo uso del verbo *volendo*, che attribuisce addirittura al vento una «volontà». Sono naturalmente gli uomini ad attribuire al vento queste qualità, perché vedono in lui una minaccia di morte. Si può anche notare che in questo breve periodo vi sono ben tre parole che iniziano con la lettera «v» e che la sillaba «tra» si ripete due volte. Per mezzo di questi suoni l'autore riproduce la violenza del vento e i rumori secchi delle vele e degli alberi che si spezzano.

Qui di seguito diamo una breve definizione delle principali figure retoriche.

La *metafora* consiste nell'attribuire ad una persona o ad un oggetto il nome proprio di un'altra persona o di un altro oggetto, secondo un rapporto di analogia. Ad esempio: «Il Marasca, intrepido arrampicatore universitario» (D. Buzzati, *Il buon nome*, p. 130): il termine «arrampicatore» è tratto dall'alpinismo, ma in quest'espressione serve ad assimilare la carriera universitaria a una dura scalata verso il posto desiderato.

La *metonimia* consiste nell'usare una parola in sostituzione di un'altra a lei logicamente collegata; ad esempio: «Uscí nel sole di marzo» (R. Olivieri, *Mezzo miliardo in una borsa*, p. 190), ove «sole» naturalmente non indica l'astro, ma sta per luce e calore di una bella giornata primaverile.

Altre figure retoriche sono: la *similitudine*, che stabilisce una somiglianza tra due situazioni o concetti; l'*iperbole*, che esprime una esagerazione (ad esempio «è una vita che ti aspetto!»); l'*eufemismo*, che serve ad attenuare un'espressione dal significato particolarmente negativo («Se ne è andato» invece di dire «è morto»); l'*allitterazione*, che consiste nel ripetere gli stessi suoni in parole vicine tra loro, come nell'esempio di Mario Tobino sopra riportato («vento... volendo... vele»).

Ve ne sono ancora molte altre, ma possono bastare queste indicazioni per comprendere come la lingua usata da uno scrittore sia uno strumento delicato e composito, il risultato di scelte precise, che mirano a rendere piú suggestiva la pagina.

G. Celati, *Come fa il mondo ad andare avanti*

1. La curiosa ricerca di come fa il mondo ad andare avanti si svolge attraverso vari momenti. Te ne indichiamo alcuni senza rispettare la successione data dall'autore. Ritrova tu gli episodi nel racconto e ricostruisci l'ordine corretto:

   a) I tre personaggi cercano di capire che cosa pensi la gente per mezzo di una pianta e dell'encefalografo.

   b) La nipotina consiglia al nonno di andare a parlare col suo professore di scienze.

   c) Scrivono una lettera al sindaco.

   d) Il giovane inventore dà uno schiaffo alla bambina e il tracciato delle onde sullo schermo diventa improvvisamente tutto a picchi.

   e) Ad una conferenza, uno studioso, in meno di un'ora, risolve il problema.

   f) Il vecchio tipografo va all'università di Parma.

2. Come si conclude il racconto?

   ☐ Tutti capiscono come fa il mondo ad andare avanti.

   ☐ Tutto il paese si interessa al problema del vecchio tipografo.

   ☐ Tutto va avanti come prima.

   ☐ Il giovane inventore tiene una conferenza e diventa sindaco.

   ☐ Vengono proibite le insegne pubblicitarie.

3. Nel racconto l'autore fa piú volte ricorso a indicazioni di luo-

go. Rintracciale e trascrivile nell'ordine in cui compaiono per la prima volta nel testo.

4. Come abbiamo detto, il narratore può essere *interno o esterno* al racconto (vedi pp. 263-64). In questo caso come si colloca? La narrazione si svolge in prima o in terza persona?

5. Nel racconto vi sono sia parole dell'uso corrente, sia termini scientifici. Individuane cinque di un tipo e cinque dell'altro. Scrivi a tua volta gruppi di parole tratte da linguaggi tecnici a te familiari (sportivo, scolastico, automobilistico ecc.).

G. Arpino, *Gatto mammone*

1. Il racconto che hai letto ha una trama abbastanza semplice in cui sono inscritti particolari da non trascurare se si vuol comprendere il significato del testo. Riassumi il racconto in non piú di venti righe mettendo in risalto tali particolari.

2. Il comportamento di ogni personaggio ha una sua spiegazione. Ad esempio il marito non smette di tormentare il gatto, perché:

   □ è un uomo insensibile;
   □ vuole fare dei dispetti alla moglie;
   □ gli piace scherzare;
   □ vuol provocare qualcosa di straordinario;
   □ non vuole il gatto a tavola;
   □ trova antipatica la cameriera.

   E la cameriera, perché si comporta in quel modo? E del gatto, cosa potresti dire?

3. Quali sono le indicazioni temporali presenti nel racconto? Indicale nell'ordine in cui compaiono nel testo, riportando le frasi che le contengono.

4. Nel racconto si alternano parti descrittive e parti dialogate. A chi o a che cosa si riferiscono le prime? Che scopo hanno le altre? Trascrivi due brevi esempi che servano a confermare le risposte che hai dato.

5. Soprattutto nelle parti descrittive hanno grande importanza gli aggettivi, che possono assumere un valore un po' differente dal solito. Prova a spiegare con parole tue il significato degli aggettivi presenti nelle seguenti espressioni:

   a) «esagerata prudenza»   e) «nera ostilità»
   b) «passo cauto»   f) «gli orecchi [...] rabbiosi»
   c) «brontolio sordo»   g) «presenza logica e dolce»
   d) «cupe cadute»   h) «una "A" fonda, buia».

A. Moravia, *Il tacchino di Natale*

1. Sia l'ambientazione sia gli avvenimenti di questo testo contengono molti aspetti tratti dalla realtà. Prova a rintracciare e ad esporre in un breve riassunto *solo* tali elementi realistici.

2. Che cosa rende fantastico il racconto? Attraverso quale *figura retorica* (vedi p. 265) l'autore ottiene questo risultato?

3. Il carattere dei personaggi è molto chiaro fin dall'inizio e determina lo sviluppo dell'azione. Analizza il comportamento del marito e della moglie nelle seguenti situazioni:

Situazione	Marito	Moglie
Presenza del tacchino	sorpresa	entusiasmo
Pranzo	....	....
Innamoramento di Rosetta	....	....
Giorni seguenti	....	....
Fuga di Rosetta	....	....
Natale successivo	....	....

4. In che modo la dimensione del tempo entra a far parte del racconto? Vi è qualche rapporto tra essa e la trama? Qual è la durata del racconto?

5. Ci troviamo di fronte ad un narratore esterno: immaginando però che sia il tacchino a narrare in prima persona, riscrivi la prima parte del racconto (fino a «Poi era tornato a conversare con la figlia del Curcio»). Presta attenzione al cambiamento del punto di vista.

S. Benni, *Il marziano innamorato*

1. In questo racconto *fabula* e *intreccio* (vedi p. 258) non coincidono. Per quale motivo? Prova a ricostruire la successione cronologica dei fatti, cioè a scrivere la *fabula* del racconto.

2. Il narratore di questa storia è decisamente inconsueto e descrive le cose dal suo strano punto di vista. Sei riuscito a capire che cosa vuole indicare l'amico becodiano con le seguenti espressioni?

    a) «I quazz che mangiano gli aborigeni».

    b) «Uno scatolone metallico, simile a un beconiano obeso».

    c) «Un animale splendido, formato da un corpo tutto irsuto di pelo terminante in una lunga coda di legno».

    d) «La creatura con i bellissimi occhi gialli».

    e) «I quazz luccicanti».

    f) «Una fetta di pelo verde».

3. Anche con le parole il becodiano non scherza: macrocanocchio, quazzomobile, universibolario, trondopattini ecc. Sono parole composte. Prova ad elencarne almeno otto di uso un po' piú comune e a inventarne qualcuna altrettanto stravagante.

4. Oltre che fantastico, come definiresti questo racconto?

    ☐ avventuroso   ☐ psicologico
    ☐ poliziesco   ☐ ironico
    ☐ drammatico   ☐ comico
    ☐ storico   ☐ sentimentale
    ☐ scientifico   ☐ ....

    Motiva brevemente le ragioni della tua scelta.

5. Che cosa significa l'indicazione di spazio «L'universo era abitato da molti mondi trond e grandi strutture quazz»? E che cosa significa quella di tempo «Lukzeccetera è molto giovane, ha diciotto anni becodiani, che corrispondono circa a due telenovele terrestri»?

I. Calvino, *Le figlie della Luna*

1. Il racconto di Calvino è caratterizzato da grande movimento, da un rapido susseguirsi di avvenimenti. Individua quelli piú significativi ed elencali in successione logica.

2. Il luogo in cui è ambientata questa storia è la città di New York. Per quale motivo?

   ☐ È una città moderna e rappresenta il progresso.

   ☐ Lo sfondo dei grattacieli rende piú suggestiva la scena.

   ☐ C'è vicino il mare.

   ☐ È un simbolo del consumismo.

   ☐ Gli americani sono andati sulla Luna.

   ☐ Il racconto non ce lo fa capire.

3. Qual è la durata del racconto? Vi sono riferimenti temporali «esterni»? In che epoca è ambientata la vicenda?

4. Alla fine del racconto vi è questa descrizione della Luna: «...zampilli d'acqua le sgorgavano da fontane incastonate tra i prati che le davano una lucentezza di smeraldo; una vegetazione vaporosa la ricopriva, ma piú che di piante sembrava fatta di penne di pavone occhieggianti e cangianti».
   Ricordi altre descrizioni fantastiche della Luna? Conosci poesie o racconti che parlino della Luna?

5. In questo testo vi sono alcune parole poco usate e abbastanza difficili. Di alcune si dà la spiegazione in nota; delle seguenti invece spiega tu il significato, trovando anche, quando è possibile e con l'aiuto di un dizionario, un loro sinonimo: «evoluzione», «convenzione», «piromane», «brulicare», «opulenti», «cangianti».

   Inoltre cerca di spiegare perché il personaggio principale si chiama Diana.

M. Bontempelli, *Il ladro Luca*

1. A tuo giudizio, a quale sottogenere (vedi p. 255) appartiene questo racconto?

   ☐ fantastico   ☐ psicologico

   ☐ avventuroso   ☐ poliziesco

   ☐ di memoria   ☐ realistico

   ☐ fantascientifico   ☐ ....

   Motiva adeguatamente la tua scelta (o le tue scelte).

2. In questa storia abbiamo due personaggi nettamente contrapposti. Utilizzando le informazioni fornite dall'autore, tracciane i ritratti nel modo piú ampio e realistico possibile.

3. Immagina che il comportamento di uno dei due personaggi cambi, prima di « Seguí un silenzio e la notte respirava intorno a loro» (p. 55): modificando quindi la trama, prova a riscrivere il racconto per sommi capi.

4. Nel testo vi sono tre metafore abbastanza ricercate:

   a) «...le sue parole ferivano l'aria»;

   b) «...nel soffio della paura»;

   c) «...la notte respirava intorno a loro».

   Spiegane il significato nella maniera piú completa possibile.

5. Come si colloca il narratore rispetto alla storia: internamente o esternamente? Ti sembra che assuma il punto di vista di qualche personaggio?

L. Pirandello, *Il corvo di Mízzaro*

1. La novella ha due personaggi, ma solo di Cichè conosciamo distintamente gli stati d'animo. Rintraccia quelle parti del testo che ci consentono di avvicinarci allo spirito di questo personaggio.

2. Il narratore usa diversi sostantivi peggiorativi parlando del corvo («babbaccio», «alacce» ecc.). Per quale dei seguenti motivi?

   ☐ non gli piacciono gli animali;
   ☐ vuol divertire il lettore;
   ☐ ritiene sciocco il comportamento del corvo;
   ☐ assume il punto di vista di Cichè;
   ☐ non c'è nessun motivo particolare.

3. Sottolinea nel testo gli elementi che concorrono a creare l'atmosfera di solitudine, isolamento, arretratezza culturale che caratterizza la novella. Ti sembra che anche la realtà dei luoghi contribuisca a determinarla? Spiega brevemente le ragioni della tua risposta.

4. Se tu dovessi cambiare il titolo alla novella, quale sceglieresti, tra quelli qui elencati?

   ☐ Il corvo porta sfortuna;
   ☐ Non si maltrattano gli animali;
   ☐ Chi la fa, l'aspetti;
   ☐ La rabbia è cattiva consigliera;
   ☐ Un corvo lassú...
   ☐ ....

5. Nel testo vi sono diverse parole *onomatopeiche*, che riproducono cioè rumori, suoni, versi degli animali ecc. Anche nella lingua parlata usiamo spesso onomatopee: scrivine almeno dieci, indicando a fianco il loro significato.

A. Moravia, *Mario*

1. «Che sono tre ore? molto e poco, dico io, secondo i casi».
   Che cosa vuol dire il narratore con questa frase?

   ☐ Molto o poco, secondo la premura che uno ha;
   ☐ secondo ciò che capita nelle tre ore;
   ☐ secondo il traffico che si incontra;
   ☐ secondo le persone che si incontrano;
   ☐ secondo il lavoro che uno fa.

2. Il racconto è molto ricco di personaggi: di alcuni l'autore ci
   fornisce una certa descrizione dell'aspetto fisico, di altri no.
   Elenca tutti i personaggi, riportandone, ove possibile, i particolari fisici. Poi osserva: chi è descritto fisicamente e chi no?
   Rifletti su questa differenza.

3. La durata temporale della storia è piuttosto breve: una mezza mattinata. Ma gli avvenimenti sono molti e ciò produce un
   senso di concitazione che aumenta l'interesse per il racconto.
   Prova anche tu a scrivere un breve testo narrativo che abbia
   un ritmo intenso, in cui cioè accadano molti fatti in poco
   tempo.

4. L'autore usa molte espressioni tratte dal dialetto romanesco:
   «buttare» per «perdere», «manco» per «nemmeno»,
   «scucchia» per «mento sporgente», «mo'» per «adesso», e
   altre ancora.
   Conosci anche tu vocaboli o modi di dire tipici della città o
   della regione in cui vivi? In caso affermativo, prova ad elencarne alcuni.

5. La trama del racconto è lineare, ma vi si fa un largo uso del
   flashback (vedi p. 259). Rintraccia nel testo il maggior numero possibile di tali «ritorni all'indietro» e riassumili in maniera sintetica.

P. Levi, *Zolfo*

1. «Al direttore della produzione, Dott. ...». Immagina di essere il Lanza e prova a scrivere una relazione, breve ma esauriente, sugli avvenimenti narrati nel racconto.

2. Che giudizio esprime l'autore sul Lanza?

   ☐ È distratto ma coraggioso;
   ☐ è incapace e fortunato;
   ☐ è abile ma incosciente;
   ☐ è pauroso e poco sincero;
   ☐ è capace e ragionatore.

3. Dov'è ambientato il racconto? Ti pare che l'ambientazione determini e sottolinei la condizione psicologica del personaggio? Motiva brevemente la tua risposta.

4. Nel racconto vi sono molti paragoni con animali: «...scivolando come una lumaca»; «...muggiva come un toro»; «...come una pecora smarrita» ecc. Si tratta di una delle figure retoriche piú consuete, presente spesso anche nel linguaggio quotidiano.
   Scrivi almeno otto frasi contenenti ciascuna un paragone che faccia riferimento ad animali o piante.

5. Il testo presenta molti termini propri del linguaggio tecnico-scientifico. Con l'aiuto di un dizionario (e chiedendo qualche chiarimento ad un adulto) spiega le seguenti parole: «pompa centrifuga», «vuotometro», «ventola d'aspirazione», «provetta», «compressore».

M. Tobino, *Inizio della vita di un marinaio*

1. Gran parte della narrazione è caratterizzata dal lento trascorrere del tempo e dal parallelo mutamento degli stati d'animo di Truppino chiuso nella cabina. Schematizza questo rapporto scrivendo su una colonna le diverse ore della notte e del giorno e su un'altra colonna parallela i diversi stati d'animo del ragazzo.

2. In questo racconto, a tuo giudizio, vi è, oppure no, coincidenza tra fabula e intreccio? Motiva la tua risposta con opportuni riferimenti al testo.

3. «Truppino avendo dodici anni fu imbarcato. Rimase senza giochi, senza libertà».

274

Press'a poco alla tua età il protagonista di questa storia è costretto a lavorare. Conosci qualche tuo coetaneo che abbia vissuto un'esperienza simile?
Se sì, informati sulla storia dei suoi primi giorni di lavoro e trascrivila sotto forma di un breve racconto. In caso contrario esponi le tue riflessioni sul tema del lavoro minorile.

4. Immagina che a raccontare la vicenda sia un personaggio secondario (il cuoco, o Martinelli, o un marinaio qualsiasi) e riscrivi il racconto fino a «Tutto s'è fatto buio» (p. 77). Fai attenzione al mutamento del punto di vista.

5. La sezione in cui è collocato questo racconto si intitola *Protagonisti e antagonisti*. Se il protagonista è Truppino, chi è l'antagonista?

I. Svevo, *La madre*

1. «E parlarono del mondo e della sua vastità, con quegli alberi e quelle siepi che lo chiudevano...»
   Questa determinazione spaziale esprime – secondo te – anche il punto di vista del narratore? Trova altri passaggi del testo che confermino la tua risposta.

2. Che cosa significa l'ultimo periodo del racconto: «Ammirando il proprio atroce destino, egli disse con tristezza: – La madre mia, invece, fu una bestiaccia orrenda e sarebbe stato meglio per me ch'io non l'avessi mai conosciuta»?

3. Il racconto può essere suddiviso in quattro grandi sequenze. Individua dove esse iniziano e dove finiscono, indicale citando le prime parole e le ultime di ciascuna e riassumile separatamente in non piú di dieci righe l'una.

4. La vicenda narrata, piú che su avvenimenti, si basa sui desideri e sulle aspettative dei diversi personaggi. L'autore, infatti, mette spesso in rapporto la condizione fisica e psicologica dei pulcini e l'immagine che essi hanno della madre.
   Schematizza questo intreccio, scrivendo su una colonna le caratteristiche di ciascun personaggio e su un'altra il contenuto del suo desiderio.

5. Il racconto presenta passi scritti in discorso diretto ed altri in cui le parole dei personaggi vengono riferite ricorrendo al discorso indiretto. Naturalmente l'autore avrebbe potuto anche compiere scelte opposte. Prova a farlo tu, trasformando in discorso diretto il passo che va da «Interloquí» a «mori-

re» (pp. 90-91) e in forma indiretta quello che va da «Questa è la madre» a «insensati» (p. 92).

B. Solinas Donghi, *Una parente d'acquisto*

1. Da chi è narrato questo racconto?

   ☐ Da un osservatore esterno;
   ☐ da uno dei personaggi del racconto;
   ☐ dal protagonista del racconto.

2. Nel racconto vi sono diverse espressioni formate da aggettivo e sostantivo. Alcune sono di uso corrente, altre, come le seguenti, sono un po' piú complesse. Spiega il significato di queste locuzioni, aiutandoti anche col contesto in cui sono inserite:

   a) «arroganza bonaria»;
   b) «immensa gamma»;
   c) «tono arcano»;
   d) «immutata convinzione»;
   e) «compostezza monumentale»;
   f) «voce bronzea»;
   g) «pretendente ineccepibile».

3. In base ai riferimenti temporali presenti nel testo, «ricostruisci» per sommi capi la vita del personaggio principale del racconto, scrivendo su una colonna le indicazioni di tempo e su un'altra gli avvenimenti corrispondenti.

4. Che cosa ti ha colpito in maniera particolare in questo personaggio? Scegli qualche suo atteggiamento caratteristico ed illustralo brevemente.

5. Come definiresti il registro espressivo usato dall'autrice di questo racconto?

   ☐ drammatico   ☐ familiare
   ☐ comico   ☐ poetico
   ☐ sarcastico   ☐ sentimentale

   Ti pare che esso cambi nel corso della narrazione?

P. Chiara, *Tommasino degli schiaffi*

1. Ti sembra che l'ambientazione di questo racconto sia precisa e dettagliata, oppure che rimanga generica e priva di particolari caratterizzazioni? Argomenta la tua risposta con opportuni riferimenti al testo.
   L'ambientazione serve a definire meglio la condizione psicologica dei personaggi o è ininfluente? Motiva anche in questo caso le ragioni della tua scelta.

2. Quale significato può avere – secondo te – il finale a sorpresa del racconto? Indica la risposta che ti pare essere più appropriata e confrontala con le conclusioni alle quali sono giunti i tuoi compagni.

   ☐ Non val la pena di aiutare le persone piú deboli.

   ☐ A volte i risultati voluti si ottengono in maniera del tutto inaspettata.

   ☐ Tommasino è uno sciocco e pertanto merita di essere trattato cosí.

   ☐ L'avvocato è un prepotente ed andava punito.

   ☐ L'ambiente è cosí rozzo che col ragionamento non si ottiene nulla.

   ☐ ....

3. In questa novella il narratore è:

   ☐ uno dei protagonisti;

   ☐ un testimone della vicenda;

   ☐ un personaggio secondario;

   ☐ la voce di un gruppo.

4. Tommasino è descritto soprattutto nel suo aspetto fisico. In base alle notizie che possiedi cerca di farne un ritratto psicologico.
   L'avvocato Costamagna è invece descritto attraverso il suo comportamento: inventa il suo ritratto fisico. Puoi anche aiutarti eseguendo un disegno di questo personaggio.

5. Riassumi brevemente il racconto, riordinando ed elencando cronologicamente soltanto i fatti (badando quindi alla *fabula*, e non all'*intreccio*).

R. Bilenchi, *Un errore geografico*

1. A quale sottogenere appartiene questo racconto?

    □ storico   □ fantascientifico
    □ autobiografico   □ d'avventura
    □ fantastico   □ psicologico
    □ poliziesco   □ ....

2. Il racconto è nettamente diviso in quattro parti, ognuna delle quali ha un proprio contenuto specifico.
    Inventa quattro sottotitoli che, collocati all'inizio delle singole parti, ne facciano comprendere il contenuto.

3. A un certo punto del racconto un lungo *flashback* interrompe la normale cronologia della storia. Se si volesse leggerla «di seguito», quale parte del racconto andrebbe tolta? (Indica le parole iniziali e quelle finali del *flashback*).
    Per quale motivo, invece, l'autore introduce nel racconto questo «ritorno all'indietro»?

4. In questo testo si indicano molti luoghi, ma solo in alcuni si svolgono effettivamente i fatti narrati, mentre altri si limitano ad essere luoghi ricordati o immaginati.
    Elenca i luoghi di un tipo e quelli dell'altro riflettendo alla fine sulle caratteristiche degli uni e degli altri, quali emergono dalle parole dei vari personaggi.

5. Pur conservando lo stesso contenuto, lo stile della narrazione può naturalmente essere modificato.
    Prova allora a narrare l'esibizione dei butteri maremmani usando lo stile del fumetto, oppure la partita di calcio, usando quello della cronaca sportiva.

T. Landolfi, *Pioggia*

1. Questo breve racconto è tutto costruito attorno alla diversità di carattere e di comportamento di marito e moglie.
    Attraverso l'uso di aggettivi appropriati (non meno di tre) definisci la psicologia dei due personaggi.

2. Il testo presenta diverse espressioni metaforiche che fanno riferimento al corpo umano:

   a) «senza batter ciglio»;

   b) «te ne lavi le mani»;

   c) «ho la testa sul collo»;

   d) «ti ci aspettavo a piè fermo».

   Spiegane il significato e poi scrivine altre cinque dello stesso tipo, di tua invenzione.

3. Il narratore è anche protagonista della vicenda e spesso, nel corso della storia, introduce considerazioni personali e riflessioni che rallentano un po' il ritmo del dialogo, ma offrono importanti informazioni psicologiche.
   Individua nel racconto alcuni di questi passi.

4. «Come avresti potuto sbagliarti, se? Non avresti dovuto poterti sbagliare, o avresti dovuto non poterti sbagliare, se».
   L'autore lascia in sospeso questa frase. Prova a completarla tu nella maniera piú adeguata.

5. Le battute di dialogo sono ovviamente scritte al presente, eppure si inseriscono in un contesto che ha una diversa dimensione temporale: come la definiresti? E su quali elementi linguistici ti basi per definirla?

D. Buzzati, *Il buon nome*

1. Prova a scrivere un altro finale al racconto, modificando la trama a partire dalla frase «La macchina dell'onore accademico si mise ben presto in moto» (p. 132).

2. Questo racconto può essere definito «dell'assurdo» perché:

   ☐ non si capisce bene che cosa voglia dire;

   ☐ vi è un capovolgimento delle situazioni che si verificano di solito;

   ☐ è impossibile che un famoso professore sbagli completamente una diagnosi cosí facile;

   ☐ l'autore vorrebbe far ridere ma non ci riesce;

   ☐ ....

3. «Impassibile, le palpebre abbassate a scopo di concentrazione mentale (o il sonno aveva avuto la meglio?) il Leprani ascoltava senza fare una piega» (p. 128).
   Con le informazioni ricavabili dall'insieme del racconto puoi risolvere il dubbio dell'autore?

4. Nel testo vi sono molte determinazioni di tempo, alcune relative all'età di certi personaggi, altre a fatti reali, altre ancora alle previsioni del prof. Leprani. Elencale suddividendole secondo questo schema:

Età	Fatti reali	Previsioni
74 anni	una notte	una settimana
....	....	....
....	....	....

Qual è la durata del racconto? In quale colonna si colloca l'indicazione ad essa relativa?

5. Come sono in generale i periodi di questo testo?

   ☐ brevi e semplici;

   ☐ lunghi e complicati;

   ☐ brevi ma molto complessi.

E come definiresti il registro espressivo?

B. Fenoglio, *La sposa bambina*

1. Qual è il particolare che ti ha maggiormente colpito in questo racconto?

    ☐ La giovane età di Catinina;

    ☐ il fatto che non abbia mai visto il mare;

    ☐ l'obbligo di dare del «voi» che il marito le impone;

    ☐ il motivo per cui Catinina rifiuta di stare col marito e le cose che chiede per tornare;

    ☐ il fatto che Catinina, pur avendo un figlio, continui a giocare a biglie;

    ☐ ....

    Motiva brevemente la tua scelta.

2. Perché, a tuo parere, lo sposo «riempí di schiaffi la faccia a Catinina»?

    ☐ è un violento

    ☐ Catinina non gli ha dato del voi

    ☐ è ubriaco

    ☐ Catinina ha bevuto, pur essendo giovane

    ☐ è geloso

    ☐ Catinina avrebbe voluto tornare subito a Murazzano

3. In questo racconto vi è una sostanziale coincidenza tra *fabula* e *intreccio*: vi è solamente un *flashback* che modifica in parte la successione cronologica. Sai trovarlo? Indicalo riportando le parole iniziali e finali.

4. Rispetto al narratore il tempo della narrazione è:

☐ contemporaneo;

☐ anteriore;

☐ posteriore.

Quali sono i tempi verbali maggiormente usati nelle parti descrittive e quali nei dialoghi? Perché?

5. Chi racconta la storia?

☐ Catinina;

☐ lo sposo;

☐ il panettiere di Murazzano;

☐ un narratore esterno che conosce tutta la vicenda;

☐ un personaggio secondario che è anche il narratore.

I. Calvino, *Il bosco degli animali*

1. Come definiresti questo racconto? (puoi fare al massimo due scelte)

☐ umoristico   ☐ avventuroso

☐ drammatico   ☐ psicologico

☐ storico   ☐ autobiografico

☐ realistico   ☐ fantastico

Esponi le ragioni della tua risposta.

2. Nella storia vi sono situazioni ripetute con regolarità che ne rendono omogeneo lo sviluppo. Quali sono?

3. Di Giuà Dei Fichi abbiamo una descrizione fisica molto chiara e situata all'inizio del racconto, mentre la descrizione psicologica è fornita attraverso spunti che si distribuiscono lungo tutta la narrazione. Raccogli tali informazioni e delinea il carattere di Giuà.

4. La vicenda è quasi tutta ambientata nel bosco; quale condizione psicologica produce nei personaggi principali questo contesto spaziale?

In Giuà ....

Nel soldato tedesco ....

Quali possono essere, secondo te, le ragioni di questi differenti atteggiamenti psicologici?

5. Nel racconto è fatto largo uso di espressioni colorite del linguaggio popolare e di situazioni paradossali.
    Trovane nel testo alcuni esempi, poi spiega perché, a tuo parere, l'autore vi fa ricorso tanto spesso.

N. Ginzburg, *Inverno in Abruzzo*

1. Tra queste sintesi, quale esprime meglio il contenuto del racconto?

    a) L'autrice è costretta a vivere in esilio in un paese d'Abruzzo, dove la vita le sembra monotona e talvolta insopportabile. Ma, dopo le terribili vicende che la colpiscono al suo ritorno a Roma, si rende conto che quei mesi sono stati i piú sereni della sua vita.

    b) L'autrice trova molto interessanti i costumi e le abitudini del paese in cui è costretta a vivere. Ma, dopo l'uccisione del marito, rimpiange di aver sprecato quei mesi che avrebbe potuto usare piú proficuamente.

    c) L'autrice, arrivata in un paese d'Abruzzo, fa amicizia con tanti abitanti del posto. Purtroppo la guerra e la morte del marito la costringono a tornare a Roma e a perdere i contatti con quella gente a lei cara. Per questo essa rimpiange quei giorni felici.

2. All'interno del racconto è inserita una fiaba. Sai rintracciarla? Con quale aggettivo la definiresti? Conosci altre fiabe dello stesso tipo?

3. Molti personaggi presentano delle particolarità che li caratterizzano. Completa questo elenco, ponendo accanto a ciascun nome la caratteristica che ti sembra piú pertinente:

    a) La sartoretta ....
    b) Girò ....
    c) Crocetta ....
    d) Gigetto di Calcedonio ....

4. La voce narrante è interna al racconto. Avrai notato che essa

nel corso della narrazione muta radicalmente il tono e la valutazione dei fatti. Dopo aver diviso il testo nelle tre parti che lo compongono (narrazione, riflessioni generali, drammatica conclusione), sottolinea le espressioni piú significative dei differenti stati d'animo.

5. Trasforma la sequenza che va da « D'inverno qualche vecchio » fino a « finché non ci fu piú niente da dire » in un dialogo tra due persone, delle quali una informa e l'altra fa commenti.

C.E. Gadda, *La fidanzata di Elio*

1. Quali dei seguenti aggettivi si adattano meglio al personaggio di Luisa? Segna con una crocetta tutti quelli che ti sembrano adeguati:

☐ vivace   ☐ generosa   ☐ puntuale

☐ affettuosa   ☐ severa   ☐ religiosa

☐ precisa   ☐ tirchia   ☐ fredda

☐ comprensiva   ☐ imprevedibile   ☐ sensibile

2. Quale punto di vista assume il narratore?

☐ quello di Elio;

☐ quello di Luisa;

☐ quello delle zie.

Verso quali personaggi il narratore mostra di nutrire maggiore simpatia?

3. In quale arco di tempo possiamo immaginare che si svolga il racconto? In altre parole, qual è la sua durata?

☐ Poche ore (o anche meno);

☐ diversi giorni;

☐ piú di un anno;

4. La trama del racconto è piuttosto complessa, perché:

☐ ai fatti si intrecciano i ricordi e le riflessioni del protagonista;

☐ il protagonista non sa che cosa fare, non sembra in grado di poter prendere una decisione ferma, definitiva;

☐ i personaggi da seguire sono troppo numerosi;

5. L'autore di questo racconto si serve di un lessico difficile, ricco di espressioni non usate nel linguaggio quotidiano. Per le parole qui sotto elencate trova il corrispondente nella lingua parlata:

    a) «rattenere»: ....

    b) «di tra le concitate voci»: ....

    c) «li argenti»: ....

    d) «velocipedastri»: ....

    e) «impalmare»: ....

    f) «educandato»: ....

    g) «sulfùreo»: ....

M. Vergani, *Catastrofi e non nella vita naturale dell'uomo*

1. Riordina, numerandole in ordine progressivo, le varie fasi del racconto qui riportate:

    ☐ Le modelle aspettano la sfilata chiacchierando tra loro.

    ☐ La Signora offre un cioccolatino a un bambino.

    ☐ La Signora arriva al palazzo ove si svolgono le prove della sfilata.

    ☐ Giulio risponde al telefono istallato sull'automobile.

    ☐ La Signora pensa che, per una volta, i suoi collaboratori dovranno cavarsela senza di lei.

2. «Nello spazio buio, a parte la passerella illuminata e vuota, nessuno parlava, tutti guardavano preoccupati la quinta da dove la Signora era sparita».
Quale sensazione ti comunica questa indicazione del luogo in cui si svolge l'azione? (Puoi dare due risposte.

    ☐ attesa   ☐ tristezza   ☐ incertezza

    ☐ gioia   ☐ noia   ☐ sorpresa

    ☐ soddisfazione ☐ ansia   ☐ ....

Trova altri passi del racconto che comunichino la stessa sensazione.

3. Nel testo vi sono lunghi brani di discorso diretto. Producono, secondo te, un effetto di rallentamento o di accelerazione della narrazione?
   Trascrivi in discorso indiretto uno di questi passi e poi rileggi a voce alta l'originale e quello che hai scritto tu: fanno lo stesso effetto? Quale dei due ti sembra piú veloce?

4. Che significato si può dare al racconto?
   a) Non val la pena darsi tanto da fare; quando le cose si mettono male, vuol dire che è destino.
   b) A volte succedono cose che fan capire che la questione piú importante è recuperare un po' di serenità.
   c) Da certe delusioni è difficile risollevarsi e allora a uno vien voglia di fuggire lontano.

5. Vi sono nel testo elementi che permettono di comprendere in quale epoca è ambientata la storia? Vi sono riferimenti ad avvenimenti esterni che permettano di datarla?

R. Olivieri, *Mezzo miliardo in una borsa*

1. In questo racconto, come in gran parte di quelli polizieschi, la distanza tra fabula e intreccio è notevole. Le frasi riportate qui sotto sono elencate nell'ordine in cui si trovano nel testo; disponile tu in ordine cronologico:

    a) «Teneva la testa bassa e ricordava ad Ambrosio una ragazzina un po' discola...»

    b) «Stiamo insieme da sei anni, da quando cioè Eugenio ha lasciato la sua casa di via Ariberto».

    c) «Abbiamo chiesto dei prestiti alla banca, avevo qualche risparmio, ed Eugenio...»

    d) «Finita l'era dei telegrammi è cominciata quella delle lettere anonime...»

    e) «Martedí non ha telefonato nessuno, non sono riuscita a dormire».

    f) «La signora era seduta a un tavolino, leggeva il giornale, beveva a piccoli sorsi un tè al limone».

    g) «Sposata in chiesa con Eugenio Dolcemascolo, di anni 43...»

2. Il sequestro di Eugenio dura otto giorni. Ricostruisci in uno schema a tre colonne la successione temporale, le richieste dei rapitori e le azioni della signora:

Giorno	Richieste	Azioni
Venerdí	Niente	Pensa a un ritardo
....	....	....
....	....	....
....	....	....

3. Nel racconto vi sono quattro personaggi, due «presenti» (Ambrosio e la signora) e due no (Eugenio e sua moglie): da quale punto di vista sono presentati questi ultimi due e con quali caratteristiche?

4. Aggiungendo alcuni particolari che siano coerenti con l'insieme del testo, narra piú dettagliatamente un episodio che nel racconto è solo accennato.

M. Soldati, *Il sospetto*

1. Questo racconto ha una struttura un po' particolare: una cornice introduce e conclude la storia propriamente intesa. Quali parti possono essere definite «cornice»? Indicale citando, di esse, le prime parole e le ultime.

2. Tra cornice e parte centrale avviene un cambio di narratore. Chi narra nei due diversi momenti?

   ☐ Nella cornice il narratore è ....
   ☐ Nella storia il narratore è ....

   Come si collocano i narratori?

   ☐ sono entrambi interni;
   ☐ uno è interno e l'altro è esterno;
   ☐ sono entrambi esterni.

3. «Né poteva sospettare che io, proprio io, il nuovo maresciallo, fossi in grado di capire fino in fondo la sua allusione». Che cosa significa questa frase? Qual è l'allusione?

4. «Due o tre giorni dopo, ricevetti una lettera anonima...» Immagina di essere tu l'autore di quella lettera e prova a scriverne il testo (attenzione al cambiamento di stile).

5. Perché lo sguardo del sig. Bonetto è «troppo contento»? Utilizzando le informazioni che ti vengono fornite dal racconto, analizza con attenzione questo personaggio, cercando di spiegare il senso di quella frase.

L. Sciascia, *Gioco di società*

1. Il racconto è ricco di colpi di scena. Elencane il maggior numero possibile nell'ordine con cui compaiono nel testo. Quale ti sembra piú clamoroso? E perché?

2. Sia la moglie che il marito hanno in testa un piano. Indica in ordine cronologico i diversi passaggi preparatori dell'uno e dell'altro, e quindi cerca di evidenziare le analogie tra i due piani unendole tra loro con delle frecce.

    Piano del marito   *Piano della moglie*
    a) ....   a) ....
    b) ....   b) ....
    c) ....   c) ....

3. In quale ambito spaziale avvengono i fatti? Si tratta di uno spazio aperto o chiuso? Vi sono altri riferimenti spaziali? In che modo vengono introdotti?

4. Che c'entra in tutta questa vicenda la moglie del professore di matematica? È una figura importante o no?
    Rispondi cercando di spiegare in non piú di venti righe il ruolo di questo personaggio che compare sulla scena solo in fotografia.

5. Prosegui brevemente il racconto con una breve narrazione dei fatti che si possono prevedere in base a quanto hai letto: cerca di imitare il piú possibile lo stile del narratore o, a scelta, di stendere un breve articolo di cronaca nera.

G. Scerbanenco, *Stazione Centrale ammazzare subito*

1. Tutta la prima parte del racconto è volutamente «costruita» secondo una scansione del tempo molto precisa e particolareggiata.

Scrivi in una tabella tutte le azioni compiute tra le quattro e le cinque di quel mercoledí pomeriggio, completando lo schema seguente:

Ore	Azioni
Quattro	Prese la rivoltella dalla borsa di pelle
....	....
....	....

Per quale motivo, secondo te, l'autore usa tanta precisione?

2. Nel racconto vi sono alcuni esempi di comunicazione in codice. Trovali e riassumili brevemente.
   Conosci qualche altro sistema di linguaggio convenzionale? Descrivilo o, se non lo conosci, prova a inventarlo.

3. A tuo avviso il narratore
   ☐ partecipa all'azione con un ruolo secondario;
   ☐ è il brigadiere Mazzarelli;
   ☐ è un cronista esterno;
   ☐ ....

4. Quale giudizio il narratore esprime, implicitamente, su Domenico Barone?
   ☐ È un feroce assassino che non si ferma davanti a nulla.
   ☐ È una vittima inconsapevole della ferocia altrui.
   ☐ È uno sprovveduto che tutti possono sfruttare.
   ☐ È un piccolo malvivente entrato in un giro di malavita troppo grosso.
   ☐ ....

   Motiva per iscritto la tua risposta.

5. Qual è, cronologicamente, il primo avvenimento di questo racconto? Dove si trova? All'inizio, nella parte centrale o alla fine del testo? Riassumilo brevemente con le tue parole.

A. Tabucchi, *I treni che vanno a Madras*

1. Perché l'autore dice che in India è meglio viaggiare con i treni che con l'aereo? (Puoi dare anche piú di una risposta).

   ☐ Gli aerei non sono sicuri.

   ☐ I treni sono di lusso e sempre in orario.

   ☐ Col treno si vedono un maggior numero di cose.

   ☐ Le persone importanti viaggiano sempre in treno.

   ☐ Sui treni si possono fare gli incontri piú imprevedibili.

   ☐ Gli aerei sono rarissimi e hanno solo tre o quattro linee.

   ☐ ....

2. Nel corso del racconto si ricorda un episodio avvenuto in un altro tempo. Individualo e ricordalo brevemente, citandone le prime parole e le ultime.
   Vi sono riferimenti temporali esterni ed interni che permettano di datare entrambe le parti?

3. Nel testo vi sono parecchi verbi usati in senso metaforico:

   a) *cullare* una speranza;

   b) *coltivare* una passione;

   c) *illuminarsi*;

   d) il silenzio *cadde*;

   e) *ingannare* l'attesa;

   Spiega il significato e, se riesci, l'origine di tali metafore. Ad esempio, cosí:

Metafora	*Significato*	*Origine*
Assaporare la felicità	Essere completamente felici	Si immagina la felicità come un cibo delizioso

4. Il narratore di questo racconto è sicuramente *interno*. Servendoti di quale semplice artificio potresti renderlo *esterno*?

5. Diventa tu il detective e risolvi questo giallo: chi è l'ucciso? Chi l'uccisore? Motiva le tue scelte.

Indice

Vita e storia

Thrilling

Stampato presso la
Milanostampa S.p.A.
Farigliano (CN)